"建设性新闻"研究丛书

CONSTRUCTIVE
JOURNALISM
Practices of
European and America Media

建设性新闻实践

欧美案例

唐绪军　殷乐
编　著

社会科学文献出版社
SOCIAL SCIENCES ACADEMIC PRESS (CHINA)

总　序

随着互联网的广泛应用，整个世界开始进入快速而多向度的结构变迁和关系重构，国家与国家、国家与社会、权力与权利、文化与历史、制度与技术……既有破坏又有创新，解构和建构往往同时进行。

传媒行业和新闻领域亦然。

众所周知，在互联网的助推下，传媒业正处在一个快速变革的时期。媒体生态在变，新闻场景也在变：传统媒体信任度下降、影响力弱化，社交媒体迅速崛起、广泛应用，人工智能大举进入，假新闻四处泛滥，算法新闻喜忧参半……当互联网赋予所有人以传播信息的权利，既有的传播格局必然发生巨大的变化。我们可以预判的起码有三点：其一，大众传播时代正在向着公共传播时代演进和跃升；其二，公共传播时代的新闻产制方式将不同于大众传播时代；其三，公共传播时代的媒体角色也将不同于大众传播时代。面对大环境的转换，全球媒体都在寻觅新的生存方式，探索如何在公共传播时代重建公众信任。其中，建设性新闻（Constructive Journalism）正成为近年来国际新闻实践和学术探讨中的一个聚焦点。

什么是"建设性新闻"？我们可以从两个层面来加以理解。狭义来看，"建设性新闻"指的是在新媒体环境下一类积极参与解决社会问题的新闻实践的新探索。这类新闻实践强调在新闻报道中除了要坚持内容的客观真实外，也应拓展报道的思路，要以解决问题为报道宗旨。与之相仿的另一个经常被人提及的概念是"解决之道新闻"（Solutions Journalism），

1

亦有将其译为"解困新闻""解题新闻""方案新闻"等。此外，还有些相关的概念，如"方案聚焦新闻"（Solutions-Focused Journalism）、"好新闻"（Good News）、"积极新闻"（Positive Journalism）、"和平新闻"（Peacc Journalism）、"恢复性叙事"（Restorative Narrative）等。如果我们将视野放宽，甚至还能追溯到"公共新闻"（Public Journalism）、"公民新闻"（Civic Journalism）等。

广义来看，建设性新闻则是在近年来此类新闻实践基础上将其宗旨抽象概括而形成的一种新闻理念。无论是"建设性新闻"，还是"解决之道新闻"，抑或是其他什么名目的新闻，均强调两个重点：其一是积极；其二是参与。所谓"积极"，即以正面报道为主，给人以向上向善的信念和力量，即便是揭露问题的报道，出发点也是为了解决问题，因而在报道问题时会同时提供解决问题的策略或方案，而不是把问题一揭了之。所谓"参与"，指的是媒体和记者不再置身事外，而是作为社会成员之一，介入到社会问题的解决过程之中，与其他社会成员一起共筑美好生活。这两点其实都是对传统西方新闻理论所强调的"坏事情就是好新闻""媒体记者必须中立"的观点的一种扬弃。简言之，建设性新闻并非要取代批判性的"守门人理论"，也并非仅仅局限于只能报道正面新闻，它强调的是，好的新闻报道可以激发公众对话和参与，能解决社会面临的诸多问题，推动媒体在公共传播时代社会价值的重新定位。这也是诸多研究者将这一类新闻实践探索冠之以"建设性新闻"名称的原因。

综上，建设性新闻指的是媒体着眼于解决社会问题而进行的新闻报道，是传统媒体在新媒体时代立足于公共生活的一种新闻实践或新闻理念。

建设性新闻的理念对我们来说一点都不陌生。我国是社会主义国家，以人民代表大会制度为根本政治制度，实行中国共产党领导的多党合作和政治协商的政党制度。这种制度既不同于西方国家的两党或多党竞争制，也有别于有的国家实行的一党制，它是非对抗性的、合作性的、建设性的。与这种非对抗性的政治格局相适应的社会主义新闻媒体，既是党的耳目喉舌，也是人民的耳目喉舌，更注重新闻媒体广泛凝聚共识、增进发展合力的社会建设功能，力求最大限度地促进各种公共资源的优化配置，有效地保持政治稳定与社会和谐。因此，以正面报道为主一直是我国新闻媒体的重要报道方针。但是，由于长期的惯性使然，我国部分媒体也存在着对正面报道的片面理解和僵化执行，如选题流于形式，语言陈旧落后，报道手法拘于八股模式，甚至于一味歌功颂德、害怕暴露问题而粉饰太平，未能真正实现正面报道、正能量新闻应有的正向传播，受众的参与分享度低，未达到应有的社会效果。某种程度上，传统媒体正面报道在新媒体环境下的不适应是当前新闻报道中一个亟待解决的紧迫问题。

面对百年未有之大变局，面对众声喧哗的公共传播时代的来临，新闻媒体的社会责任该如何体现？媒体和职业新闻人应该以何种方式参与到行动中去推动社会问题的解决？新闻报道与社会治理之间到底应该有何种关联？这一系列问题都值得我们深入思考。

缘于此，中国社会科学院新闻与传播研究所自 2014 年开始，在"公共传播时代的新闻实践研究与传播理论创新"的总题目下，推进了一系列与互联网治理与建设性新闻相关的研究项目。在对不同媒介环境中的新闻传播现象进行持续性跟踪和研究的基础上，展开了多个面向的探索：有对全球主流媒体、新媒体前沿议题的持续追踪与解析，有对新闻传播经典理念的爬梳与反思，有对建设性新闻与社会发展的比较研究，有对中国媒体融合和民生新闻发展的调研与探讨，更有在实践层面与媒体机构合作的建设性新闻试点……不同研究项目各有其侧重点，但其共通之处在于，以"建设"为核心概念来关注和探讨互联网治理和新闻传播，把建设性新闻作为研究新闻业务发展、研究互联网治理的一个重要环节，探寻传统主流媒体在公共传播时代的立足点，发掘社会发展中的媒体角色，追问智能互联时代媒体的初心与使命。通过深入的理论探讨和试点实践，我们获得了一些初步的思考结果。

其一，推进建设性新闻的发展是顺应信息技术发展的必然趋势。在当前学界和业界提出的林林总总的新闻发展趋势中，新媒体给新闻带来的本质冲击在于从告知到参与，而且这一参与的深度和广度远甚于技术门槛降低之初的参与表达，媒体需要重新定位与受众的关系。媒体的价值不仅在于选择和彰显问题，更在于就问题与公众进行深度对话，将公众所关注的问题作为报道核心，在挖掘问题成因的同时，提出解决问题的建设性方案，这样才是能启迪人心的新闻。鼓励参与，有助于把握人心。由是观之，建设性新闻开辟了公共传播时代新闻业务发展的新思路，改变了传统媒体时代"自上而下"的信息传递方式，鼓励公众共同参与新闻制作及线下方案活动，从而推动整个社会的变化与进步。

其二，推进建设性新闻也是强化问题意识的一种举措，有助于媒体设置议程引导舆论。在公共传播时代，单纯对某些事件进行新闻报道已经远远不够，好的媒体应该有更积极的角色定位，将报道中心转移至发现问题、设置议题，通过专题策划和采访报道，架起多方沟通的桥梁，同时还需要在报道之后进行持续跟踪，促成议题得到正向发展。社会发展永远都会面临各种各样的问题，人与人的问题，老年人与青年人的问题，人与自然的问题，人与科技的问题……而每解决一个问题都能促使社会向前发展一步。从这个意义上来说，问题的存在是社会发展的前提条件，而发现问题、引导问题的解决是新闻媒体存在的社会价值，是社会发展的动力之一。

其三，以建设性新闻的理论探讨和实践为基础，发展具有中国特色的社会主义新闻学。习近平总书记 2016 年在哲学社会科学工作座谈会上的讲话中，将新闻学列入对哲学社会科学起支撑性作用的十一个学科之一，这表明了党对新闻学的重视。中国新闻学发展百年，为中国新闻事业的进步做出了巨大的贡献。但是，在大众传播向公共传播演进的过程中，应当也亟须有新的新闻传播理论观照新现象、解释新问题、指导新实践。开展建设性新闻实践，是当前探索传统媒体与新兴媒体融合发展的一条路径。传统的主流媒体具有政府背景、政治优势，可以协调社会各界的力量；而新兴的社交媒体具有互动和参与的优势，可以广泛调动民众参与社会治理的活动。因此，把建设性新闻的倡导与实践作为传统媒体与新兴媒体融合的一个切入点，有助于加快媒体融合。新闻学本来就是实践的产物，是实践经验的规律性总结，也必定在实践中不断发展。

　　这套丛书既是我们对上述一系列问题的梳理、思考和阶段性研究成果的呈现，也是我们继续不断努力的一种动力。我们希望通过这套丛书能够拓展媒体从业者和学界同人的视野，引发更多的思考和创造，同我们一起为推动中国新闻事业的发展贡献智慧。

　　是为序。

　　　　　　　　中国社会科学院新闻与传播研究所所长　　唐绪军

　　　　　　　　2019 年 10 月

目　录

绪　论／1

欧洲篇

一　北欧四国媒体：寻求解困方案／3

二　《积极新闻》：致力于正面报道／29

三　《卫报》：找寻向上的力量／50

四　BBC：回应观众吁求／84

五　《经济学人》："非正规军"的努力／122

六　INKLINE：发现火花／138

七　《每日观点》：融入科学研究方法／150

八　法国希望记者协会与火花新闻：鼓励参与／166

美国篇

九　《赫芬顿邮报》：从"好新闻"出发／185

十　Upworthy：聚焦视频分享／202

十一　《纽约时报》：在报道中探求"解决之道" / 218

十二　《西雅图时报》：合作共赢 / 244

十三　《波士顿环球报》：专注于教育问题 / 271

十四　美国其他媒体的建设性新闻实践：ATTN：、Yes！、IVOH / 286

附　表 / 302

媒体与相关机构名称中外文对照表 / 302

栏目名称中外文对照表 / 305

专有名词中外文对照表 / 307

后　记 / 309

绪　论

当前，全球越来越多的媒体机构投身于建设性新闻实践。对这一现象，我们可以用 24 个字来加以概括：积极踊跃，范围渐广，效果初显；名目各异，方法有别，宗旨一致。

所谓"积极踊跃，范围渐广，效果初显"，指的是这一潮流在全球发展的总体态势。在欧洲，在美洲，在非洲，哪儿有媒体，哪儿就有建设性新闻的实践。英国、丹麦、芬兰、瑞典、比利时等公共电视台都开设了建设性新闻栏目。美国主流媒体近年来也兴起一股报道"好新闻"、传播积极乐观精神的潮流。2012 年，《纽约时报》的"解决"（FIXES）栏目记者在该栏目基础上创办了"解决之道新闻网"，专注于帮助读者和社区解决他们遇到的各种问题。《西雅图时报》等多家媒体成为其合作伙伴。该网站进行的有关解决教育问题的系列报道引发了很大的社会反响。2014 年，《基督教科学箴言报》在其网站上推出了"行动"（Take Action）板块，积极参与社会问题的治理。《华盛顿邮报》、美国广播公司等也均有动作。不仅老牌的传统媒体如此，新媒体更是踊跃参与。2015 年，《赫芬顿邮报》（HuffPost）旗帜鲜明地提出了编辑方针的转变：报道那些能够激发人性、鼓舞人心的新闻。这股潮流迅速在互联网上蔓延。美国的 Buzzfeed、Upworthy、ATTN：、Yes！，荷兰的 De Correspondent，德国的 Spiegelonline、Perspective Daily，英国的 INKLINE，南非的 South Africa：the Good News，法国的 SparkNews、Reporters d'Espoirs 和阿根廷的 Noticias Positivas，等等，都宣称自己加入了建设性新闻实践的行列。我们可以看到，这股建设性新闻实践的热潮不仅参与的媒体数量在扩大，覆盖的人群也正从欧美延及亚非，其所产生的社会效益和经济效益正在显现。

所谓"名目各异，方法有别，宗旨一致"，指的是这一潮流的形式和本质。参与到这股潮流中的并非只有"建设性新闻"（Constructive Journalism）这一个名称，还有"解决之道新闻"（Solutions Journalism）、"方案聚焦新闻"（Solutions-Focused Journalism）、"好新闻"（Good News）、"积极新闻"（Positive Journalism）、"和平新闻"（Peace Journalism）、"恢复性叙事"（Restorative Narrative）等多种旗号。在欧洲，建设性新闻是其中影响较大的一个流派，其倡导者以丹麦广播电视台前新闻部总监乌瑞克·哈根洛普（Ulrik Haagerup）为代表。在美洲，"解决之道新闻"更为流行。这一概念的源头可以追溯至 20 世纪 90 年代。1998 年 4 月，《哥伦比亚新闻评论》（CJR）曾刊发一篇文章：《解决之道新闻正在兴起》[1]，首次提出了这一概念。但彼时这一实践尚处于零星状态，未成规模。及至 21 世纪头十年以来，传统媒体和新媒体的共同尝试，使得解决之道新闻再度火了起来，似有燎原之势。

有论者一一比照了这些概念间的差别；亦有论者以建设性新闻为主概念，囊括其他各子概念。美国建设性新闻的倡导者凯伦·麦金泰尔（Karen McIntyre）就认为，建设性新闻是运用了积极心理策略的一种新闻形式。她将建设性新闻分为解决方案新闻（及其分支解决问题新闻）、预期新闻、和平新闻和恢复性叙事四个类别[2]。总体来看，这些概念在名目上大同小异，在具体实践方法上也各有千秋，但就其本质而言，无论是"建设性新闻"，还是"解决之道新闻"，抑或是其他什么名目的新闻，都

---

[1] Susan Benesch. The Rise of Solutions Journalism, *Columbia Journalism Review* 36. 6 Mar/Apr 1998, pp. 36 - 39.

[2] Karen McIntyre and Cathrine Gyldensted, Constructive Journalism: Applying Positive Psychology Techniques to News Production, *The Journal of Media Innovations*, 2018, Vol. 4, No. 2.

是对传统媒体主流文化的一种纠正，其中蕴含的核心理念即强调积极向上，主张新闻报道要参与社会问题的解决，而不仅仅只是作为"第三者"揭露社会问题。较之于西方传统新闻学，建设性新闻强调的是从关注现象，到发现问题、提供解决方案；从告知信息，到参与对话、推动社会发展；赋予新闻信息以社会意义和公共价值，从而提升新闻媒体在互联网时代的社会影响力。

如前所述，当前全球，尤其是欧美一些国家的主流媒体已经开始正视这一新闻理念的变化，并着重与新媒体结合推进建设性新闻的发展。这也是本书着眼于欧美案例分析的原因。如英国《卫报》及其网站推出了以解决问题为导向的新闻报道系列，《纽约时报》《西雅图时报》等也在其合作的"解决之道"新闻网中持续聚焦于民生问题。一些公共广播电视机构尤为重视建设性新闻的发展，以此重建媒体在互联网时代的公共价值。如英国广播公司（BBC）回应受众的吁求，推出了方案驱动新闻项目；丹麦广播电视台（DR）新闻部门将建设性新闻理念贯穿于各种新闻的报道中。尤其值得一提的是芬兰广播电视台（Yle）将建设性新闻报道理念与社交媒体相结合，发展出一套新的报道模式，迄今已经进行了 400 余个建设性新闻的报道实践。其议题多为热点社会问题及对多元人群的关注，如芬兰人口老龄化严重，老年人的赡养问题是社会的重要议题，在其新闻杂志节目 A Studio 中有一个单元就是聚焦老年人护理问题的。节目组预先对老人们进行访谈，收集他们关于养老问题的观点及各自需求，在充分发动民众、专家参与的同时，将节目素材分成 1~2 分钟的片段，频道播出的同时，也通过 Yle 的社交媒体推出。整个过程是一个不断推进的连续报道，同时也是一次社会行动——媒体、政府、民众、专家共同参与的社会治理行动。瑞典电视台（SVT）也将建设性新闻报道作为新闻部门的重要宗旨。比利时公共电视台（VRT）新闻部门的非洲系列报道"另一个非洲"（The Other Africa），让人们看到了与想象中不一样的非洲，深受观众好评。其新闻部门负责人称："建设性新闻让 VRT 新闻达到更高的新闻水平，这是更好的新闻，更深入的新闻，多层次的新闻，更吸引人的新闻。很多观众在社交媒体分享这些建设性报道。"①荷兰《记者》新闻论坛则明确提出，不再跟风报道大多数媒体关注的 24 小时热点新闻，转而聚焦公众身边的话题，如"债务自由""非洲难民"及"个人隐私"等问题。

与业界行动相伴，学界也开始了对这一新闻现象的关注和研究。荷兰温德斯海姆应用科学大学设立了建设性新闻研究项目，强调建设性新闻与正面新闻的区别，认为建设性新闻有很高的社会价值，同时始终坚持新闻的社会监督功能。有研究认为，建设性新闻是一个正在崛起的新闻形式，提供了一个在新的传媒环境下重建新闻学的方式。研究发现，较之在新闻故事中体验了负面情绪的人，在阅读新闻故事中体验到正面情绪的人会感觉更良好，对所阅读的新闻故事更满意，并且有更强的意愿去参与到亲社会的行为中去。也有研究发现，对社会问题提出有效解决方案的新闻报道，会让读者感觉更好，并喜欢这条新闻。研究也为记者如何在新闻报道中扮演更活跃的角色，以向受众提供信息和赋权，提供了一些实用建议②。2014 年的一项调查，比较分析了读者对于含有解决方案的新闻和只报道问题的新闻的反应。结果显示，阅读了有解决方案新闻报道的读者，更感到受鼓舞，更愿意在社交媒体上分享此类新闻，也更愿意了解更多相关新闻，同时感觉更乐观③。尼曼新闻实验室在 2015 年 6 月推出报告《解决之道新闻学是解决方案吗》，以《西雅图时报》的教育实验室等为案例，对当前媒介环境下的新闻业务发展进行了深入探讨④。另外，多个关于建设性新闻的理论研讨会近年来也在一些国家和地区陆续举办。各大

---

① 《建设性新闻研讨会影音》，2016 年 4 月 16 日，https：//www. pts. org. tw/constructive_news/apply. html.

② McIntyre，Karen Elizabeth：Constructive journalism：The effects of positive emotions and solution information in news stories，The University of North Carolina at Chapel Hill，2015.

③ Alexander L. Curry and Keith H. Hammonds，The Power of Solutions Journalism，Engaging News Project，http：//engagingnewsproject. org/enp_prod/wp-content/uploads/2014/06/ENP_SJN-report. pdf.

④ John Dyer，Is Solutions Journalism the Solution？Nieman reports. June 25，2015.

学术刊物也发表了不少相关论文①，《新闻实践》（Journalism Practice）更在 2018 年推出了建设性新闻专刊②。讨论还在持续……

建设性新闻的发展，表层来看只是新闻实践的多元探索之一；深层来看，其中折射出几个方面的深刻变化。

一是新闻传播渠道的变化正在倒逼新闻报道理念的变化。传统的西方新闻媒体以"看门狗"自诩，奉行"坏事情就是好新闻"的报道理念，媒体上充斥着大量的各种各样的暴力、恐怖和灾难性事件。但近年来，日益渗透进西方大众日常生活的社交媒体的信息主流，却与传统媒体的报道内容大相径庭。在社交媒体上，人们更多地分享那些积极健康、催人奋进、打动心灵、感受亲情的信息。这一现实使得受众日益减少的传统媒体感受到了危机，不得不在新闻报道理念上有所调整。

二是在新媒体条件下人人可以参与传播的现实，促使传统媒体新闻报道方式的变化。在传统媒体时代，媒体报道尤其是主流媒体的报道是一个事件或一种观点得以进入大众视野的关键，而在新媒体时代，信息终端多样化，人人都可以传播，渠道太多导致信息泛滥，因而受众的注意力也就被分散了。在这种新的传播格局下，新闻报道的影响力，不在于它一次覆盖了多少受众，而在于同一条信息的再传播率有多大。如果一则新闻报道没有吸引到足够受众的注意，并带来他们的再次传播与积极参与，这则报道的传播效力也就有限。因此，对受众信息再传播的价值和作用亟待被进一步重视。

三是媒体角色的变化。新闻媒体由单纯的旁观者、报道者转向社会建设的积极参与者与活动者。西方新闻理论在传统上强调新闻媒体的独立与中立，形象的比喻如普利策所说："倘若一个国家是一条航行在大海上的船，媒体和新闻记者就是站在船头的瞭望者"。"瞭望者说"隐含的意思

<hr>

① Dennis K. K. Leung & Francis L. F. Lee, How Journalists Value Positive News: The Influence of Professional Beliefs, Market Considerations, and political attitudes, *Journalism Studies*, 2015, Volume 16, Issue 2, pp. 289 – 304.

② Constructive Forms in Journalism. *Journalism Practice* Vol. 12, No. 6, 2018.

是，媒体和新闻记者的职责只在于报道事实，而不在于参与行动。即便是"社会责任论"，强调的也是"供给真实的、概括的、明智的关于当天事件的记述，它要能说明事件的意义"，而不是参与事件，解决问题。但是，从建设性新闻实践的潮流中可以发现一个重要的变化，即媒体从以往单纯的报道转向以解决问题为诉求的建设性取向，重视并实际加强自己的社会参与角色。媒体不能只是观察问题和报道现象的旁观者，负责任的媒体应该有更积极的社会角色定位。

四是新闻受众心理传播的效度必然会带来新闻报道产制的变化。近年来，欧美的多项调查均显示，积极的、具有建设性的新闻信息更受广大受众欢迎，在信息纷繁的新媒体时代受众需要积极的新闻信息去增加其社会资本。麻省理工学院的一项研究发现，正面新闻比负面新闻传播得更远，人们希望让自己看起来更优秀，而在线分享正面新闻有助于此项愿望的达成。得克萨斯大学的一项研究发现，较之于只报道问题的新闻，人们更喜欢有解决方案的新闻，也更愿意分享此类新闻。沃顿商学院针对《纽约时报》报道的相关调查也显示，积极的新闻比消极的新闻更受大众青睐，共享次数也更高。Twitter 基于用户的数据研究也证明了这一点。此外，一些信息聚合类媒体如 BuzzFeed 也发现，最受欢迎的新闻多来自令人受到鼓舞的积极愉悦的新闻故事，其病毒传播指数中强调的也是分享和转发。

五是传播网络正日渐嵌入社会网络。传统媒体时代，传播网络与社会网络各自独立，互不相干。但是，新媒体时代，通过社交媒体的联系，传播网络正日益与社会网络相重合。线上的风吹草动瞬间就会影响到线下的喜怒哀乐，线下的家长里短很快就会在线上扩散，放大成公共事件。线上、线下的这种互动，传播网络与社会网络的交织，为社会治理提供了汇聚民意的便利条件。集体智慧的发展、社会组织形式的变化，都终将带来媒体权力的分散，顺应技术潮流引导民众参与，提升媒体的公共品质和社会价值迫在眉睫。

对中国来说，建设性新闻的基本理念从来都是我们所倡导的，以正面报道为主、激人奋进、催人向上也一直是我国新闻媒体的重要报道方针，民生新闻、帮忙新闻乃至问政节目也经过了 10 余年的发展，这些都堪称是建设性新闻的中国路径。但是，处在媒体融合过程中的中国新闻界，应该如何推进传媒在当前互联网新媒体环境下的新闻传播实践？如何增强新闻媒体的传播力、引导力、影响力、公信力？欧美建设性新闻实践的这一新动向，为我们提供了一个新的观察视角，值得我们关注和进一步研究。本书选取当前欧美建设性新闻发展中的典型案例进行深入解读和分析，也是希望与中国的建设性新闻发展产生共振，提供思考和形成互鉴。

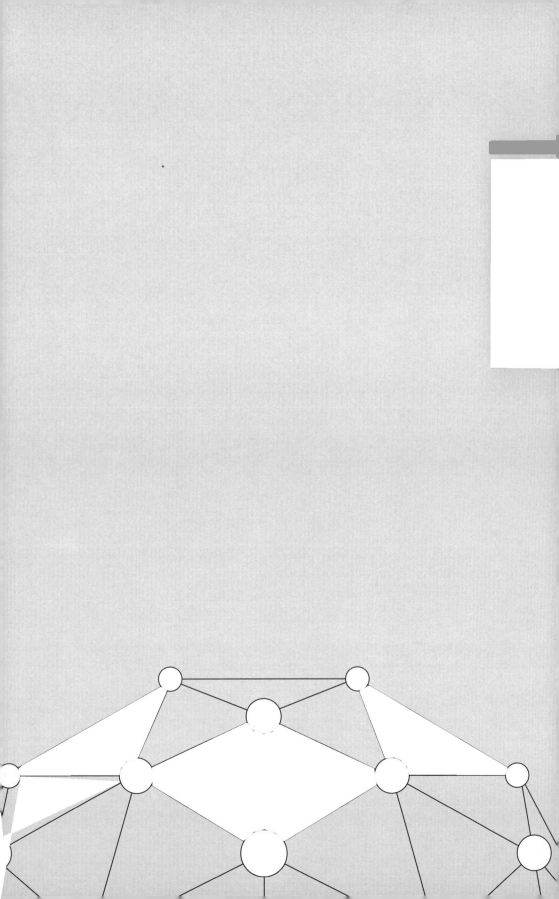

一 | 北欧四国媒体：寻求解困方案

北欧在建设性新闻上颇有建树，其中丹麦是北欧建设性新闻学理念践行的先锋，芬兰、瑞典及荷兰等国家紧随其后纷纷效仿，至此在北欧掀起建设性新闻的实践浪潮，以下主要对上述几个国家媒体的建设性新闻实践进行梳理与分析。

（一） 丹麦广播电视台（DR）

随着社交媒体的兴起，越来越多的人对电视新闻失去兴趣，手机等移动终端却成为受众获取新闻的最主要渠道，根据《2018 年丹麦媒体调查报告》显示，84% 的丹麦调查者通过智能手机上网①。因此，不少传统媒体以强化冲突或者增加灾难、犯罪等负面报道的方式来吸引观众注意力，这种策略的效果值得质疑，但新闻媒体的报道品质日益下降却是一个公认的事实。鉴于此，丹麦广播电视台（DR）提出建设性新闻（Constructive Journalism）的采访制播方式，认为媒体不仅要揭露问题，更要探讨如何解决问题，这种理念也引发了全球许多媒体的共鸣。

---

① Danish Agency for Cultural and Palaces. 2018. "Media Development in Denmark 2018." Accessed October 2. https：//www. nordicom. gu. se/en/latest/news/media – development – denmark – 2018.

1. 建设性新闻追根溯源：平民主义基因强大

丹麦广播电视台是全球建设性新闻概念的倡导者之一，尤其是北欧建设性新闻学项目的首要发起机构，但其建设性新闻项目的兴起并非横空出世。1988 年丹麦第二电视台（TV2）的诞生，打破了丹麦广播电视台等公立媒体的媒体垄断地位，丹麦广播电视台公信力骤跌并面临转型。20世纪 90 年代，丹麦新闻机构开启对"公共新闻"（Public Journalism）的探索，主张媒体应赋予公民重要角色，尤其聚焦于市民阶层边缘群体所关注的问题上，同时也鼓励市民在专家指导下制订问题的实质性解决方案。丹麦广播电视台也曾参与其中，创办每日一期的"1999 电视系列节目"，该节目并未邀请专家与政府人员，而是为公民提供平台，参与讨论时下严峻社会问题的解决方案。虽然随着公共新闻实践浪潮的退去最终淡出公众视野，但是却为丹麦广播电视台留下了浓厚的平民主义情节，这为丹麦广播电视台建设性新闻项目的兴起奠定了基础。此外，前丹麦广播电视台新闻部总监乌瑞克·哈根洛普（Ulrik Haagerup）是丹麦建设性新闻项目的领军人物。2008 年，乌瑞克担任丹麦广播电视台新闻部总监，开始倡导建设性新闻理念并着手实践，在 2009 年的世界经济论坛上开始阐释其建设性新闻理念[①]，之后又多次在国际学术会议上深入阐述并推广该理念，还于 2010 年与 2017 年分别出版著作《建设性新闻学》及《建设性新闻：如何用明天的新闻挽救媒体与民主》。目前，虽然乌瑞克已于 2017 年 9 月离职，但是建设性新闻的理念却已深入根植于丹麦广播电视台。自 2012年以来，丹麦广播电视台开始精简行政机构，投资高质量新闻内容项目，如建设性新闻项目，关注全球化、商业、健康等更有价值的议题。

2. 建设性新闻报道理念：对媒体主流文化的纠正

媒体信任危机的到来倒逼丹麦广播电视台开始反省自身对社会民主产

---

① 根据网上哈格洛普建设性新闻相关视频发布的时间梳理得出。

生什么样的影响？美国爱德曼国际公关公司（Edelman Public Relations Worldwide）发布的《2018 年度爱德曼信任度调查全球报告》（2018 Edelman Trust Barometer Global Report）①显示，全球只有43%的被调查者选择信任媒体；此外，丹麦广播电视台针对不同职业的信任度展开调查，结果显示，记者位列倒数第三②。为何会出现这样的情况？丹麦广播电视台又秉承何种创新理念来扭转困境？我们结合乌瑞克的建设性新闻理念来看。

乌瑞克所阐释的原因来自三个层面：一是受众对于媒体描绘的世界产生悲观、厌恶情绪，他们无法从新闻所呈现的那个令人沮丧、虚假的世界中找到意义和社会实用性。二是媒体工作者的职业精神日渐沦丧，在媒体主流文化驱使下，新闻工作者将新闻视为一种产品，他们关注消费者的需求并满足其需求，坚信"不流血，无头条"（If it bleeds，it leads）的报道理念，因此灾难新闻（见表1-1）、高点击量新闻及获奖新闻成为新闻报道制作的三个主要指标，同时政治人物也可以操作曝光率，促使国家民主与政府公信力堪忧。三是媒体对世界图景的描绘失真，媒体提供的信息与实际情况并不一致，尤其是随着推荐算法技术的广泛应用，媒体更是只提供受众感兴趣、符合受众观点及世界观的资讯，而非全面客观地镜像反映整个世界与社会，人们逐渐意识到感知与实际之间的差距。

基于此，乌瑞克针对提升新闻内容质量提出建设性新闻学理念，并认为建设性新闻是对媒体主流文化的一种纠正，强调在新闻报道中内容应客观真实，报道思路应拓宽，还要以解决问题为报道宗旨，具体体现为：首先，建设性报道并非要取代批判性的"把关人"新闻，如乌瑞克所言"批判依然是记者发现社会问题的利器而非新闻报道的最终目的③"，另外建设性新闻也并非强调用正面手法来报道毫无意义的新闻；其次，建设性

---

① Edelman. 2018. "2018 Edelman Trust Barometer Global Report. " Accessed January 22. https： //www. edelman. com/sites/g/files/aatuss191/files/2018 - 10/2018_ Edelman_ Trust_ Barometer_ Global_ Report_ FEB. pdf.

② 数据源自台湾《独立特派员》节目第535集"建设性新闻学——丹麦公视"。

③ 中时电子报网，2016，《媒体可信度低 丹麦专家倡建设性新闻》，https： //www. chinatimes. com/cn/realtimenews/20160409003455 -260404？ chdtv，最后访问日期：2018 年9 月23 日。

新闻不仅报道新近发生的事情，揭露社会问题，也要启发观众以更加乐观积极的态度来面对未来；最后，建设性新闻主张报道能激发对策，解决社会面临的问题，因此应引入社会反馈机制①，赋予新闻更具建设性意义的角色。

表 1-1 丹麦广播电视台 TV Avisen 2008 年 9 月 8 日

（星期五）18：30 晚间新闻一览

序号	新闻标题
1	欢迎来到 Avisen 电视台（Welcome to TV Avisen）
2	丹麦遭受恐怖威胁（Terror threat against Denmark）
3	哥本哈根发生枪击事件（Shooting incident in Copenhagen）
4	新区际列车未按时到达（New regional trains not delivered on time）
5	年轻女孩面临患宫颈癌的危险（Cervical cancer a danger to young girls）
6	巴士司机罢工仍在继续（Strike among bus drivers continues）
7	遭绑架及虐待的妇女（Woman abducted and abused）
8	社会民主党面临危机（Crisis in The Social Democratic Party）
9	一位老人在美国陷入危机时竞选总统（Old man runs for president in a US in crisis）
10	飞机失事案件开庭（Court case about airplane accident begins）
11	遭受镇压的朝鲜人民外出工作（Suppressed North Koreans work out）
12	一只巨大的机械蜘蛛为利物浦带来恐慌（A giant mechanical spider creates fear in Liverpool）
13	天气预报:阴雨连绵……（And the weather forecast：The rain continues...）

资料来源：根据乌瑞克演讲资料整理。

3. 新闻报道方式：创新视角 + 方案思维

在这一新闻理念的指导下，丹麦广播电视台在过去的几年内不断完善建设性新闻的报道方式，而且已经摸索出一套独特的报道模式。与其他媒

---

① Foundation hirondelle. 2018. "A call for 'constructive journalism'：our interview with Ulrik Haagerup." Accessed September 6. https：//www. hirondelle. org/en/our – news/476 – a – call – for – constructive – journalism – our – interview – with – ulrik – haagerup.

体设有专门的建设性新闻项目不同，丹麦广播电视台则是将理念融入每条新闻的生产与传播过程中。

（1）拥抱新技术，加速媒体融合

为了实现多元化新闻传播渠道，丹麦广播电视台新闻部积极推进媒体融合战略，采用"台＋网＋端"的全媒体传播模式，更精准、快速地制作和传播建设性新闻内容。丹麦广播电视台社交媒体制作人克里立斯坦表示，目前已经开展大型教育培训，新闻工作者均参与，内容涉及如何进入数字新闻时代，包括新媒体的使用方法、媒体新闻编辑方法及社交媒体功能，等等。如丹麦学校公厕议题，学生们将这类问题分享到社交媒体，从而激发改善问题的报道，进而推动学校对该问题的关注。

（2）组织结构多元化

为了避免再陷入 24 小时负面新闻连环轰炸的窘境，丹麦广播电视台新闻部不再以突发新闻与分析新闻这两类内容来划分部门，而是按照制播流程将其调整为突发新闻制作（Breaking News）、新闻观点整理（Making News）、平台分享新闻（Sharing News）、创新新闻研发（Innovating News）等部门。尤其创新新闻研发部的增加对于建设性新闻的报道意义非凡。该部门整体工作思路为：反转思考，跳脱旧思维，找出最佳解决方案。具体工作流程为：首先，要试图让不受台内规则约束的人员来探寻问题解决方案；其次，在技术人员协助下找到解决方案，有时他们会根据现实情况来调整解决方案。此外，该部门也设定基本原则，一个项目的研发周期为16 天。如此，既遵循新媒体传播规律，也集结了媒体工作者对于建设性新闻报道方案的智慧，有助于发现问题，更利于找到问题解决方案，通过媒体传递"正能量"。

（3）内容报道视角与呈现方式发生嬗变

从报道视角来看，在冲突性报道中，传统新闻的报道角度聚焦于受害者，突出新闻当事人的悲惨处境，然而在引入建设性新闻学理念后，新闻报道则呈现"喜色"。如丹麦广播电视台会在社交媒体上报道一名不知名的设计师的讣告并发布其生平相关信息，报道引发强烈反响；关于"好天气"等气象资讯，用户也会在社交媒体积极分享和传播；此外，新闻部拍摄的美丽照片也颇受欢迎。这些新闻内容与非传统新闻报道的关注点并不一致，平常忽视的新闻议题得到广泛关注。在呈现方式上也体现多样化选择，丹麦广播电视台新闻部一般会制定八种版本格式，一种短版本和七种长版本，在编辑之前新闻工作者就需要确定好是背景稿、特写、分析稿还是长版的专题报道。

（4）在报道过程中融入解决方案理念

在建设性新闻谈话类节目中，丹麦广播电视台记者在讨论中扮演引导者角色，引导政治人物与民互动并提出具体建议，而非只发表煽动情绪的言辞。正如前丹麦广播电视台新闻部总监乌瑞克所认为的那样："经历几小时节目后，你不能只是重复同样的观点，你得认真听别人讲什么，用心听听彼此想法，一起交流讨论，设法找到改善方案[①]"。在新闻直播节目中亦是如此，解决方案理念渗透其中，一方面，全天不同时段的报道内容存在差异化，记者不会全天报道冲突和问题，也会思考解决方案，如早间新闻报道冲突事件，晚间新闻就会从方案视角进行报道。另一方面，就某议题新闻连续跟进，报道冲突也兼顾解决方案，不会每天都报道负面消息，如在讨论改善难民环境问题时，丹麦广播电视台以往一直强调难民失业问题，而现在会关注难民如何有效就业，更侧重解决方案；又如在报道医患关系的议题时，记者不再强化医患冲突，而聚焦于问题的建设性思考，如介绍丹麦欧登塞大学医院（Odence Uninersity Hospital）如何找职业演员来协助医生与病人沟通，从"他者"视角来寻找医患关系问题的解决方案。

（5）提建设性的采访问题

在采访中，丹麦广播电视台新闻部记者逐渐由"进攻者"角色转变为"调查者"和"引导者"，尤其在提问时从积极心理视角来引导被采访对象畅所欲言，而非按照程式化的问题模式提问。如丹麦广播电视台记者

---

① 采访内容源自台湾《独立特派员》节目第 535 集"建设性新闻学——丹麦公视"。

在寻找解决方案或采访时通常会问以下 5 个问题[①]：

①你的观点是什么？

②可能的解决方案是什么？

③我们从中能学到什么？

④其他国家、城市及企业是怎么解决这些问题的呢？

⑤如果他们可以解决，那我们为何不可？

这种提问方式可以引发媒体与受众深思，而绝非仅停留在了解事实的表面，有助于推动媒体与受众之间的对话与互动，从而产生更加多元化的解决方案。

（6）平衡收视绩效与报道议题

收视绩效是衡量媒体内容成功与否的重要标志，然而有些媒体却本末倒置，为了增加收视率与流量而做内容。为了避免落入这种收视绩效的迷思，丹麦广播电视台社交媒体制作人克里立斯坦表示："我们不为点击率做新闻，但我们会用优质新闻争取收视率与点击率[②]"。在这种理念指引下，丹麦广播电视台在网络平台上报道公共交通等严肃公众议题时，以更精确且更贴近观众的视角来报道以吸引受众注意力，而非加强渲染效果或者做虚假报道。在青年群体相关报道中亦是如此，年轻人已经成为新媒体使用的主力军，与之伴随，丹麦广播电视台不仅关注各新兴平台服务，更注重新闻报道主题及其报道视角，通常选择严肃、易读且有实际意义的主题，以拓展年轻人的见识，同时选择合适的报道角度来向青年群体传递信息。例如，在关于教育制度议题"我们需要什么样的小学"的讨论中，按照传统报道视角，媒体通常会关注老师及政治人物的观点，但在新的新闻理念指导下，媒体工作者则会更谨慎地选择报道角度，会侧重从年轻人的视角出发并传播他们的看法。

---

① 台湾公共电视，2016，《建设性新闻研讨会影音》，https：//www.pts.org.tw/constructive_news/apply.html，最后访问日期：2018 年 9 月 17 日。

② 采访内容源自台湾《独立特派员》节目第 535 集 "建设性新闻学——丹麦公视"。

4. 传播效果：媒体公信力增强

那么丹麦广播电视台在建设性新闻的传播效果究竟如何？这是个值得关注的问题。就当前情况而言，丹麦广播电视台建设性新闻实践项目颇有成效，根据丹麦广播电视台受众调查研究显示，丹麦民众对新闻的信任度比以往任何时候都高，其中 68% 的丹麦民众认为他们"非常信任或高度信任新闻媒体"，而只有不到 4% 的民众表示对新闻媒体"不信任"①。

以《远离国会》（Langt fra Borgen）的建设性新闻节目为例。2016 年以来，丹麦广播电视台推出《远离国会》节目（见图 1 - 1），为每周一期的时事节目，每期节目约 25 分钟，该节目就某政治议题进行报道，丹麦广播电视台邀请两名有不同政见的政客，然后带他们在丹麦体察民情，这与传统新闻在政府办公大楼对官员的采访大相径庭。然而，丹麦广播电视台经过一段时间观察以及从受众反馈中发现，这种新颖的报道形式会改变人们的认知：其一，观众认识到持有不同政治态度的政客们实际上在现

图 1 - 1 丹麦广播电视台推出的《远离国会》节目

---

① DR Audience Research Department. 2017. "Media Development 2017." Accessed Feburary 2. https：//www. dr. dk/static/documents/2018/02/27/2017_ dr_ mediadevelopment._ 6c81de09. pdf.

实生活中并不排斥，观众了解细节后，意识到一个问题可能会有多个面向；其二，当政客遇到现实生活中的问题或接触民众时，他们自身可能会改变之前的政治观点。显然，这种报道方式拉近了政府与受众的距离，促进双方的互动与沟通，这有利于一些社会问题的解决，进而增强了新闻媒体的公信力。

（二） 丹麦第二电视台（TV2）

除丹麦广播电视台外，丹麦第二电视台也是 2018 年丹麦最受欢迎的媒体之一，该媒体也是建设性新闻理念的实践者，于 2015 年正式开设"19 新闻"（19 Nyhederne）节目。该节目为丹麦语版本，主要对于新闻联播中的采访对象做深入访谈，还设立子栏目"19 振奋"（19 Inspiration）聚焦建设性议题，同时也邀请观众和用户参与提问和评论，可以被视为电视新闻节目的延伸版。以下基于《日德兰车间的工作人员几乎从来没有生病》视频节目来分析该节目的风格特色。

《日德兰车间的工作人员几乎从来没有生病》（见图 1 - 2）是丹麦第二电视台"19 振奋"节目中的一则新闻报道，其呈现方式为短视频形式，视频语言为丹麦语，关注丹麦本地的社会问题，从"日德兰车间工作人员不生病"的现象入手，主持人实地采访，深入探寻现象背后的原因。基于该内容，我们发现"19 振奋"节目在制作与报道方面呈现许多新特点。

其一，议题关注贴近民众生活并有建设性意义，讲述与民众息息相关的故事，拉近新闻与受众之间的距离，不再通过骇人听闻的灾难性事件来吸引受众的注意力，而是满足观众心理需求，围绕激励人心的成功案例与建设性行为发布相关报道，如《日德兰车间的工作人员几乎从来没有生病》视频节目中就是突出报道日德兰车间成功的企业管理方式，发现这种管理模式缓解了领导层与员工的紧张关系，企业对员工各方面给予关注和支持，创造良好的企业文化环境与氛围，这也为其他企业在构建和谐的

图 1-2　《日德兰车间的工作人员几乎从来没有生病》新闻截图

领导层和员工关系方面提供借鉴，对于那些以牺牲员工健康为代价的企业发出警示，因此具有建设性意义。

其二，采用主持人亲历现场的报道方式，主持人走出直播间，到新闻现场全程跟踪采访与报道，采用制播一体形式，将主持人与记者的角色合二为一，观众对于整个报道过程一目了然，提升了新闻的真实性与可信度，有利于改善媒体的公信力；在播报语态上，以大众喜闻乐见的日常对话形式进行采访与播报，拉近了媒体与受众之间的距离。

其三，传播方式由单向输出变为多元互动。随着新媒体的广泛应用，传播方式发生嬗变已是个不争的事实，"19 振奋"也不例外，采用"网 + 端 + 台"全媒体平台模式；在传播者与受众关系方面，主持人不仅对新闻当事人进行访问还鼓励受众就相关问题进行讨论，这与通常"自上而下"的报道方式有所差异。

其四，积极拥抱新技术，丰富内容叙事方式。除内容创新外，"19 振奋"节目还将增强现实（AR）技术应用到新闻报道中，在视频画面中融入 3D 图形与字幕，使得新闻呈现方式更加立体化，尤其对于复杂新闻故事的叙述颇为有效。总而言之，无论是从内容还是形式，"19 振奋"都为受众带来耳目一新的感觉，拓展了节目报道形式，在立意方面与丹麦新闻的公平、正义价值观更为契合。

（三） 荷兰《记者》新闻论坛（de Correspondent）

与丹麦不同，荷兰建设性新闻实践表现突出的并非公立媒体，而是一家由个人发起的新闻论坛《记者》，该论坛于 2013 年正式成立，注重新闻的背景、分析和调查，建设性新闻是《记者》的重要特色项目之一，在解决方案的报道方面相对成熟，致力于推动关于未来社会发展问题的讨论，其中特色做法是记者与读者就相关主题共同制作内容。目前，《记者》已经开展的建设性新闻报道，如"债务自由""非洲难民""极地计划"等，都取得显著成效。《记者》无论从新闻理念、产制及运营模式都独具特色，为数字时代媒体的转型提供了方向，使其重新回归新闻价值。

1.《记者》的建设性新闻产制特色

（1） 三方面阐释建设性新闻报道理念

根据《记者》新闻论坛"记者十二条"原则①，建设性新闻理念体现为以下三方面：一是从每日热点问题转向社会问题，突破"新闻为新近发生的事情"的传统新闻定义框架，不报道 24 小时发生的事情，因为这些突发报道并未触及问题的深层本质，而是从社会发展视角来引导新闻报道，关注常规新闻报道疏忽的议题及其背后的社会因素，剖析社会问题，做主流媒体的"补充版"新闻。二是反对刻板印象、偏见及恐惧的传播，耸人听闻的负面消息虽可以瞬间吸引受众注意力，但是随着新媒体的飞速发展，负面消息会二次或多次传播，强化了刻板印象、偏见及恐惧等负面认知与情绪的传播效果，对此《记者》反对报道这种滋生焦虑等

---

① de Correspondent. 2018. "MANIFEST." Last Modified Sptember 9. https：//decorrespondent. nl/manifest.

负面情绪的新闻，而以建设性视角来做深入报道，以抵消负面消息所带来的影响。三是不仅关注社会问题，更关注可能的解决方案，这种新闻形式则为"建设性新闻"。与"好新闻"不同，建设性新闻以叙事方式来阐释问题及其解决方案。此外，记者还会呼吁民众积极改变社会并为此而努力。四是突破新闻的客观性限制，拉近公众与世界及受众与记者之间的距离。

（2）报道题材多元化

《记者》在新闻报道议题方面呈现多元化格局。从《记者》官方网站各记者的报道方向及研究领域来看，建设性新闻的议题构成包括三部分（见表1-2）。一是常规性报道议题，如政治、教育、科学、技术、文化、经济、能源、健康等，立足于国家发展的宏观视角来构建公共生活空间；二是伴随社会发展所产生的议题，如发展、民主、种族主义、老龄化、歧视、移民，立足于社会发展视角来揭露社会问题并探究其原因，根据关注度显示，最受读者欢迎的题材是记者 Rutger Bregman 的"发展与进步"议题；三是社会现象及问题，分析其背后的民意调查与数据统计等较冷门主题，通常媒体较少将这类内容公之于众，即使公布也仅是引用其中个别数据，或将其作为观点类新闻的论据，一般主要出现在数据统计类网站，然而《记者》为了让读者了解更真实、全面的社会事实，将这类选题也列入报道题材之内，但主要阐释数据背后的原因。以 2018 年一篇名为《极地计划：为何我们决定公布结果》（Project Polar：why we decided to publish our findings）① 的报道为例，在之前健身 App 的调查基础上，该报道进一步披露《记者》的调查数据结果并阐明原因，从而揭示出一些间谍利用健身 App 来搜集信息，告知人们面临何种数据风险。

---

① de Correspondent. 2018. "Project Polar：why we decided to publish our findings.", Accessed July 8. https：//decorrespondent. nl/collectie/project - polar.

表1-2　荷兰《记者》新闻论坛报道议题

专业团队构成	姓名	议题	关注者
全职记者	Rutger Bregman	发展	25790
	Jelmer Mommers	能源与气候	15940
	Maurits Martijn	技术与监视	15660
	TomasVanheste	欧洲权力与移民	15624
	Jesse Frederik	经济学	15489
	Vera Mulder	偏见	15390
	Lynn Berger	文化与技术	15171
	Dimitri Tokmetzis	安全产业	15144
	JohannesVisser	教学与教育	15065
	NinaPolak	文化	15021
	Maite Vermeulen	冲突与发展	13590
	ThaliaVerkade	清洁技术与移动	11555
	Sterre Sprengers	图像与制图	10131
	Marc Chavannes	政治	9188
	Sanne Blauw	计算能力	7639
	LucienHordijk	医药	6354
	Michiel de Hoog	体育与分析	5891
	Heiba Targhi Bakkali	老龄化	4350
	TamarStelling	非人类	2779
自由职业者	Dick Wittenberg	荷兰新鲜事	13800
	Lex Bohlmeijer	对话	12827
	Jos de Putter	民主	10777
	Marilse Eerkens	教育方式	9094
	SanderHeijne	市场力量	8078
	Bregje Hofstede	选择自由	5244
	Bart de Koning	警察与犯罪	4415
	SarahKendzior	立交桥	4110
	Sinan Çankaya	种族主义	2923
	Thijs Roes	药物	2343
创始人	RobWijnberg	媒介机制与神话	30746
	Ernst-JanPfauth	自我发展	15584

资料来源：2018年11月荷兰《记者》新闻论坛报道。

（3）建设性新闻报道特色

在新媒体环境下，荷兰《记者》新闻论坛已经深刻认识到应坚持"内容为王"，尊重新闻规律，回归新闻本质，而建设性新闻正是为了应对这一需求而出现。我们以"健身 App 数据安全问题"的系列新闻报道英文版为例，来分析《记者》建设性新闻的报道方式。

①记者与读者密切合作制作新闻内容

与传统媒体的以议题为新闻聚合形式不同，《记者》是围绕每名记者展开垂直主题新闻聚合，主要分为三类：全职记者、每周或隔周写稿的自由职业者及两名创始人（见表 1 - 2），因此《记者》虽为网络媒体，但被称为"作者报纸"。全职记者可以自己选择感兴趣的议题并对其深入报道，他们可以调查事件并对其结果进行报道，充分体现记者的职责，即向公众阐释事件的来龙去脉并引发其对报道议题的深度思考。同时，记者还会邀请读者参与制作内容，通过设立"热线"（Oproep）板块来征集素材①，各领域的读者会参与到新闻内容制作中并贡献各自的专业知识，以供新闻编辑室记者参考。在关于数据安全的系列报道中，编辑团队包括《记者》全职记者、主编、副主编、通讯记者及读者，其中通讯记者们在报道数据安全方面具有过硬的专业背景，他们通常为数据安全方面的专家或者在社交媒体数据报道方面有丰富经验，如其中一位读者（或会员）为和平组织（PAX）的研究员，一直致力于数据开源及人道主义裁军议题的研究。通过对上述报道小组成员的个人背景分析发现，《记者》采用这种记者与读者合作的模式来生产内容，使得建设性新闻内容更具专业性与真实性，以事实说话。

②坚持问题导向以强化新闻的建设性

系列报道中共有四篇文章，它们之间层层递进，由《记者》的通讯记者与读者共同策划、组织完成。对这组报道的内容进行分析后发现

---

① Positive News. 2015. "Constructive Journalism Charges Ahead." Accessed January 6. https：//www. positive. news/2015/society/media/16907/constructive - journalism - charges/.

（见表1－3）：该系列新闻报道有清晰的问题路径，即提出问题－调查问题－解释原因－提出建议。其一，这组报道的线索来自健身App"极地"的一名用户，他意外发现根据App上的数据可以定位用户并为其画像，他的反馈引起记者注意，他们认为这不仅涉及个人隐私问题，很可能还危及国家安全。其二，记者对于问题并非仅停留于表面，而是进行更深层的思考，于是对该情况进一步跟踪调查。他们先从新闻事件着手，采用实验方法证实新闻的可靠性，在实验过程中发现涉及士兵及情报机构，于是对该App泄露情报机构信息的情况进行调查，利用大数据技术对于所获取数据进行分析。结果表明，敏感身份用户在使用该App时会暴露军事基地及情报机构等敏感单位信息，这将危害国家安全，并将问题从荷兰蔓延至全球，后果不堪设想。其三，积极与新闻当事人及机构取得联系，并敦促其提供解决方案，如在数据泄露报道中，记者追踪荷兰国防部与"极地"公司的应对措施，积极与其沟通，促使其改变现状，最终荷兰国防部采取保护措施，明令禁止机密单位员工使用"极地"App，同时也下架该应用程序地图，此外，《记者》还针对个人用户，就各种健身App的使用提出详细应对之策。

表1－3　健身App数据安全问题系列新闻报道要素

标题	文章类型	呈现方式	报道视角	报道目的
任何人都可以通过健身软件找到成千上万士兵与情报机构的名字与地址	叙述类	文字＋基于数据的图形＋照片	中立	提出问题
我们是如何利用简单的健身App发现士兵及情报机构的名字与地址的	解释类	文字＋基于数据的图形＋图片＋卫星图像＋数据	媒体	调查问题
极地计划:为何我们决定公布结果	分析类	文字	新闻当事人	解释原因
检查你的健身App并确保陌生人无法找到你的地址	说明类	文字	公众	提出建议

资料来源：表格内容根据2018年11月在官方网站的新闻报道整理所得。

在问题思维引导下，记者在制作标题时也将解决方案理念融入其中。首先，标题是文章的核心，记者在建设性新闻标题制作中加入具有内容指向的关键词，如使用"如何""为何"及"确保"等词语来强化读者的问题与方案意识；其次，均采用第一、第二人称而非通常新闻报道中的第三人称视角，跳出传统新闻客观性的限制，《记者》可以基于事实对可靠新闻有自己的态度和立场；最后，没有特定受众，因此采用多角度报道，全面体现整个事件的来龙去脉，如上述系列报道除了陈述新闻事实外，其他三篇新闻则从媒体以及国家、企业与用户等新闻当事人等三个不同角度来分析问题，并推进问题的解决。

③重视数据技术并加强可视化呈现

新闻报道本质是讲故事，采用各种叙事方式都是为了讲好故事。随着大数据技术在新闻中的应用广泛，《记者》也借力数据可视化工具挖掘新闻价值，以提高新闻叙事能力，这在建设性新闻实践中也有体现。如《我们是如何利用简单的健身 App 发现士兵及情报机构的名字与地址的》的报道中，记者将调查过程中所获数据可视化。依托于谷歌地图及相关数据软件，将海量数据转换成可视化较强的图片，如直观地描绘出全球机密单位的"极地" App 使用情况地图，为读者提供翔实的数据，凸显新闻的真实性，用数据来强调问题的严峻性，呼吁世界各国机密单位及公众对信息安全引起高度重视，更重要的是，希望新闻当事人对于目前现状采取有效措施并及时制止问题恶化。此外，《记者》以漫画、图表、图片等具有感染力的形式呈现内容，为此专门设立图像素材库来征集用户的创新图片内容，从而增强新闻的表现力。

④简化新闻报道链接方式以留住用户注意力

从用户界面与互动创新来看，《记者》的新闻报道设计理念为：在分心的数字化时代中培养读者冷静思考的能力，该平台为读者专门设计每次只可读一篇报道。其中创新链接方式（见图 1-3），即在文章中改变媒体常用的纷繁复杂的超链接嵌套模式，将链接干扰最小化，传播效果最大化，主要通过以下三种方式来实现：一是采用信息卡来拓展读者知识，设置下拉菜单及内嵌解释；二是采用边注形式，为具体知识点提供相关解释，给读者提供相关语境；三是为同一系列文章提供链接，通常设置在文章结尾，从而让读者可以全神贯注读完整篇文章。

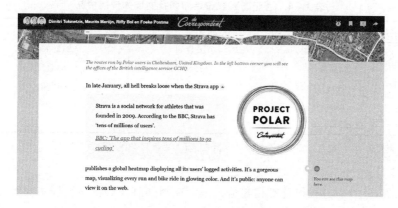

图 1-3　《我们是如何利用简单的健身 App 发现士兵及
情报机构的名字与地址的》报道

2. 建设性新闻传播模式

《记者》建设性新闻的传播模式的独特性主要体现在平台选择、传播方式、线下活动三个方面。

一是多元化传播渠道与融合内容呈现形式，这与其他网络媒体无异。关于传播渠道，除 PC 端外，依托于手机、iPad 等移动端，《记者》基于自身官方网站，还积极布局社交媒体平台及 App 客户端，如在 Facebook、Twitter、Instagram、YouTube、LinkedIn 等社交媒体中开设账号，而且 Facebook 与 Twitter 成为建设性新闻传播的主力军（见表1-4），其中 Facebook 的粉丝数独占鳌头，约为 21 万。除此之外，《记者》也兼顾传统媒体，定期集锦好新闻故事并将其翻译成英语，然后以书籍形式出版。关于传播内容，《记者》在社交媒体发布的内容均来自官方网站，记者每天会选择一至两篇发布到 Facebook 及 Twitter 等社交媒体中，以漫画及图文形式呈现，视频则相对较少，如

Facebook 上发布的视频数量为 117 条，这与图文结合的帖子数量形成鲜明的对比。

表 1-4　《记者》建设性新闻社交媒体传播情况

社交媒体平台	发文数	关注者
Facebook	* 暂未找到	212050
Twitter	16156	184317
LinkedIn	270	1720
YouTube	66	2598
Instagram	27	2706

资料来源：《记者》在各社交媒体平台相关情况，更新至 2019 年 7 月 2 日。

二是传播方式呈社交化趋势，读者在新闻制作与传播过程中的参与度提高。除传播媒介的社交媒体化外，主要体现为传播者与受众的互动性增强，如《记者》在官方网站提供用于分享观点及专业知识的系统。《记者》并没有对评论板块进行监督以控制舆论，而是提供一个安全平台，与作者或其他成员共享知识，每篇文章都会以一个相关问题结尾，鼓励读者讨论并提供解决方案，记者们会主动参与到讨论中，回应读者的问题与建议，尤其会突出会员的有价值贡献，并将其文章置顶，同时也会向他们发邮件对其分享观点表示感谢。此外，还会将那些具有专业知识的读者纳入专家数据库。在社交媒体上，《记者》的记者与编辑也会与用户进行互动，积极给用户回帖，尤其在 Facebook 上设立"推荐"板块，专门展示用户推荐帖子，以供其他用户参考和阅读，强化建设性新闻的传播效果。

三是线上线下互通有无。体现于以下三个方面。其一，积极开展线下活动，强化所建网络社群内部互动，如《记者》组织黑客马拉松及其他节日活动，积极地将在线社群锚定在线下；其二，记者与社会建立直接联系，有助于新闻调查的进行，如创建了"发言人局"平台，其他组织、政府、公司和个人都可以邀请《记者》的记者参加线下会谈和活动；其三，改变传统的单向传播模式，通过线下活动拉近记者与读者之间的距离，《记者》早在成立之初就推出"行动呼吁"活动，与读者建立直接联系，并鼓励读者参与新闻事件深度调查，并提供相应专业知识及其他帮助，显然《记者》将读者视为合作伙伴。

3. 建设性新闻运营模式

2018 年荷兰《记者》正式推出全球版，总部设在美国，版本语言为英语，这体现了该网站的全球化发展战略，同时也反映其规模扩展速度之快，这主要归功于其独特的运营模式，具体体现在以下几个方面。

（1）以众筹方式来获取资金

《记者》在 2013 年上线之时，就以新闻理念吸引了相当一部分受众，在 8 天时间内从约 2 万名用户中筹集到 170 万欧元，打破了新闻界众筹的世界纪录。资金主要源自读者（会员），每名会员每年需支付 70 欧元，截至 2019 年 7 月，该网站有 6 万名付费订阅者，而且订阅者还将持续增加，这为平台新闻的运营提供了稳定的资金来源，《2018 年度财报》显示，会员费用占其总收入 78.0%（见图 1 - 4）；图书出版收入占比 14.0%，《记者》将有价值新闻集锦成为书籍并出售；记者经常受邀参加会议及授课，会获得相应费用，占比 5.6%，但 2018 年后该收入来源将被取消，记者会将主要精力投入到新闻报道制作中；读者打赏为 2.0%，除会员费外，会员或其他读者可以为文章捐款；文章引用收入占比 0.4%，国外其他媒体翻译引用《记者》中的文章所产生的收入。

（2）会员付费参与制作模式

内容付费已逐渐成为网络内容运营模式的发展方向，《记者》也敏锐地捕捉到这一发展趋势，然而与一般内容付费不同。其一，《记者》并非针对内容本身收取费用，而是针对那些希望参与到新闻内容制作中的读者，或者希望为新闻内容制做贡献知识的读者；用户付费后不仅可以了解网站全部内容，最重要的是获得与记者几乎平等的机会来参与新闻写作，并与记者就新闻议题进行讨论，从而催生"记者 + 读者"的内容生产模式。其二，《记者》推出共享功能，付费会员可以与志趣相投的人免费分享他们喜欢的任何文章，这既满足了媒体的内容付费需求，又实现了读者

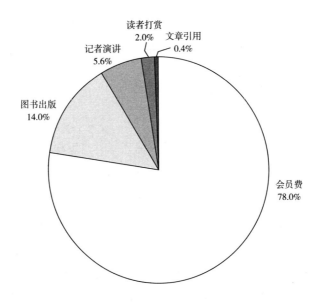

图 1-4 《记者》2018 年资金来源情况

资料来源：荷兰《记者》2018 年财报。

分享感兴趣故事的愿望，同时也会增加订阅户。有研究表明，虽然阅读付费永久性分享新闻的用户没有被询问是否愿意签署"每周六免费发送文章"的协议，但是他们中 2% 的人会在数周之后决定成为付费会员[①]。

（3）无广告模式

正是由于稳定的资金支持，《记者》是少有的无广告媒体，其内容不会受广告商的影响。同时，《记者》没有明显的党派倾向，而只为读者大众服务，因此关注的问题都是与民众公共生活息息相关的内容，为解决问题而报道新闻，这与其他大部分主流媒体相比较而言，内容更为纯粹，不需要为盈利而屈从或迎合于某个党派、某家公司或某个组织，从而找回新闻内容本来的价值。

---

① 新浪网，2015，《这家荷兰新闻网站（De Correspondent）足以颠覆整个互联网行业》，http：//blog. sina. com. cn/s/blog_ 629abfd60102w4vh. html，最后访问日期：2018 年 9 月 14 日。

（四） 芬兰广播电视台（Yle）

除上述两个北欧国家外，芬兰广播电视台也积极加入建设性新闻的热潮，《2016 年 Yle 战略规划》（Tuija Aalto Yle Strategy 2016）明确提出"在时政新闻、国际时政新闻板块中增加建设性新闻报道"为 2020 年的主要目标之一。芬兰广播电视台的建设性新闻报道理念主要基于公司核心价值，即公共服务项目应支持民主并为每个人分享大量信息、观点及参与讨论与互动提供机会。简言之，芬兰广播电视台鼓励受众参与并集思广益（Crowdsourcing），以找出问题解决方案为宗旨。

关于建设性新闻的报道方式，根据《2016 年 Yle 战略规划》[①]，建设性新闻报道主要包括：

①为新闻报道做准备；

②公开与受众对话并集思广益，以创新视角来采纳受众观点并收集案例；

③基于材料进行构思并制订出更加精确的计划；

④采用跨媒体方式报道，如在网络、电视与广播上同时播出；

⑤最后要进行综合报道，提出解决方案；

⑥关注社区生活的未来。

芬兰广播电视台在新闻制作技巧方面有两点值得注意：其一，采用参与式叙事，这主要受丹麦广播电视台的启发，具体步骤为：首先，找到新闻事件的参与者与关注者；其次，围绕特定内容创建持续对话；再次，明确呼吁公众参与行动并针对受众态度与需求及时形成反馈回路，随时准备好根据需求调整方向；最后，做到更加公开透明，即全程跟踪报道方案，这种新闻报道方式可以最大限度地触达受众，尤其是吸引年轻受

---

① Yle. 2016. "Tuija Aalto Yle Strategy 2016". Accessed January 13. https://yle.fi/aihe/artikkeli/2016/01/13/yles–strategy.

众，同时也扩大报道题材范围，增强媒体的责任感与使命感。其二，由受众来选择议题，通过"线上＋线下"方式与受众公开对话，鼓励他们主动参与并自由表达观点，然后在热议话题中发现受众需求与关注点，从而选择报道议题，呼吁社会关注并参与提出解决方案。此外，芬兰广播电视台归芬兰民众所有，自2013年以来芬兰广播电视台运营由专门税收来支持①，建设性新闻项目也包括在内。芬兰广播电视台已在建设性新闻实践中崭露头角，目前较为成功的两个案例为：改善养老机构计划与教学改革计划。

1. 案例一：改善养老机构计划

芬兰是全球老龄化问题最严重的国家之一，芬兰广播电视台记者在进行相关报道时发现存在很多问题，因此希望从积极视角来进行报道并推动深入解决问题，鉴于此，芬兰广播电视台时政新闻组记者于2015年倡导发起提升养老机构服务质量的计划，在不增加开支的情况下改善养老服务水平，旨在为解决芬兰养老问题发挥积极作用，鼓励人们志愿提供养老机构服务并共享实践经验。芬兰广播电视台记者经过建设性新闻的学习培训，利用社交媒体集思广益，倾听有照顾需求受众的心声，其人力资源经理沙雅乌斯基认为②："这些受众的观点与专家学者的意见同样重要，这也正是芬兰广播电视台发起该计划的初衷"。了解需求之后，2015年芬兰广播电视台以广告形式征询机构来参与改善养老机构服务计划（见图1－5），有150家机构报名参与应征，最终选出一家最为合适的机构来负责实施计划，芬兰广播电视台负责追踪记录整个改变过程（见图1－6），如在社交媒体或新闻网站上向照顾者发起对义务服务与付费服务的评价，并组织多次讨论调整方案，主动与老人互动并丰富其娱乐生活。该项目已经初见成效，这家养老机构成为楷模，其他机构纷纷效仿，此外

① Yle. 2016. "Tuija Aalto Yle Strategy 2016". Accessed January13. https：//yle. fi/aihe/artikkeli/2016/01/13/yles－strategy.
② 源自《独立特派员》第536集《建设性新闻学－芬兰公视》内容。

芬兰广播电视台相关报道激励更多志愿者参与其中，许多人在社交媒体中分享更多有效做法。在这个过程中，芬兰广播电视台发挥建设性作用，鼓励各界共同解决问题、集思广益，并以更加积极的态度来面对现实与未来。

Onnellisemman näköiset vanhukset

Julkaistu 20.1.2015

Kun sinä asut vanhana hoivakodissa, niin mitä jos haluatkin aamulla kupin kahvia etkä puuroa ollenkaan? Rutiinit, tasapäistäminen ja laitosmaisuus leimaavat yhä vanhustenhoitoa. Asioita voi muuttaa. Ehkä helpommin kuin kuvittelit.

Twiittaa

图 1 – 5　芬兰广播电视台以广告形式征询机构来
参与改善养老机构服务计划

图 1 – 6　芬兰广播电视台关于养老计划的追踪报道截图

2.案例二：教学改革计划

除老龄化议题外，芬兰广播电视台还将建设性新闻学理念延伸到教育改革议题中。芬兰一直以来在世界教育水平排名中位居前列，然而芬兰广播电视台记者发现学生并没有从学习中找到快乐感，因此芬兰的一些老师尝试改变教学体系（见图1-7），并推广自主学习、自主衡量等方案，对于此，芬兰广播电视台持续追踪教学现场改变过程，旨在希望更多人看到教育改革方法的效果及可行性，促进芬兰整个教学系统的变革。在报道中以访谈的形式呈现具体方案，借老师与学生之言来传递信息。一是，对老师进行采访以深入了解教学理念与方法，如老师主张"推行自主学习"，变被动为主动，学生自己参与到学习过程中，可以把握学习节奏，借助应用程序来自主评估学习效果；二是，记者在报道中也采访学生以获取具体学习方法以及他们对这种方式的反馈；三是，对整个课堂环境、老师与学生及同学之间的互动进行报道（见图1-8）。此外，不但在电视媒体传播理念，还在相应官方网站上发布教改系列文章，呼吁更多人来关注此种教改方式，一时间芬兰广播电视台成为全国教育改革的展示平台。在整个过

图1-7　芬兰广播电视台关于老师致力于改变教学体系计划报道截图

图 1 – 8　芬兰广播电视台对于教改计划的追踪报道截图

程中，芬兰广播电视台的关注焦点都在于学生，传递"积极快乐学习"的理念，学生可以自由表达需求，不再是被动接受学校与老师的安排，学生有能力也有权利实现自主学习并发现他们的兴趣点。

（五）　瑞典电视台（SVT）

瑞典也对于建设性新闻项目非常重视，其中比较突出的实践主体为瑞典电视台，积极参与到建设性新闻实践探索中来。瑞典电视台的建设性新闻聚焦于国际新闻报道并重新制定其理念与方针。瑞典电视台新闻部主任卡欧夫在 2016 年 4 月 16 日中国台湾举行的"建设性新闻研讨会"① 上表示，瑞典电视台的国际新闻报道不局限于饥荒、战争及自然灾害等负面消息，现在也报道关于民主化、发展及未来有希望的事件。在上述编辑方针指导下，瑞典电视台致力于通过建设性新闻的报道最大限度地还原事实原

---

① 台湾公共电视，2016，《建设性新闻研讨会影音》，https：//www.pts.org.tw/constructive_news/apply.html，最后访问日期：2018 年 9 月 17 日。

貌，既报道积极正面的新闻，也报道消极负面的新闻，建设性新闻理念已经成为瑞典电视台的日常报道指导原则，且成效良好。最典型的案例莫过于对非洲的报道，瑞典电视台增加体现"新"非洲生命力迹象和正面典范的新闻报道。然而，该建设性新闻报道收到的反馈却褒贬不一：非洲政府和救援机构对此表示坚决反对，认为瑞典电视台意图削弱大众向受害者捐赠的意愿；但就大众而言，他们对建设性新闻的做法还是持有积极态度，不仅期望从新闻报道中获取信息及正能量，也对负面消息的披露感兴趣。

二 | 《积极新闻》：致力于正面报道

《积极新闻》（Positive News）是第一份以正面报道理念为宗旨的公开出版物，旨在为民众带来积极向上的力量。同时，作为第一家全球合作众筹媒体公司，由各地读者和记者所有，双方作为合作伙伴，共同创作新闻。

（一） 发展历程与现状

《积极新闻》创办于 1993 年，由积极新闻出版有限公司出版，该公司为非营利组织，总部设在英国伦敦。创办人是肖娜·克罗克特·巴罗斯（Shauna Crockett-Burrows）。每季度出版一期，发行量为 10 000 份。起初以报纸形式出版，2016 年 1 月后以杂志的形式重新发行并创建网络版①。

《积极新闻》宣称"无论是在线版还是纸质版，均提供有质量的独立报道。作为一本杂志和一种运动，我们正在改变新闻"②，媒体的所有权属于读者与记者，双方同为媒体合作伙伴，所赚取的利润会被重新投入新闻事业。同时，《积极新闻》作为第一本以正面新闻报道理念为宗旨的公

① Wikipedia. 2019. "Positive News." Accessed May 5. https：//en. wikipedia. org/wiki/Positive_ News.

② Positive News. 2019. "About us." Accessed May 5. https：//www. positive. news/about－us/.

开出版物，积极支持其他国家同类出版物。该刊主编塞恩·达根·伍德（Seán Dagan Wood）认为，"《积极新闻》是一个典型，可以被复制于其他媒体①"。世界各地的"积极新闻"分别是安德里亚·门德斯·布兰德玛（Andrea Méndez Brandam）2003 年创立于阿根廷的出版物 Noticias Positivas，以及 2002 年由积极新闻协会（Asociación de Noticias Positivas）在西班牙创立的同类刊物，独立于《积极新闻》。2014 年，《积极新闻》与"建设新闻项目"（The Constructive Journalism Project）合作，通过向新闻记者和新闻专业学生提供培训，使英国媒体同行认可了"建设性新闻"作为新闻领域的一个重要分支的地位②。

（二） 新闻产制

《积极新闻》将报道视角聚焦于正在发生的好事上，传媒的使命是提出问题的解决方案，完整的展现世界，赋予读者力量，推动社会进步。

1. 报道理念

对于负面新闻报道充斥各大媒体版面，而正面、积极报道很少见诸报端的现象，《积极新闻》的创办者及前主编巴罗斯曾言，"当事情出了差错时，很容易就能报道出来，并立刻就能引起注意。而更多的好消息，我们没有听到，人们只是安静地接受它"。这与西方新闻界一直以来所秉持的新闻职责与价值理念相关，即充当社会守望者与环境监测者；新闻价值方面，强调冲突性。而正面的报道，通常不被媒体

---

① Louise Roseingrave. 2015. "Positive News Gives Readers a Say in the Kind of Journalism it Produces." Accessed August 17. https://www.irishtimes.com/business/positive – news – gives – readers – a – say – in – the – kind – of – journalism – it – produces – 1. 2314902.

② Catalina Albeanu. "2015. Constructive Journalism Project Launches University Workshops." Accessed May 18. https://www.journalism.co.uk/news/constructive – journalism – project – launches – university – workshops/s2/a563834/.

所重视。这一情况，直至 2001 年 9·11 事件后，方有所改观。灾难造成的创伤，使人们愈加厌烦无休止的战争、灾难等负面报道，转而对积极正面故事滋生浓厚兴趣。正如巴罗斯所言，"强调消极倾向会让人们感到无力，无法改变自己的生活。需要给予世界希望，鼓励民众，使其认识到我们每个人都能有所作为①"。例如，对于各地区的局部战争，通过媒体的报道，人们对各国的外交政策了解得更多，这是好事。但是对于该地区无休止的冲突，我们对有多少团体在努力实现和平可能却不得而知。

哲学家艾伦·迪·波顿（Alain de Botton）提到，新闻已经取代宗教，成为力量的来源，为我们提供指引，是权威的试金石。不是现实塑造了我们是谁，而是通过镜头所看到的世界形塑了我们的现实观，所以我们有选择的权利，即选择哪种镜头去观察世界及选择以何种方式去制作新闻故事并关注于此。《积极新闻》现今的执行主编塞恩·达根·伍德在"新闻业积极的未来"（The Positive Future of Journalism）的演讲中提到，该刊愿景是"通过激发人性，而不是引发恐惧的方式进行报道，为新闻媒体持续播撒转型的'种子'。把注意力放在那些让我们振奋的故事上，由此，如果我们转变了故事的叙述方式，我们就改变了世界②"。概言之，该刊认为通过将报道视角聚焦于事物的积极方面，有利于提振受众情绪，带来正向改变。

2. 主要议题及构成

《积极新闻》自 1993 年创办 20 多年来，以报纸形式出版，2016 年 1 月方才改为以杂志形式出版，为季刊，一年出四期。自 2016 年 1 月 1 日

---

① The Telegraph. 2012. "Shauna Crockett - Burrows." Accessed June 28. https://www.telegraph.co.uk/news/obituaries/9363131/Shauna - Crockett - Burrows.html.

② New Story Hub. 2014. "The Positive Future of Journalism-Seán Dagan Wood's TED talk." Accessed September 24. http://newstoryhub.com/2014/09/the - positive - future - of - journalism - sean - dagan - woods - ted - talk/.

起至 2019 年 6 月 28 日，共出版十四期杂志。同时，还开设一网站，设有社会、环境、生活方式、科学、经济、观点、英国、世界等八个板块，有数百篇报道，议题集中在环境保护、健康、绿色农业、社会企业、艺术等领域。《积极新闻》官网上 2018 年 10 月 18 日至 2019 年 4 月 18 日这半年来的全部文章标题及报道议题，共计 163 篇新闻（每集议题见文尾附表 2-1）。从附表 2-1 可以看出，资源回收利用、塑料污染治理、环境与动物保护是该刊报道重点，社会企业、儿童与妇女权益、难民融入、弥合各族群矛盾与分歧也是该刊主要议题。

3. 新闻报道结构及风格

《积极新闻》官网的文章以短新闻类的消息报道为主，绝大多数报道由该刊记者独立撰写，个别报道则受到社会组织或机构赞助或支持。该刊的短新闻报道与一般消息报道风格相似，不同之处在于以积极视角审视社会现象，报道各领域取得的成果或是对社会问题的解决方案，每篇大概有 500～1000 字不等，简要介绍新闻事实，并将解决方案、社会对此的回应等元素蕴含在题目之中。例如《好莱坞电影公司同意支持女性电影导演》（2019.4.17）援引相关报告揭示女性平等工作权利在电影领域取得的成果，在寥寥数百字内将建设性新闻的要素如解决方案及利益攸关方的回应蕴含其中。在《有望解决人口过剩的五个方案》（2017.7.10）一文中，则直接将人口过剩的对策如"赋予妇女权力、促进计划生育、使教育具有娱乐性、政府激励、独生子女立法"一一列明并举例论证，整体的论述相比于新闻报道更像是研究报告。类似的报道还有《改善媒体消费的六种方法》《关于一个更可持续的圣诞节的 10 条建议》《小即为美：10 项有利于社会的行动将会产生巨大的影响》。

相比于《积极新闻》官网记者独立撰稿的文章而言，由 NGO 或社会企业等赞助的稿件文章篇幅相对较长且以深度报道为主。接下来我们以《世界上最快的宽带是如何进入英国农村社区的，而这些社区是大型提供商不会涉足的》①（2019.4.15）为例，剖析其报道风格。该文导语便开门见山，直接亮明了解决方案，"我们会见了社会企业家，他们的使命是解决农村宽带供应不足的问题。通过众筹，该组织希望筹集300万英镑，为更多农村地区的人提供超快、可靠的互联网，所有的利润也都留在社区"。随后，文章开头以华尔街日报体的形式，以奥斯特威克特拉多克酒店老板的个人视角切入，陈述这些老板面临的困境，"无法阅读客人热情洋溢的在线评论，住客不能使用信用卡支付，因为那里的宽带一直在崩溃"，从而影响了企业的日常运营。之后该文从这个小细节推展开来，逐渐推及全局，"根据 Ofcom 的 2017 年报告，英国三分之二的农村社区无法连接宽带，这使得孤立的社区感到更加疏远"。接下来点明问题原因，"大多数注重利润的互联网供应商无法为连接偏远村庄提供经济支持，据报道将光纤宽带接入一个家庭需要花费高达 15 000 英镑"。随后，方案提供方即一家非营利的互联网供应商北方农村宽带（B4RN，Broadband for the Rural North）"出场"，分析了问题所在，即如果每月向人们收取远低于成本价的 30 英镑的宽带费用，恐怕难以为继。该公司的网络工程师贝瑞·福德（Barry Forde）给出了新的解决方案：让农村社区提供自己的宽带，并讲明了该方案的逻辑思路是建立由社区所有而非营利的互联网提供商，绕过大运营商面临的财务障碍。随后，该文报道了社会对该方案的回应，当地的土地拥有者帮助 B4RN 公司规划光纤电缆的路线，社区居民也对路线规划建言献策。接下来，该文详细介绍了该公司在农村社区建立宽带的实施步骤，发动村民参与挖掘战壕与电缆铺设工作，授予当地人选举权，保持低开销，利润以各种方式重新投入社区，社区购买 B4RN 公司的股份并以利润分红及宽带费用减免的方

① Gavin Haines. 2019. "How the 'World's Fastest' Broadband is Coming to Rural UK Communities that Big Providers won't Touch." Accessed April 15. https：//www. positive. news/economics/social - enterprise/how - the - worlds - fastest - broadband - is - coming - to - rural - uk - communities - that - big - providers - wont - touch/.

式，鼓励村民参与其中，为企业提供建设资金。随后，该文叙述了 B4RN 公司此运营模式的成效，"筹集了 500 万英镑并为全国 5000 个家庭提供了业界领先的宽带服务，每月用户费用为 30 英镑"；同时，也点明了所存在的问题，仍有 1.2 万个社区未覆盖，建设宽带的周期较长，进展缓慢。对此，为了扩大规模，该公司与道德银行特里奥多（Triodos）一起推出众筹活动，以筹集 300 万英镑。巧妙地将文章的赞助方融入报道过程中，并借该银行财务经理理查德·奥布赖恩（Richard O Brien）之口，表明此方案带来的社会影响，"通过筹集这笔额外资金，B4RN 可以将越来越多的农村地产连接起来，该公司的目标是在未来五年内使其网络规模翻两番，这意味着全国更多的个人、学校和企业可以从中受益"。此外，为农村社区提供超高速宽带可以使农村成为一个更具吸引力的居住地，可能会扭转农村人口减少的趋势，这一直是个大问题。总之，该篇报道无论是标题、导语还是正文，均以解决方案作为论述的核心，遵循着发现问题—解释原因—叙述现实困境—提出解决方案—报道社会回应—方案产生的社会影响的报道结构与路径，是一篇典型的建设性新闻。

4. 新闻来源与制作技巧

《积极新闻》官网在对各社会议题进行建设性新闻报道时，相比于《纽约时报》《西雅图时报》《卫报》等严肃报纸而言，信源相对单一。大多数短新闻报道主要有两种视角，第一种是从方案的提出者、执行者出发；第二种以专家学者、研究机构等出具的研究报告为基础，对政治、经济、社会、文化等领域的客观现实从积极角度予以报道。其中，大多数报道无受影响者的回应、竞争者及替代方案。

从栏目制作及新闻呈现方式来看，《积极新闻》官网的版面布局简洁明了，功能设置合理。在网站 logo 右方的网站菜单栏设有三个选项卡，分别是板块、《积极新闻》杂志、关于《积极新闻》，版块分别为社会、环境、生活方式、科学、经济学、观点、英国、世界、所有文章等九大分选项卡，点击可阅览相应领域的文章内容。该网站主页内容板块的上半部分由编辑挑选的最新议题首图与文字构成，页面中段是最新报道及专题文章，配大幅图片加标题、导语，导语下方标注"社会""环境""世界"等议题类别，对于由相关组织机构赞助文章予以亮色突出显示。临近版尾板块设置了"最流行文章排行榜"以及"编辑精选"，将阅读率最高文章及编辑挑选的新闻置于此，同时还设有往期议题概览，供读者参考。在"编辑精选"左侧是《积极新闻》杂志的订阅窗口，用户可选择购买纸质杂志或输入电子邮箱的方式每周在收件箱里获得该刊最新报道。

（三） 传播策略与用户反馈

《积极新闻》的传播策略可概括为一个主体，四个渠道。主体即《积极新闻》官网及杂志，是该刊内容传播的大本营；四个渠道指社交媒体平台，在该刊主页的版尾设有 Facebook、Twitter、LinkedIn、图片分享应用 Instagram 的图标链接，点击便可进入该刊官网账号主页。同时，在每篇报道文本中设置有相关报告、组织机构或相关图书信息的超链接，点击便可进入该机构或研究报告的主页，深入阅读该专题。例如，2019 年 4月 8 日的一篇建设性新闻报道《当我们目睹令人难以置信的事情时，它就能实现》，该文末尾对作者朱迪·杰克逊（Jodie Jackson）做了简要介绍并附上其图书作品《你就是你所读到的：为什么改变你的媒体消费（习惯）可以改变世界》的超链接，点击便可转到《积极新闻》的产品页面完成购买。

《积极新闻》自创办以来，即受到外界的一致好评，得到业界及读者的认可，主要表现如下。

首先，与学界合作，输送新闻人才。自 2014 年启动项目以来，《积极新闻》与"建设性新闻项目"一道为全球范围内记者以及英国各地数百名新闻专业学生举办了讲习班。通过对新闻产生的心理影响的研究,《积极新闻》积极探寻如何以积极的视角讲述新闻,同时保持批判性的技巧。[1]

其次,英国媒体对《积极新闻》也是赞赏有加,如《卫报》有一篇报道《现在是报道好消息的时刻:为什么媒体要积极地展望未来》[2] 即对建设性新闻项目《积极新闻》及其主编伍德予以介绍。《爱尔兰时报》则撰写了报道《〈积极新闻〉赋予读者以发言权》[3],称《积极新闻》代表新闻业"光明的未来"。《赫芬顿邮报》则以大字标题《〈积极新闻〉成为世界上第一家全球合作众筹媒体公司》[4] 予以报道。

该刊 2019 年 5 月 3 日在 Facebook 更新的文章《艾滋病突破:具有里程碑意义的研究发现药物可以预防病毒》,有 174 名用户点了赞,有 37 人做了分享,收到 11 条评论,受到积极反馈,激发了用户对艾滋病预防议题的讨论热情。例如网民 Caitlin May Broussard 评论道,"这太神奇了!我不知道这些药物的价格,但希望有一天,每个人都能享受到医疗保健。生活在一个想办法阻止恶性疾病的时代是多么棒啊";网民 Kay Bee 评论道,"世界卫生组织对艾滋病毒的治疗非常严格,并将许多艾滋病毒药物列入基本药物清单",并附有世界卫生组织基本药物标准清单的链接;网名为 Dorine Verhoef-Snoeck 及 Michelle Hart Romanek 的用户则提出了疑问,"问题的关键不就是很多人不知道自己被感染了,然后传染给其他人吗?如果一个人不吃药,那么防止病毒传播的药物又有什么意义呢?再说,Prep

① Positive News. 2016. "Positive News Relaunches in Print." Accessed February 1. https://www.positive.news/2016/society/media/19812/positive-news-relaunches-in-print-as-a-magazine/.

② Laura Oliver. 2016. "And Now for the Good news: Why the Media are Taking a Positive Outlook." Accessed August 1. https://www.theguardian.com/world/2016/aug/01/and-now-for-good-news-why-media-taking-positive-outlook.

③ Louise Roseingrave. 2015. "Positive News Gives Readers a Say in the Kind of Journalism it Produces." Accessed August 17. https://www.irishtimes.com/business/positive-news-gives-readers-a-say-in-the-kind-of-journalism-it-produces-1.2314902.

④ Sophie Brown. 2015. "Positive News Becomes World's First Crowdfunded Global Media Cooperative." Accessed July 13. http://www.huffingtonpost.co.uk/2015/07/13/positive-news-crowdfunder_n_7783942.html.

不是早就该这么做了吗?""可悲的是，这些药物人们难以负担，这使得它们无法进入市场，因此无效"；对此，网民 Kay Bee 给予回应，阐释测试方案，介绍了正在进行的项目"90/90/90"并附上了该项目的详细介绍与链接。

而从 Twitter 上对《积极新闻》的推文看，网友赞赏该报公共议题的报道及开展相关的运动，例如有一个网名为 DigitalMumsHQ 的妇女权益组织在 Twitter 上赞赏《积极新闻》对于"女性产假与就业歧视"的报道，与求职网站 LinkedIn 发起的"消弭生育者简历鸿沟"运动形成呼应，为母亲赋权，捍卫了其产假权利。总之，该刊所发布的报道调动了网民对相关议题的参与讨论，引发民众关注，有利于社会问题的解决。

对于《积极新闻》绝大多数社交媒体用户给予了积极评价。截至 2019 年 5 月 8 日，根据该刊在 Facebook 官网账号显示，有 269 854 名用户为其点赞。在其他社交媒体平台，该刊也有相当数量的忠实拥趸，其 Twitter 账号显示有 3477 名用户正在关注，关注者达到 44 907 名，有 21 277 名用户表明喜爱，有 77 名成员及 12 个订阅者。在 Instagram 上也有 14 250 名粉丝，77 名用户正在关注。同时所更新的多数文章无论哪个平台都至少收到/受到数十名用户的点赞（like）或喜爱（love），用户也对所报道的文章给予热烈评论。从 Twitter 上对《积极新闻》的推文看，网友赞赏该报公共议题的报道及开展相关的运动，例如有一个网名为 DigitalMumsHQ 妇女权益组织在 Twitter 上赞赏《积极新闻》对于"女性产假与就业歧视"的报道，与求职网站 LinkedIn 发起的"消弭生育者简历鸿沟"运动形成呼应，为母亲赋权，捍卫了其产假权利，如图 2 - 1 所示。

（四）　运营状况

《积极新闻》的运营之道不同于商业媒体，作为首家全球媒体"公

图 2 - 1　DigitalMumsHQ（妇女权益组织）在 Twitter 上赞赏
《积极新闻》对于 "女性产假与就业歧视" 的报道

社"，奉行独立出版方针，将读者视为利益的共同体，激发其参与热情，共建企业，共谋发展，共享发展成果。

1. 人员构成

《积极新闻》董事会成员有主席马丁·赖特（Martin Wright）、司库/财务主管杰里·洛克斯派瑟（Jerry Lockspeiser）、凯瑟琳·詹金斯（Catherine Jenkins）、维罗尼克·米斯蒂安（Veronique Mistiaen）。马丁·刘易斯爵士（Sir Martyn Lewis CBE）是该刊的赞助人。出版发行与编辑事务由塞恩·达根·伍德（Seán Dagan Wood）领导的团队完成，伍德是出版商，露西·珀迪（Lucy Purdy）是编辑，哈利·纳什（Harri Närhi）是出版助理。其中，编辑珀迪负责该刊的日常经营与管理，在担当《积极新闻》编辑之前她是一名自由撰稿人，为《新政治家》、《卫报》的 "可持续商业" 栏目，《积极新闻》《新国际主义者》《绿色未来》《工程与技术》《地球线》等刊物撰写有关环境、种植粮食、自然世界和社会变革的文章，有 6 年多的媒体工作经验，2016 年 10 月成为该刊编辑。

该刊的灵魂人物是塞恩·达根·伍德，自 2009 年加入《积极新闻》以来，已有十余载，2012 年 5 月至 2018 年 3 月，伍德担当该刊主编，2018 年 4 月至今作为该刊的出版商。通过采取"以解决方案为中心"（Solution-focused）的报道方式，伍德的目标是"发展新闻业"，最终目标是改变"我们对世界和我们自己可能性的认识①"。伍德认为通过改变对社会现状的叙述模式，将积极心理学的方法引入新闻业，同时保证信息的准确与真实，可以扭转一直以来"负面偏见"为导向的新闻报道。2014年，伍德作为建设性新闻项目（Constructive Journalism Project）的联合创始人，为记者、媒体组织和学生提供实践建设性新闻的知识和技能，使他们能够制作引人入胜且严谨的报道，从而更全面地了解世界。该项目的核心服务包括提供培训计划，为媒体组织提供咨询服务，以及支持有关新闻业影响的研究和教育②。总之，伍德通过其自身的媒体实践与建设性新闻项目运作的丰富经验，为《积极新闻》的业务开展与日常运营做出了较大的贡献。

2. 资金来源与运营模式

读者订阅费与来自各方的赞助费是《积极新闻》的主要资金来源。读者可免费阅读该刊官网上所有内容，若是要阅读纸质杂志，需要交 6 英镑/期的订阅费，订阅数字杂志一年 20 英镑，订阅印刷与纸质版杂志需 30 英镑。在该刊官网上还售有朱迪·杰克逊（Jodie Jackson）的著作《你

---

①　James Maiki and Rowland Manthorpe . "2014. Sean Dagan Wood：How to harness the power of positive news. " Accessed September 3. https：//www. lsnglobal. com/opinion/article/16358/sean－dagan－wood－how－to－harness－the－power－of－positive－news.

②　Constructive Journalism Project. 2019. "Constructive Journalism. " Accessed May 5. https://www. constructivejournalism. org/about/.

所阅读的书成就你成为什么样的人》（You Are What You Read），售价6.99 英镑，并对过期期刊打折出售低至 1 英镑，以吸引读者购买。此外，《积极新闻》得到 BBC 和独立电视台（ITV）资深记者及慈善事业组织者马丁·刘易斯爵士的赞助。同时，该刊成立了《积极新闻》信托基金，注册为教育慈善机构。

而《积极新闻》最为与众不同之处在于它的产权与运营模式。作为全球首家众筹媒体公司，该刊由读者和记者共同拥有，媒体所产生的利润被重新投入新闻制作中去。正如其官方宣传主页介绍所言，通过"我们的媒体"（Own The Media）众筹活动，2015 年《积极新闻》成了一个社区利益共同体（合作社形式），由包括马来西亚、冰岛、哥斯达黎加和希腊等 33 个国家 1525 人投资，年龄在 18～89 岁之间，每个人都有同等的影响力，董事从共有人中选举产生。我们不是为媒体大亨服务，而是服务于许多人①。在 2015 年 6 月 8 日至 7 月 8 日，《积极新闻》共募得 263 422英镑，成为世界上第一家通过众筹在全球范围内提供"社区股份"的媒体机构。《积极新闻》有三种会员：读者、记者和赞助人，分别拥有50%、35% 和 15% 的投票权，读者的投票权最大，并能够参与《积极新闻》生产之中②。同时，该刊极力倡导读者成为其支持者，鼓励读者通过每月捐款 1～10 英镑的方式参与其中，并热情洋溢地阐释了这样做的三大理由：其一在于建设性新闻，支持我们独立的，高质量的新闻工作，专注于正确的方向；我们的故事提高了人们的幸福感，使人们参与到社会中，并发现了解决世界问题的潜在办法，帮助我们以身作则，创造一个更平衡、更负责任的媒体。其二，在于这是一个大众共有的媒体，我们还没有设立"付费墙"，帮助我们的新闻事业向每个人开放。我们依靠的是我们的支持者，而不是广告商或富有的业主。其三，支持者可获得多项权益，如编辑的独家电子邮件，新闻杂志 10%（订阅单

① Positive News. 2019. "About us." Accessed May 5. https：//www. positive. news/about－us/.
② 杨建宇，2017，《英国〈积极新闻〉的创新性实验》，《新闻界》第 9 期。

份）折扣，邀请参加我们的年度激励会议，优先获得机会成为《积极新闻》的合作伙伴①。总之，通过众筹创办媒体合作社这种新颖的运营方式，《积极新闻》走出了一条不同于商业媒体的发展道路，增进了社会福利，使受众获得更多参与权。

（五） 问题与思考

英国《积极新闻》以积极视角报道新闻的办刊理念、丰富的业界经验及众筹合作共有、共享、共治的独特运营方式具有开创性意义，为往后建设性新闻事业发展提供了可借鉴的做法。但是，该刊仍有一些美中不足的地方。第一，新闻报道的方式以短消息为主，深度报道数量较少，且消息来源较为单一，方案利益攸关方如竞争者的报道较少，部分报道缺少相关数据与研究报告佐证。第二，报道形式以文字图片为主，没有音视频、动图等多媒体形式，略显单一。第三，网站编排及页面设计方面，也存在一些问题。主页所显示的文章数量较少，需要读者手动刷新，且全部文章不能按年限月份搜索，未能显示总共文章数目。第四，读者互动主要依赖如 Facebook、Twitter 等第三方社交媒体平台，该刊主页及文章内容页都没有设置相应窗口收集读者意见与评论，不利于及时得到读者反馈及维护关系。第五，线下活动较少且与线上报道衔接不紧密，不利于发挥该刊品牌效应。但无论如何，《积极新闻》作为全球首家建设性新闻机构，在践行媒体的社会责任，协助解决社会问题方面做出了有意义的尝试与探索。

---

① Positive News. 2019. "Support Journalism That Inspires People." Accessed May 5. https：// www. positive. news/support/.

附表 2-1　《积极新闻》分集议题① (2018 年 10 月 18 日~2019 年 4 月 18 日)

所属专题	文章标题	主要议题
保护/环境/英国	泰晤士河野生动物保护组织呼吁慈善机构(采取行动)	英国野生动物保护
环境/英国	活动家从斯诺登山顶游到大海,以突出塑料污染	塑料污染
艺术/社会	好莱坞工作室同意支持女性电影导演	性别平等
环境/体育	奥运奖牌由再生金属制成	体育产品循环利用
货币/社会企业/英国	"世界上最快的"宽带是如何进入英国农村社区的,而这些社区是大型提供商不会涉足的	社会企业
环境	大型公司试用可重复使用的包装	减少塑料浪费
社会/世界	全球恐怖袭击在 2018 年下降了三分之一,而由它们造成了四分之一的死亡	减少恐怖袭击
正义/社会/世界	据报道,2018 年全球处决人数大幅下降	全球废除死刑趋势
媒体/观点	改善媒体消费的六种方法	接收多元化信息,避免信息茧房
媒体/观点/社会	当我们目睹令人难以置信的事情时,它就能实现	解决之道新闻
艺术/英国	研究发现,三分之二的英国儿童创作音乐	儿童艺术教育
英国社会	当租户反击时:在线评级房东	租户权利
社会	革命性的租赁:为英国租户改进系统的五种方法	租户权利
保护/环境/世界	基层民众"拯救蜜蜂"的请愿活动迫使巴伐利亚州采取更环保的耕作措施	动物保护
社会/英国/青年	投注广告以保护儿童	儿童保护
环境/英国	一年一度的海滩清洁达到了新的高度	海洋保护与塑料污染
媒体/观点	做实事的人:最新一期的《积极新闻》杂志庆祝"我能做"的态度	解决方案报道
艺术/健康	韧性的象征:乳房切除后的纹身	女性健康
生活方式/社会	善待他人:为什么善良很重要	心理健康
社会/英国	调查显示,英国 10 名志愿者中有 40%的英国人做志愿者	社会公益

① 表格根据《积极新闻》官网报道内容整理, Positive News. 2019. Accessed May 5. https://www.positive.news/.

所属专题	文章标题	主要议题
社会/福利	一位在20岁时失去母亲的妇女为失去亲人的年轻人建立了一个网络	心理辅导
媒体/社会	金融时报机器人提醒编辑注意男性偏见	新闻价值偏向与矫正
保护/环境/英国	英国食肉哺乳动物反弹	动物保护
社会/英国	无过错离婚成为英国法律	婚姻法案
社会企业/社会	社会企业将伦敦的商业妇女和难民妇女联系起来	社会企业与难民救助
科学/技术/世界	STEM榜样海报庆祝女性创新者	卓越女性报道
环境/生活方式/社会/可持续发展	二手时装业正在蓬勃发展，可能超越快时尚研究	旧货市场与循环利用
食物/好生意	崛起：认识那些为"真正的面包"而竞选的人	食品健康
环境/食物	欧洲可以转向绿色农业，仍能满足欧洲大陆的需求	绿色农业
经济/英国	道德浪潮：英国首个可持续的经常账户问世两年了	居民储蓄与消费
艺术/文化/环境	在国际森林日，人们分享他们对树木和森林的爱	森林保护
环境/社会/英国	数百人参加了英国第一家超市的塑料包装"拆开"活动	减少塑料浪费
保护/环境/世界	海报宣传美国面临威胁的物种	动物保护
环境/食物/英国	到2020年世界上第一个社区冰箱网络的规模翻一番	社区公益
保护/环境/英国	单曲除了鸟鸣外什么都没有，这首歌将登上排行榜	动物保护宣传
农业/世界	种植世界各地蔬菜的斯洛伐克菜农	绿色农业
农业/英国	气候变化时期萨默塞特郡的农业	农业与气候变化
农业/世界	热爱养蜂的格鲁吉亚农民	绿色生态与农业
农业/世界	印尼本土作物的重新发现	绿色生态与农业
农业/世界	瑞典北部传统捕鱼	生态捕鱼
农业/世界	哥伦比亚的可持续森林园艺	生态园艺
农业/世界	贝宁全女性农业合作社	妇女权益
环境	你已经整理好了你的床，现在穿上它	旧物再利用
环境/观点/社会	改变总是很慢吗？	减少塑料使用

所属专题	文章标题	主要议题
环境/社会	加速前进:当社会变革被快速推进的时候	减少吸烟和酒后驾驶
艺术/社会	身体积极的说唱歌手促进自我接受	个性解放
农业/世界	复兴津巴布韦本土种子	生态农业
环境/世界	一个因爱山而团结在一起的社区	阿尔卑斯山环境保护
环境/世界	保持山脉的活力:拯救阿尔卑斯山脉	阿尔卑斯山环境保护
社会/技术/世界	网络工作者:紧急人道主义互联网	国际援助
经济/环境/世界	挪威回收 97% 的塑料瓶:世界其他地区的蓝图?	塑料回收
生活方式/社会/英国	伦敦交通部禁止垃圾食品广告	健康生活
生活方式	财务管理:5 个智能手机货币应用程序	财务管理
环境/创新	藻类－建筑的未来?	建筑设计创新
社会	穆斯林妇女不是独角兽	穆斯林妇女权益
环境/世界	南非反偷猎行动后犀牛死亡人数下降	珍稀动物保护
保护/环境	在加拉帕戈斯发现的巨型龟被认为已经灭绝了 100 年	动物保护
环境/食物/英国	自切片面包以来最好的东西? 英国面包袋回收计划展开	回收再利用
社会	我对我们这一代人非常乐观:关心别人变得很酷	代际差异与人道主义关怀
社会	我们这一代人并不完美,但我们很认真,很有爱心	代际差异与人道主义关怀
社会	社会企业家被激发起来解决不公正问题	问题青年再就业与安置
社会	感人的情感是革命性的,它可以改变世界	代际沟通
社会	我们这代人很有信心,不怕直言不讳	代际差异与跨越种族差异
环境	一个女人对土壤不安全的回应? 蠕虫饲养	环境保护
媒体/社会	想有积极的改变,我需要用积极的态度来满足自己	积极新闻与社会变革
艺术/社会/英国	三件好事:鼓舞人心的合唱团和音乐团体	艺术推进社会变革

续表

所属专题	文章标题	主要议题
环境	想一想情人节的树木吧，建议写个项目	林业保护
环境/英国	找一朵野花去爱，情人节 Twitter 活动建议	提高人们对英国本土野花的认识
社会/英国	帮助无家可归的动物的兽医	流浪动物保护
环境/世界	阳光快车：太阳能列车	可再生能源
社会	"永久改造社交媒体"活动发布数千条积极信息	媒体与社会变革
生活方式/社会/运动/英国	足球俱乐部要教育而不是禁止种族主义的球迷	弥合种族主义矛盾
科学	聪明的年轻人：五项新发明	科技发明
社会	月经表情符号将被添加到智能手机键盘上	健康知识传播
经济/环境/英国	爱丁堡免塑料杂货店加入英国零废物"革命"	塑料污染治理
环境/世界	丹麦："食品标签应包括气候影响"	食品与气候变化
社会/英国	帮助儿童"有尊严地生活"的人	儿童权益保护
科学	3D 打印可以给你一个更好的吞咽药丸	科技发明与社会进步
经济/社会	把你的钱放在与你的价值观相符的领域：一个女人的使命是让我们有意识地购买	社会企业
科学/社会	帮助你记忆的字体	科技发明与社会进步
环境/英国	让我们来庆祝英国野生动物的魔力吧	濒危物种保护
社会/英国	推动让更多妇女参与清真寺的管理	妇女权利与性别平等
社会/英国	慈善商店出售 10 英镑的面试服装	社会平等
生活方式/英国	今年有破纪录的 25 万人尝试素食	健康生活
科学	音乐触发痴呆症患者的记忆	健康生活
文化/生活方式/社会	雷鬼音乐被列入联合国全球文化遗产名录	文化遗产
社会/世界	小丑给孟加拉国的罗辛亚难民社区带来了欢笑	难民关怀
社会	想让社会谈论色情影响的女人	色情治理
社会	超越羞耻：解决色情成瘾问题	色情治理
社会	一起对抗色情片的那对夫妇	色情治理

续表

所属专题	文章标题	主要议题
环境/社会/世界	竹屋获建筑大奖	建筑设计创新
环境/英国	伦敦超市成为第一批引入塑料免税区的主流连锁店之一	塑料治理
环境/英国	英国推出隐形眼镜回收计划	回收再利用
环境	新的证据表明臭氧层将继续恢复	环境保护
社会	变化的面孔:新一期《积极新闻》杂志的解决之道	社会变革
社会/英国	苏格兰向仇恨者传达的信息:"这里不欢迎你"	社会正义
社会/英国	政治:同情时代来临?	政治新生态
环境	大扫除:雄心勃勃的海洋清理工程	海洋塑料废物处理
科学/世界	西班牙在器官捐赠方面领先世界,是什么阻碍了其他成员国的追赶步伐?	器官捐赠
社会/英国	展览标志着女性入选英国议会100周年	女性政治权利
社会	2018年发生了什么?	年度回顾
保护/环境/社会/运动/世界	年轻的马赛战士被敦促去获取奖牌,而不是狮子	动物保护
社会/英国	英国所有学童在2020年前学习心肺复苏术和基本急救	救生技能培训
环境	升级你的手机感觉很好,但是拯救地球感觉更好	电子废物回收
旅行/福利	滑雪和瑜伽:寒冷伸展的好处	健康
环境/社会	关于一个更可持续的圣诞节的10条建议	环境与可持续发展
环境/英国	当威特罗斯承诺逐步淘汰它时,闪光者失去它的光彩	环境保护
社会/英国	英国广告监督机构禁止"有害"性别歧视广告	性别平等
社会	当事情变得艰难:社区的力量	社区治理
社会/英国	数百万英国人计划在这个圣诞节做志愿者	志愿服务
环境/英国	邮差抗议后,行人回收薯片	回收利用与环境
社会/世界	今年冬天,城市用无家可归者收容所的指示取代了广告	无家可归问题治理

所属专题	文章标题	主要议题
社会/世界	超越红色：如何更好地提出不同意见	弥合社会分歧
环境/社会	五座可以改变世界的房子	城市环境治理
社会/世界	生活设计：危地马拉妇女为纺织品权利而战	妇女权利
社会/英国	NHS 将为新手父亲引入心理健康检查	精神健康
社会	户外学习：成长的探险家，而不是机器人	青少年成长
社会	对孩子说什么而不是"小心"	青少年自力更生
科学/社会	当婴儿得不到自己母亲的母乳时，（喝到）经过筛选的捐赠者提供的母乳可能是较好的选择	婴儿护理与社会救助
社会/英国	为难民出售圣诞礼物的伦敦商店	难民救助与关怀
环境/意见	生物时间：当深层的自然联系变成激进主义时	生物规律
生活方式/社会/英国	使毒品的使用脱离黑暗	毒品管理
生活方式/英国	四个品牌表明英国制造的时装又回到了商业领域	海洋垃圾治理与生活时尚
社会/英国	英国工人合作社填补了快时尚的空白	英国制衣业
社会	草根策略：拥抱白发	社区治理
社会	儿童图书冠军另类选择	社会文化
社会	杰出女性作品的珍本业务	女性文化
科学	担心电磁辐射？这里有一个应用程序（可以帮助缓解你的担忧）	睡眠与健康
生活方式/社会/英国	蹒跚前进：牡鹿多斯·雷登	环境保护
社会	女性野人：女性生存专家	野外生存
社会/英国	分娩进展：男性助产士	突破性别刻板偏见
社会/世界	清除致命地雷的妇女	领土安全
社会/英国	男人也能成为优秀的托儿所老师	突破性别刻板偏见
意见/社会	积极的新闻让我为一个更可持续的世界而努力	积极新闻
环境/世界	种子储户：美国如何在叙利亚寻找大自然中的古老智慧	气候变化下世界各地的粮食种植的解决方案

所属专题	文章标题	主要议题
环境/社会	"一次性使用"被评为 2018 年度词汇,吸引了人们对塑料污染的关注	提高民众对塑料污染认识
环境	小型濒危狐狸快速复苏	濒危动物复苏
社会/世界	多样化的候选人创造了美国中期选举的历史	政治选举
环境	三件好事:旧的户外面料变成有用的东西	旧物再利用
社会/英国	囚犯经营的唱片公司	囚犯社会融入
社会	正念、工艺主义与妇女权利:女童指导的新徽章	女性教育
环境/科学/世界	一个盛开的好主意?	废物再利用
环境/意见/英国	农业的新沟渠?英国退欧的机会	英国退欧
环境/英国	报告显示,三分之一的英国人现在不吃或少吃肉	饮食健康
社会/世界	这些具有开拓性的女性将在下周的美国中期选举中创造历史	政治选举
意见/社会/世界	我很年轻和工人阶级以及女人产生了共鸣:纽约政治的一股清流	政治选举
意见/社会/世界	我是个同性恋,混血儿,工人阶级妇女——群不同的人	弥合分歧
意见/社会/世界	每当一个女人看着我的竞选活动而激动起来,那就是我赢了	政治竞选
意见/社会/世界	我想作为国会中第一位美国土著妇女创造历史	政治竞选与少数族裔
意见/社会/世界	由于亲身经历了性别歧视,我想成为政治上被尊重的声音	性别平等与政治选举
环境	慈善组织敦促"珍惜,不要扔掉你的万圣节南瓜"	节约食物
环境	如何制作万圣节服装不会对地球造成危害	资源节约
环境/英国	海洋爱好者呼吁秋季的预算是"无塑料的"	塑料污染治理
环境	欧洲议会通过一次性塑料禁令	塑料污染治理
社会/世界	应对日本"过度工作崇拜"	应对过度劳动问题

所属专题	文章标题	主要议题
社会/世界	星期四是新的星期五：是每周工作四天的时候了吗？	员工休息权益
科学/社会	帮助你戒掉智能手机习惯的小工具	科技与健康
生活方式/社会	由老模特主演的时尚杂志	为老年人创办的时尚杂志
环境	丹麦酿酒巨轮在变化	塑料回收
环境/英国	堵住它！毛茸茸的工程师们在怀伊河流域卷土重来	由海狸建造的水坝帮助防止洪水和促进生物多样性
生活方式/社会/世界	修理爱好者联合起来参加一年一度的全球修理节	修复与资源回收利用
社会	小即为美：10项有利于社会的行动将会产生巨大的影响	善举能产生"涟漪效应"，改变社会
社会	小小的善举能积少成多吗？	亲近社会与环保行动

三 | 《卫报》：找寻向上的力量

　　《卫报》（The Guardian）认为铺天盖地的负面新闻构成的拟态环境制造了一种虚假的危险感，受众容易感到沮丧和冷漠，使得受众对新闻及周遭的世界产生疏离感。正如《卫报》特别项目编辑马克·赖斯－奥克斯利（Mark Rice－Oxley）所言，通过关注各领域"先驱者、开拓者、最佳实践、无名英雄、有用的想法、可能的想法、即将到来的创新①"，为读者带来积极向上的力量。由此，《卫报》成立专栏"对策与创新"及"正面"，以建设性与鼓舞人心的方式报道新闻，以解决问题为导向，对这个时代的重大问题提出解决方案。

（一）　发展历程及现状

　　创刊于 1821 年 5 月的《卫报》（The Guardian），是一份英国日报，1821～1959 年被称为《曼彻斯特卫报》，1959 年后更名为《卫报》，归《卫报》媒体集团所有，除该报外，该集团旗下还有《观察家报》（The Observer）和《卫报周刊》（The Guardian Weekly），由斯科特信托基金

---

① David Beard. 2018. "Beyond Puppy Dogs：How The Guardian Approaches Good-News." Accessed February 24. https：//www. poynter. org/news/beyond－puppy－dogs－how－guardian－approaches－good－news.

（Scott Trust）所有①。2016 年，《卫报》在英国的平均日发行量约为 16.2 万份，仅次于《每日电讯报》和《泰晤士报》②。从 2018 年开始以小报形式出版。《卫报》除了在大本营英国有网络版外，还有两个国际网站，分别是 2013 年成立的《卫报》澳大利亚版和 2011 年成立的《卫报》美国版。2014 年 10 月，该报的网络版以超过 4260 万的读者成为全球读者人数第五多的报纸③。

　　《卫报》早在 2016 年前就开始对环保、科技、健康、教育等公共议题以"解决问题"为导向进行报道。例如，2015 年 7 月 31 日，该报教育版的《学生解决世界粮食浪费问题》④，以图文结合的方式就世界粮食浪费问题及其解决方案展开，首先叙述了当下的粮食浪费现状，然后介绍不同国家的学生对此的解决方案，如一个小组从食品供应方面出发，设计了没有太多技术含量的冷藏箱，用于肯尼亚等发展中国家运送香蕉；另一个小组设计了一个名为"食品小贴士"的饮食规划应用程序，可用作购物清单，提醒用户过期日期，并推荐食谱来使用配料；还有一个学商科的波兰学生从本专业角度提出解决方案，即科学地提前规划每日饮食用度及与朋友分享食谱；还有学生提供了炖菜的食谱，通过改变饮食习惯的方式减少浪费。总之，这种寓教于乐的方式，既有趣味性，又提供了解决问题的方案，有利于社会问题的解决。

　　《卫报》常规建设性新闻项目成型于 2016 年，分为前期（2016.6 ~

① Wikipedia. 2018. "The Guardian." Accessed November 19. https：//en. wikipedia. org/wiki/The_ Guardian.

② Press Gazette. 2017. "Print ABCs：Metro Overtakes Sun in UK weekday distribution，but Murdoch Title Still Britain's Best-Selling Paper." Accessed July 11. https：//www. pressgazette. co. uk/print – abc – metro – overtakes – sun – in – uk – weekday – distribution – but – murdoch – title – still – britains – best – selling – paper/.

③ Mark Sweney. 2015. "The Guardian Overtakes New York Times in ComScore Traffic Figures." Accessed September. 11. https：//www. theguardian. com/media/2014/oct/21/the – guardian – overtakes – new – york – times – in – comscore – traffic – figures.

④ Natalie Gil. 2015. "Student Solutions to the World's Food Waste Problem." Accessed July 31. https：//www. theguardian. com/education/2015/jul/31/student – solutions – to – the – worlds – food – waste – problem.

2018. 2）和后期（2018. 2 至今）两个阶段，前期项目名为"对策与创新"（Solutions and Innovations），后期更名为"正面"（The Upside）。"对策与创新"栏目第一期报道始于 2016 年 6 月 1 日《受够了外面所有可怕的消息？那么点击这里》及《如何养活 97 亿人？初创企业应对全球粮食问题》，不定期进行更新，截至 2018 年 2 月 21 日的《"电影的魔力"：支持艾滋病老年人的俱乐部》，据该栏目页面显示共有 149 个结果。2018 年 2 月，《卫报》推出了一套新的系列报道，名为"正面"，报道人们对气候、医疗、性别等社会最紧迫问题而采取的行动。2 月 12 日，该报向读者提出倡议，要求人们分享他们的社区是如何帮助解决当地问题的。《卫报》特别项目编辑马克·赖斯 - 奥克斯利（Mark Rice - Oxley）说，已经有大约 1000 人联系了报纸并提出了建议。此外，"正面"栏目除了《卫报》网络版外，还另外创办了一份每周新闻简报，内容不仅包括《卫报》自己的报道，还有其他媒体的解决方案报道①。

（二）　新闻产制

《卫报》的建设性新闻项目名为"对策与创新""正面"，从命名可以看出该报对于此项目的期望，提供方案，创新地解决问题，为读者带来积极向上的力量。正如该栏目宣言所显示的那样，"通过寻求答案、解决方案、行动和倡议以解决困扰世界的最大问题"。

1. 报道理念

诸如战争、政治、犯罪、恐怖主义、赤贫等议题由于富含冲突性，易激发出人性的极端面，激起读者产生同情、愤怒或恐惧情绪并增强情感代

---

① MădălinaCiobanu. 2018. "With its Latest Series The Upside, the Guardian will Focus on Solutions Journalism in Five Key Areas. "Accessed February 14. https：//www. journalism. co. uk/news/with - its - latest - series - the - upside - the - guardian - will - focus - on - solutions - journalism - in - five - key - areas/s2/a717656/.

入感与参与感，而被广泛报道，甚至"负面新闻就是好新闻"长期以来成为评判新闻质量的准绳，但是阅读此类新闻的读者普遍反映感到沮丧、厌倦与无助。基于此，《卫报》于 2016 年夏天，推出了建设性新闻试点项目（Constructive Journalism Pilot Project）"对策与创新"（后期更名为"正面"），一反原先负面新闻议程设置模式，以积极的视角报道社会问题，正如《卫报》总编辑凯瑟琳·维纳在演讲中所承诺的关于该报最近的未来，"我们将提出有助于改善世界的想法，而不仅仅是批评它。绝望只是另一种形式的否认。人们渴望再次感受到希望。尤其是年轻人，渴望感受到前辈们曾经拥有的希望①"，但这不意味着一味报道"好消息"，而是持"中间立场"的建设性新闻，在世界各地寻找、关注并客观报道创新但可复制的方法及解决方案，如此一来该办法可被地方议会、组织或企业家采纳并尝试在当地实施②，但是媒体作为客观的报道者，并不明确的表达支持立场。

与此同时，该报倡议发动受众的力量，以当地化的方式，以自下而上的方式提出解决方案，并分享在《卫报》平台上。此外，"建设性"的报道视角不仅体现在该报的常规建设性栏目中，还影响了该报整体的报道理念，贯穿于各类报道之中，正如编辑马克·赖斯·奥克斯利所言，"与其让 10 名记者用百分百的精力去思考（解决方案报道），不如让我们所有的记者都用 5% 的时间考虑（如何运用解决方案方式进行报道），这样它就会成为《卫报》全球报道体系的一部分③"。

---

① Mark Rice – Oxley. 2016. "The Good News is … People Like to Read Good News." Accessed February 12. https：//www. theguardian. com/world/2018/feb/12/but – first – here – is – the – good – news.

② Mark Rice-Oxley. 2016. "Fed up With all the Dreadful News out There? Then Click ." Accessed June 1. https：//www. theguardian. com/world/2016/jun/01/and – now – for – something – completely – different – some – positive – news.

③ MădălinaCiobanu. 2018. "With its Latest Series The Upside, the Guardian will Focus on Solutions Journalism in Five Key Areas." Accessed February 14. https：//www. journalism. co. uk/news/with – its – latest – series – the – upside – the – guardian – will. – focus – on – solutions – journalism – in – five – key – areas/s2/a717656/.

2. 主要议题及构成

《卫报》的建设性新闻项目主要展现在三个栏目页面之中,分别是
"对策与创新"① (2016.6~2018.2)、"正面"② (2018.2 全今) 以及 "正
面"的子栏目 "正面每周简报"③ (2018.2 至今)。其中,"对策与创新"
主要包括 "道德和绿色生活" "塑料垃圾" "难民" "气候变化" 这些环
保及社会议题;"正面"栏目继承了 "对策与创新" 的 "文化遗产",将
报道领域进一步细化,目前主要集中在五个领域,分别是环境、科学和技
术、公共卫生、社区领导和性别;"正面每周简报"议题集中在能源危
机、健康、日常生活、环境等方面。

(1)对策与创新

节目"对策与创新"属于"世界"系列的子栏目,从 2016 年 6 月 1
日至 2018 年 2 月 21 日,共有 148 个分集内容(每集议题见文尾附表 3 -
1)。议题集中在难民融入与救济、塑料废物与回收、新能源、妇女权利与
两性平等、老龄化社会与退休新方式、非洲社会发展、科技健康、食品革
命与粮食危机等领域,并就某些特定话题形成系列报道,打上相应的专题
标签。如专门探讨难民危机的 "新来的人"(The New Arrival),讲述环保
回收的 "装瓶"(Bottle It)与妇女权益的 "妇女权利与两性平等"
(Women's Rights and Gender Equality)及非洲社会与发展状况的 "《卫报》
非洲报道"(Guardian Africa Network)。

(2)正面

自 2018 年 2 月 12 日,栏目"对策与创新"更名为"正面",该栏目

---

① The Guardian. 2018. "Solutions and Innovations." Accessed November 19. https://www.
theguardian. com/world/series/half - full - solutions - innovations - answers.

② The Guardian. 2018. "Upside." Accessed November 19. https://www. theguardian. com/
world/series/the - upside.

③ The Guardian. 2018. "Upside Weekly Report." Accessed November 19. https://www.
theguardian. com/world/series/the - upside - weekly - report.

自更名以来至 2018 年 11 月 19 日共有 147 个分集内容（详见附表 3 - 2），议题集中于环境保护、科学和技术、疾病防治与公共卫生、社区领导和性别平等这 5 大领域。与"对策与创新"时期相比，议题更为生活化，具体事例、某地经验成为报道主体，环保、公共卫生与科技创新报道数量较多，无家可归者及难民方面的议题也有涉及。

（3）正面每周简报

"正面每周简报"作为"正面"的子栏目，议题与"正面"类似，集中在能源危机、健康、日常生活、环境等方面，内容更为精简，方案指向性更强。从 2018 年 2 月 12 日起至 2019 年 6 月 29 日，据网站统计显示共有 70 篇文章。该栏目自创办之日起至 2018 年 11 月 16 日的 41 个报告（详见附表 3 - 3），其中部分内容被"正面"栏目收录。

3. 新闻报道结构及风格

《卫报》的建设性新闻项目延续该报中立、客观、平衡报道风格，以文字、多媒体及其他交互式报道为载体加以呈现。我们以栏目"对策与创新"2018 年 1 月 17 日《没有塑料有可能生活吗？读者的生活小贴士》[①] 为例剖析该报建设性新闻报道风格。该报的主题是关于"塑料垃圾"的，新闻标题暗含解决对策话语，该文导语即提出倡议"我们要求您推荐最好的方法来减少塑料消耗，避免多余的浪费"。在该段下方是第一张配图，展示读者凯丝·奥斯汀以可重复利用的蜂蜡包装食品，示范减少塑料浪费的办法。随后，文章开头陈述塑料垃圾形势的严峻性，接下来介绍了《卫报》关于塑料垃圾问题的运动及"塑料瓶押金返还计划"（英国环保部长迈克尔·戈夫发起）、"伦敦喷泉网络"（伦敦市长 . Sadiq khan 发起）这两个环保项目，并分别附有网站的超链接，以供读者延伸阅读。

---

① Rachel Obordo and Guardian readers . 2018. "Is it Possible to Live Without Plastic? Readers' Tips for Tip-Free Living. " Accessed January 17. https：//www. theguardian. com/environment/2018/jan/17/is - it - possible - to - live - without - plastic - readers - tips - for - for - tip - free - living.

正文部分主要介绍了该报 5 位读者为减少塑料采取的实际举措，如用纸或不锈钢材料制品替代塑料吸管，或用竹子、玻璃替代塑料牙刷，或对塑料制品重新使用等办法。

在栏目更名为"正面"之后，该报对于塑料垃圾议题也进行了相关报道，整体上延续了"对策与创新"的报道风格。如 2018 年 10 月 23 日的《一场巨变：一个小岛向我们展示如何拯救我们的海洋》①，该文讲述了马恩岛治理塑料垃圾的故事，"如何做"即解决方案贯穿该文的标题、导语、正文之中。例如，导语是这样表述的，"在短短 10 年的时间里，马恩岛（Isle of Man）就摆脱了海滩塑料的烦扰，并获得了联合国教科文组织的认可，在海洋保护方面处于世界领先地位。那么它是怎么做到的呢"。正文以具体场景、细节导入，带领读者进入"现场"并切入主题，"站在马恩岛西北海岸海风吹拂的海滩上，比尔·戴尔（Bill Dale）望着窗外，塑料瓶、纸盒和包装袋像厚厚的地毯一样覆盖着整个瓦片。那是 2007 年，全球范围内的塑料狂潮已经开始了，但数百万吨的垃圾还没有被公众意识到"。随后讲述了马恩岛清理海滩塑料的举措，如发动志愿者、孩子及父母到海滩自愿捡垃圾，提高海滩自我清理能力等；与此同时，采访海洋生物学家菲奥娜·盖尔博士，从专业视角解读塑料垃圾对海洋生物栖息环境及多样性的破坏，阐述了盖尔博士拯救海洋生态环境的努力及方案。总之，这两篇文章无论是标题、导语还是正文皆将"塑料回收、利用及处置"解决方案置于其报道的核心，或以《卫报》及英国政府对于塑料问题的行动为引子，详细呈现读者对于塑料问题的解决办法，并提出具体的实践方案；或以具体的场景带入，介绍方案的执行者及专家学者对问题的回应；从多个角度对塑料垃圾议题进行了深入报道，形成了指导性建议，有利于民众学习借鉴，最终促成问题的解决。

---

① Sandra Laville. 2018. " A Sea Change：How one Small Island Showed us How To Save our Oceans." Accessed October 23. https：//www. theguardian. com/world/2018/oct/23/a－sea－change－how－one－small－island－showed－us－how－to－save－our－oceans.

除了图文报道外，"正面"栏目还对一些议题进行了视频或音频报道。例如，2018 年 4 月 16 日《科学家们意外地制造出一种能吃塑料瓶的突变酶》一文，用 1 分钟视频描述科学家设计出一种可以吞噬塑料的酶，能够消化聚对苯二甲酸乙二酯或 PET 这一项突破性进展，可能有助于对抗污染，形象生动阐释了"消灭"塑料的办法。2018 年 7 月 17 日的《播客：为什么积极的新闻报道在当今世界如此重要?》[1] 对于现代新闻周期对健康和幸福的影响，以及更多地关注积极的、有希望的、基于解决方案的故事是否有助于缓解这一问题进行了音频报道，时长为 55 分钟。音频开头采访了多位被访者对负面新闻的感受，随后记者介绍了南安普敦大学商学院副教授丹尼斯·巴登（Denise Baden）博士对于人们是如何受到正面和负面新闻报道影响的研究，并对其进行了现场采访；与此同时，介绍了《积极新闻》的塞恩·达根·伍德（Seán Dagan Wood）、《建设性声音》编辑 Giselle Green、全国志愿组织理事会（NCVO）[2] 以及《卫报》建设性新闻项目负责人 Mark Rice-Oxley 的新闻实践。通过与以上人士的对话与采访，证实了积极新闻不仅有利于受众的心理健康，还能带来赋权感，并促进个人行动。

4. 新闻来源与制作技巧

《卫报》在对各社会议题进行建设性新闻报道时，注重报道主体的平衡，更多采用多信源的方式呈现社会问题。例如，在《一场巨变：一个小岛向我们展示如何拯救我们的海洋》一文中，不仅有方案的提出者、执行者及受影响者，还有第三方海洋生物专家的观点，以事实、数据为依据，并对研究报告以超链接方式加以呈现，方便读者深入阅读。

---

[1] Lee Glendinning . 2018. "Podcast：Why is Positive News Coverage so Vital in Today's World. " Accessed July 17. https：//www. theguardian. com/membership/audio/2018/jul/17/podcast – we – need – to – talk – about – positive – news – coverage.

[2] 该组织宗旨是确保慈善机构和社会企业的积极影响的项目能被关注，并鼓励对一般的新闻报道采取更具建设性的、基于解决方案的方法。

　　从栏目制作及新闻呈现方式来看，编排合理而又美观。例如栏目"对策与创新"的具体呈现方式有两种，一种是左图以醒目大字标题标明主题，右图是与主题相关的图片；另一种是并列的两到三张图片，图上配有文字，按日期排列，显示导语、具体报道时间与评论数，简洁明了。栏目更名为"正面"后，编排由原先整体的标题列表式转变为标签分块式，即对各个议题形成专题标签，分区块呈现。栏目"正面"主页分为以下 10 个区块，第 1 个区块是"正面"栏目文章概览，一张大图及标题作为主图位于中央，其他 16 篇文章标题或小图以四周环绕的方式"包围"其下方及右侧，在主图左下侧是"所有故事"及"订阅正面每周简报"标签，点击查看所有内容及完成订阅。第 2 至第 6 个区块分别是标有"企业""环境""社区""健康""技术"的专题区，每个专题大概有十多篇图文或视频报道；第 7 个区块"视频"，共有 6 篇报道，以横幅形式展现，点击向后按钮，即可浏览相应"相册"，播放视频内容。第 8 至第 9 个区块分别是"更多类似新闻""你可能错过的"，每个板块各有 4 篇图文视频，点击可进行深入阅读。最后一个区块是该栏目（"正面"）以及《卫报》整体上浏览次数排名的文章前十，在文章标题前以大字号的阿拉伯数字标记出来，非常醒目。同时在具体的文章页面左下角也有对应的主题标签，例如马恩岛拯救海洋的那篇文章末尾的主题标签分别为"马恩岛""塑料""污染""野生动物""捕鱼""保护""特稿"，读者点击便可看到关于该专题的全部文章，以便深入阅读。

　　此外，"正面"栏目的数字专题报道也颇具特色。例如，2018 年 11 月 16 日的《昏睡病：这个世界上最受困扰的国家是如何战胜致命疾病的》以大幅动图、图文及数字报道展示了刚果民主共和国对抗"昏睡病"的长篇"画卷"。点击该文主页，映入眼帘的是非洲渔民们在开赛河建立的沙洲（由草屋组成的临时营地）正在消散的大幅动图场景，场面宏大震撼。在文字下方是刚果国家地图，地图下方是 6 张大幅照片"画册"加文字说明，向下滑动鼠标照片便一一显现，同样，在该文主页中下段也有 5 张照片"画册"。总之，丰富的图文、视频、动图设计使得整篇报道形象生动。

（三） 传播模式

《卫报》非常注意利用新媒体技术，创建多元平台；与读者维持良好的关系是该报的主要驱动力，同时，该报积极发动受众的力量，搜集新闻线索，将活动贯穿于节目报道过程之中。

1. 传播策略与平台

《卫报》建设性新闻节目，除了在网站上设立一个专门板块（前期的"对策与创新"与后期的"正面"）以及在社交媒体分享外，该报还开发了一份每周新闻简报，命名为"正面每周报告"（The Upside Weekly Report）内容不仅包括该组织自己的报道，而且突出其他出版物的解决方案报道。在每个具体的文章页面，标题下方都有"Facebook""Twitter""邮件"按钮，供受众分享至各社交媒体平台。

同时，在一些文字报道中，设置了一些超链接，点击可链接至其他相关新闻页面，深入阅读该专题，或可进入相关公共组织或 NGO 主页。例如在 2016 年 6 月 1 日的《受够了外面所有可怕的消息？那么点击这里》该文中，提到诸多新闻事件或事实，对"叙利亚人们相互残杀""把儿童运送到欧洲""在南中国海的船只上殴打奴隶""在美国相互开枪打死""几内亚龙线虫""帮助难民的志愿者""食品革新者""不同的方法做旧的事情""和平缔造者""护理人员""社会企业家""0 尺寸模特"皆设置了超链接，点击便可看到相关报道。而在 2018 年 11 月 7 日的《人们能从可怕的童年中获救吗？》一文，对于"依恋和生物行为追踪"［Attachment and Biobehavioural Catch－up（ABC）］、"全国儿童不良经历儿科实践社区"（National Paediatric Practice Community on Adverse Childhood Experiences, NPCC）、"青年健康中心"（The Center for Youth Wellness）等机构设置了超链接，且文中数据也出具相应的调查报告，如对"2013～2016年，佛蒙特州的儿童保育率增长了40%"设置超链接，点击可下载《建议战略的初步报告》(Initial Report of Recommended Strategies)。

2. 用户反馈与活动

节目"对策与创新"与"正面"对于用户反馈非常重视，这首先体现在节目主页设计上，在两者的节目主页面，图文视图的右下角显示有评论数；其次，在具体的文章报道页面，文章标题左下方显示转发数与评论数，文末则设有专门的讨论区，读者可留言与评论。例如，2018年9月26日的《是的，还有一种选择。这些人已经展示了如何"夺回控制权"》一文，讲述社区治理，有920条评论，只要注册《卫报》账户即可参与讨论。该报对评论进行了摘选，以气泡方式显现，内容部分显示，点击"跳到评论"即进入下方评论区，可阅读完整内容；与此同时在人物图像的右方显示有推荐数及向上的箭头，很为形象；而点击人物头像可进入评论界面，看到该人全部评论、回复。从评论内容来看，总体反响较好。例如，名为"家常面包"的读者评论道，"精彩的系列。我受到了每个例子的启发。在英国这样一个互不交融的国家里，政府深思熟虑联合起来思考是罕见的，常识也不再常见，读到人们以不同的方式做事，令人振奋。是的，资金是一个问题，但创造性思维和真正解决实际问题的意愿才是答案。在我居住的地区，我最近花了18个月的时间，和我社区的其他人一起发起了一场运动，以拯救一家精神健康和卫生中心，该中心的英国国民健康保险制度（NHS）和委员会资助都被取消了。这显然是在心理健康问题比以往任何时候都更加普遍的时候。我们拯救了中心。是的，这需要勇气，但是如果团结和意志存在，人们可以改变他们的社区"，对此有用户提问道，"你是怎么拯救它的？是在其他地方发现了额外资金，还是其他地方的其他服务现在被中断了"；另一读者评论道，"但有一个平衡需要解决。我也同意上面的观点，人们需要参与，承担一些责任。二元政治和态度似乎每天都在回避这一问题，只是把事情做好，而支持双方大声嚷嚷的姿态"。在《没有塑料生活是有可能的吗？读者免费生活小贴士》那条新闻中，页面下方"汇聚"了251条评论，评论褒贬不一，例如有读者评论"不要在购买衣服及食品时使用塑料袋，水果蔬菜在农产品百货店买，鲜肉在屠户那买……只有人们采取行动，方能改变"，也有读者评论，"问题并不在于塑料制品，而是后来做了什么。由于塑料大多是碳，它们可以（且原本就是）用来制造钢铁。你就把它们扔进了熔化金属的桶里。他们还可以进入一般垃圾，以清洁焚烧，由此产生的热量用于生产区域取暖和发电。英国的问题在于，仍有一件古老（过时）的做法叫作'填埋'，这是几十年前大多数现代国家抛弃的东西。"[①] 由此，通过设置评论区，引发了读者对话题的讨论，在辩论过程中，更有利于激发创新性的解决方案。

与此同时，节目"正面"还召唤读者分享身边的故事，寻求多元的解决方案。《卫报》设置了"《卫报》读者贡献者"专区，完全或部分由受众创建内容，激励用户参与，目前"《卫报》读者贡献者"页面显示有5997个结果。例如，2018年11月23日的《告诉我们：你在食品银行工作吗？分享你的故事》一文，谈到由于英国贫困问题日益严重，导致食品银行数量急剧增加。该报向广大受众呼吁，希望得到在食品银行工作的人的意见反馈，包括促使伸出援手的原因以及相关工作经历等。在文末附有加密表格，读者可匿名告诉《卫报》相关的工作经历，而该报将在文章中对这些故事予以展现。表格包括姓名、年龄、居住地、邮箱、电话等基本信息，以及什么促使你去食品银行帮忙，在食品银行工作是否以某种方式改变了你的观点，工作和你遇到的人怎么样，补充信息等具体信息，并充分尊重读者意愿，将是否发表的选择权交给读者，读者可选择"完全同意""部分显示，匿名报道""不，仅仅提

① Rachel Obordo and Guardian readers . 2018. "Is it Possible to Live Without Plastic? Readers' Tips for Tip-Free Living. " Accessed January 17. https：//www. theguardian. com/ environment/2018/jan/17/is－it－possible－to－live－without－plastic－readers－tips－for－ for－tip－free－living.

供信息"的任意一项。

此外，《卫报》还创新性的将读者参与纳入报道过程，例如"Keep it in the Ground"（将能源储存在底下）运动，[1] 该运动是《卫报》"应对气候变化"专题下的子栏目，打开该栏目主页，即可见醒目的标题"加入《卫报》向世界传播希望，我们能阻止气候变化"，在这个标题下设置黄色的"加入我们"按钮，点击即进入"Keep it in the Ground"[2] 主页面，文章标题"希望之故事：《卫报》推出了其气候变化运动的第二阶段"，在开头即提示读者以电子邮件为该运动签名，并附有链接，正文聚焦应对气候变迁的举措，就太阳能推广情况进行了说明，图文、视频相结合，如该文 60 秒视频《太阳能可以使地球"降温"吗?》以生动动画演示太阳能应用的益处，呼吁相关方推进太阳能普及应用。总而言之，自 2016 年《卫报》开始创办建设性新闻栏目"对策与创新"以来，该报的解决之道新闻平均吸引了 10% 以上的读者，并且有近十分之一的人倾向于在社交媒体上分享正面新闻[3]，收到较好的社会反响。

（四） 运营状况

《卫报》在开放获取高质量新闻及推动全球读者的信念指引下，选择不为其在线内容设置全面"收费墙"的经营模式，收入主要来自广告和纸质、电子版报刊的订阅费。

---

[1] Ingrid Cobben . 2016. "Takeaways from world's first constructive journalism conference . " Accessed December 4. https：//blog. wan – ifra. org/2016/12/04/takeaways – from – world – s – first – constructive – journalism – conference.

[2] The Guardian. 2018. "Keep it in the – ground. " Accessed November 19. https：// www. theguardian. com/environment/series/keep – it – in – the – ground.

[3] MădălinaCiobanu. 2018. "With its latest series The Upside, the Guardian will focus on solutions journalism in five key areas. " Accessed February 14. https：//www. journalism. co. uk/news/ with – its – latest – series – the – upside – the – guardian – will – focus – on – solutions – journalism – in – five – key – areas/s2/a717656/.

1. 人员构成

《卫报》的建设性新闻节目"对策与创新"及"正面"由特别项目编辑马克·赖斯－奥克斯利（Mark Rice－Oxley）领导的团队完成。赖斯－奥克斯利，不仅是编辑还是专栏作家，擅长精神健康、政治、英国及世界报道，他领导着一个记者小组调查国际趋势和问题；在《卫报》网站搜索"赖斯－奥克斯利"，共有 191 条结果。赖斯－奥克斯利撰写了《维基解密》（2010.11.30）、《卡塔尔世界杯奴隶》（2013.9.25）和《你背上的衬衫》（2012.4.21）等获奖作品；同时是《柠檬树下》一书的作者，这本自传描述了他经历抑郁和康复的过程[1]。目前其最新作品分别是《从来没有你想的那么糟糕》《太阳能幸存者：石油巨头哈萨克斯坦能摆脱黑暗面吗?》《街道上没有羞耻的地方》《拯救地球的七种方法》《移民拘留："你对他们来说不是人类"——"故事"播客》《移民拘留："基本上是死刑"——"故事"播客》《预防心理健康问题比治疗马克·赖斯－奥克斯利更好》《教皇佛朗西斯：以务实的方式对待贫困的谦逊教皇》《英雄与胜利：无私的印度尼西亚和崇高的诺贝尔奖得主》等，涉及国际政治、能源、社区、环保、移民问题等各领域。目前这个由马克·赖斯－奥克斯利领导的特别项目组在编辑室范围内开展工作，由一个小型的专门团队提供故事，同时也由《卫报》记者和新闻台提供报道[2]。

2. 资金来源与运营模式

广告、订阅费及斯科尔基金会的赞助是《卫报》的建设性新闻节目的三大经济来源。在"对策与创新"与"正面"栏目主页菜单栏的上方

① Wikipedia . 2018. "Mark_ Rice-Oxley. " Accessed November 19. https：//en. wikipedia. org/wiki/Mark_ Rice－Oxley.

② MădălinaCiobanu. 2018. " With its Latest Series The Upside，The Guardian will Focus on Solutions Journalism in Five Key Areas. " Accessed February 14. https：//www. journalism. co. uk/news/with－its－latest－series－the－upside－the－guardian－will－focus－on－solutions－journalism－in－five－key－areas/s2/a717656/.

均设有横幅广告，在具体的新闻报道页面也有广告植入，点击便可进入相应商品/服务页面；从总体上看，并不影响阅读体验。《卫报》实行免费的内容模式，用户可免费阅读、观看、访问《卫报》的当下内容，下载旗下资源。但是若要获得深度体验，则需要付费，付费后可以在平板电脑和智能手机上获得更强大的功能以及无广告体验。这些订阅服务由第三方订阅服务商 Zuora 管理。2014 年，《卫报》决定深化与读者的关系，引入创新的会员计划，扩大新的收入来源。会员可参与著名记者和知名嘉宾之间的讨论、辩论和采访过程，并享有优先访问权和门票折扣等优惠①。与此同时，《卫报》鼓励用户捐款，在该报建设性新闻栏目的具体报道页面底端设有"支持《卫报》"的捐助链接，点击进入捐助页面，用户可选择单次捐赠或年度捐赠两种模式，捐赠额可为 ＄25、＄50、＄100、＄250、＄500、其他这 6 个选项。

　　此外，"正面"栏目还受斯科尔基金会（Skoll Foundation）的拨款支持。斯科尔基金会是一家位于加州帕洛阿尔托（Palo Alto，California）的私人基金会，杰夫·斯科尔（Jeff Skoll）于 1999 年创办，其使命是通过投资、联系和表彰致力于解决世界上最紧迫问题的社会企业家和其他创新者，推动大规模变革。它每年的拨款总额约为 4000 万美元。该基金会标志性的奖项是斯科尔社会企业家奖，通过与社会企业家网络和生态系统重要的组织和机构合作，对社会企业家进行投资。它通过支持各种活动，包括牛津大学年度斯科尔社会企业家世界论坛（Skoll World Forum on Social Entrepreneurship）、集会和在线内容平台，将社会企业家联系起来。它通过短片等媒体项目，以及与其他媒体机构，包括圣丹斯研究所、NPR、PBS、国际公共广播电台（Public Radio International）和哈珀柯林斯出版社（HarperCollins Publishers）的合作，来表彰社会企业家②。据"正面"

---

① Zuora. 2018. "THE GUARDIAN UK" Accessed November 19. https：//www. zuora. com/resource/media – guardian – uk/.

② Wikipedia. 2018. "Skoll Foundation. " Accessed November 19. https：//en. wikipedia. org/wiki/Skoll_ Foundation.

栏目的官网介绍，"'正面'栏目部分是通过美国斯科尔基金会向 the guardian. org 提供的赠款维持运营的；该基金会致力于加速创业和创新解决世界上最紧迫的问题"，至于两者之间的关系是否影响《卫报》编辑方针，该报也予以回应，"所有的新闻都是由我们的《卫报》记者独立编辑、委托和制作的；对《卫报》报道的唯一限制是，根据美国法律，斯科尔基金会被禁止直接资助，或专款用于影响任何国内或国外公职选举的结果，或支持游说，或其他影响立法的企图（地方、州、联邦或外国)[①]"。

（五） 问题与思考

《卫报》的建设性新闻节目"对策与创新"及之后的"正面"，诚如其名，孜孜不倦的找寻并报道着从社会企业家到科学家，从环保斗士到无名英雄等人物的发明及解决方案，以向读者提供一种鼓舞人心的力量。从节目的报道理念、议题选择、报道方式及风格来看，均符合建设性新闻的相关准则，其与众不同之处体现在两个方面。其一是议题的"全球视野"，不仅关注英国本地的解决方案及创新，而且放眼环球，对诸多国际议题，如移民、难民、能源、环保、性别与平等均有关注；其二是对读者的充分重视，推行免费阅读模式，注重用户反馈并与其深入互动、开展活动维护关系，较大程度上激发出读者参与的热情，有利于扩大该节目的知名度与美誉度。但是，项目本身还有些"美中不足"的地方，值得思考，首先，从报道方式来看，音频与视频类的资讯仍然较少，多媒体化做得略显不足；其次，线下活动与线上活动的衔接做得不到位，虽然有"签名""分享故事"等渠道与用户互动，但缺少相应的线下活动，不利于扩大媒体的影响力。但无论如何，《卫报》作为英国重要的独立公共媒体机构，与 BBC 一道是建设性新闻报道的中坚力量。

---

① The Guardian. 2018. "About 'the Upside' – a Guardian Series. " Accessed February 12. https：//www. theguardian. com/info/2018/feb/12/about – the – upside – a – guardian – series.

附表 3 – 1   "对策与创新"分集议题（2016.6.1 ~ 2018.2.21）

日期	文章标题	主要内容/议题
2018.2.21	实践中的伙伴关系/"电影的魔力"：支持艾滋病老年人的俱乐部	艾滋病患者权益与社会应对
2018.1.17	没有塑料有可能生活吗？读者的生活小贴士	塑料污染与措施
2018.1.17	不使用塑料的商店向大品牌展示了如何做到这一点	应对塑料污染解决方案
2018.1.1	从便便到燃料：用狗粪做的路灯	变废为宝的方案
2017.12.27	中国的"海绵城市"正在把街道变成绿色，以应对洪水	城市建设与防洪
2017.12.25	新来的人/难民团聚：红十字会如何努力使家庭团聚	国际援助
2017.12.13	约旦能让一百万叙利亚人投入工作吗？	战后重建与人民生活
2017.12.9	新来的人/完美匹配：网站让学术难民有机会联系	难民融入
2017.12.5	"他们不是很英国佬"：城市最终会在直饮水上挥霍吗？	直饮水减少塑料滥用
2017.12.5	葡萄牙激进的毒品政策正在奏效。为什么世界没有复制它？（长文阅读）	毒品犯罪与防治
2017.12.4	装瓶/萨迪克·汗计划建造伦敦喷泉网络，以减少塑料废物	直饮水减少塑料滥用
2017.11.25	新来的人/"我喜欢雨"：威尔士村庄里唯一的叙利亚家庭	难民融入
2017.11.13	装瓶/分享你的照片和你如何避免塑料的故事	塑料污染防治
2017.11.13	英国和美国必须向穷国学习解决老龄化危机	应对老龄化危机
2017.11.13	老龄化城市/老人：有宏伟计划的智利城市，是老年的最佳去处	应对老龄化危机
2017.11.10	自行车博客/货运自行车如何帮助解决伦敦拥堵的道路	交通拥堵治理
2017.11.8	热带雨林罕见的胜利，因为各国誓言停止因巧克力带来的(森林)滥伐	环境保护
2017.10.31	走红/黑斯廷斯码头获得斯特林建筑奖	建筑创新
2017.10.31	新西兰考虑签发气候变化难民签证	气候变化与难民

日期	文章标题	主要内容/议题
2017.10.20	英国政府可能考虑为电动汽车和自行车提供补贴	交通治理
2017.10.18	现代奴隶制的焦点/"我的梦想正在实现":从奴隶制走向政治的尼泊尔妇女	妇女权利与民主改革
2017.10.16	装瓶/在环境问题上,商业街的商店开始抛弃塑料	塑料治理
2017.10.4	希望雇佣更多残疾工人的银行:"这是一种双赢的局面"	残障工人社会融入
2017.9.27	"这对我们来说是一个巨大的进步":沙特妇女被允许开车时欢呼雀跃	中东妇女权利
2017.9.22	自行车博客/如果你把红绿灯关了怎么办?	交通治理变革
2017.9.20	曼彻斯特联队92级开学计划揭幕	如何提高生活技能和就业能力
2017.9.16	新来的人/伊斯坦布尔霍比特人之家:儿童掌管的回收避难所	难民危机解决
2017.9.14	甜蜜的微型住宅:为无家可归者做睡眠测试	无家可归问题
2017.8.31	新来的人/德国将难民转变为同龄人的心理健康顾问	难民融入
2017.7.21	新来的人/想为威尔士的一个小村庄建立一个叙利亚家庭	难民融入
2017.7.11	"每一次危机都有一线希望":为什么大苏尔的隔绝让人们更健康	自然灾害与当地居民生活
2017.7.3	单靠药物无法治愈抑郁症的流行。我们需要策略	抑郁症的解决方案
2017.6.30	装瓶/泰特建的房子,用装满沙子的塑料瓶	塑料瓶的回收与利用
2017.6.29	装瓶/如何生活没有塑料瓶	塑料废物治理
2017.6.29	装瓶/布里斯托尔塑料瓶再利用运动正在欧洲蔓延	塑料回收与利用
2017.6.28	旧金山如何引领瓶装水文化的发展	塑料滥用与治理
2017.6.28	实践中的伙伴关系/"没有这个,我会自杀的":园艺有助于治愈难民的创伤	难民抚恤
2017.6.25	自室内禁烟以来,英国心脏病死亡人数下降了20%以上	禁烟与健康

日期	文章标题	主要内容/议题
2017.6.21	为什么年轻人要在赫尔辛基疗养院租房？	世代友好与共融
2017.6.21	新来的人/边缘：找到加来移民营有趣的一面的剧本	难民融入
2017.6.15	智能城市/"感觉比它更大的鞋盒"：无家可归者的小房子	无家可归问题
2017.6.11	新来的人/中间的空间：非洲人重新居住西班牙濒临死亡的村庄	难民融入
2017.6.2	"我能停下来呼吸"：服用氯胺酮治疗抑郁症的人	抑郁症防治
2017.5.31	卷轴生活：为痴呆症患者带来欢乐的传记电影	痴呆症患者抚恤
2017.5.8	《卫报》图片文章/"这就像难民的 Airbnb"：英国的主人和他们的客人 – 照片	难民居留问题
2017.5.5	未回答的问题 把冰山拖到热点地区能解决世界水资源短缺的问题吗？	水资源短缺解决方案
2017.4.22	拉达克的冰塔：解决喜马拉雅山高原的水危机	水资源短缺解决方案
2017.4.21	忘记 hygge（舒心）吧，在这些消极的日子里，我们需要用 firgun（希伯来语，为别人的成功而高兴）来填满空气	情绪与情感
2017.4.15	追溯英国古代路线的现代朝圣者	精神生活
2017.4.10	城市之眼/"别担心，我不会杀了你"：无家可归旅游的异常繁荣	社会怪象
2017.4.4	温哥华是比大多数城市更孤独，还是只是更好地解决它？	社会孤独问题
2017.4.1	《卫报》非洲报道/乌干达是世界上最适合难民的地方吗？	难民救助
2017.3.26	新来的人/阿富汗艺术家在《卫报》报道后赢得英国庇护申请	难民融入
2017.3.22	注释与理论/为什么虚拟现实会成为心理健康的变革力量？	虚拟现实与心理健康
2017.3.22	食品储藏室是新的食品银行吗？	社会救助
2017.3.21	森林促进气候与发展/那个种了一棵树并种植了一整个森林家族的人	森林保护

日期	文章标题	主要内容/议题
2017. 3. 9	新来的人/"英国接受了你"：被重新安置的叙利亚难民是什么样的？	难民融入
2017. 3. 9	新来的人/我们想要更多的叙利亚难民：安理会的提议超过了英国官方承诺的2万	难民接收
2017. 3. 7	妇女权利和两性平等/"当我遇见上帝时，我必须能够签下我的名字"：印度的老年妇女学校	妇女权利
2017. 3. 6	新退休/如何成功退休："你需要真正明白你的生活想要什么"	退休生活新主张
2017. 3. 3	新来的人/你如何帮助英国的难民和寻求庇护者？	难民救助
2017. 3. 3	干杯！由顾客"拯救"的酒吧在英国运营最好	运营管理
2017. 2. 24	中国应对老龄化危机的答案是什么？70多岁的大学	老龄化应对方案
2017. 2. 22	《卫报》世界报道/在专制时代，拜见持不同政见者谈论权力的真相	政治与权力
2017. 2. 20	新退休/你的60多岁和70多岁是一生中最好的几十年吗？	退休生活新主张
2017. 2. 17	我们呼吸的空气/"森林城市"：拯救中国免受空气污染的激进计划	环境污染治理
2017. 2. 14	比尔和梅林达·盖茨如何帮助、拯救了1.22亿条生命 – 以及他们下一步想要解决的问题	慈善基金会与世界难题解决
2017. 2. 13	拉丁美洲/"我的梦想是做披萨"：有唐氏综合征的承办者 – 视频	唐氏综合征患者克服社会污名励志故事
2017. 2. 8	雄心勃勃的陈·扎克伯格防治疾病计划即将接受测试	科学与健康
2017. 2. 1	《卫报》新东方网络/俄罗斯医生不顾恐吓授权进行变性手术	跨性别社会问题
2017. 1. 25	妇女权利和两性平等/荷兰用国际安全堕胎基金回应特朗普的"言论限制法令"	妇女权利
2017. 1. 23	伊斯坦布尔书店，运送年轻的叙利亚人回家	难民教育

日期	文章标题	主要内容/议题
2017.1.20	全球警报/全球警告：特朗普成为总统后24小时在气候变化前线——正如它发生的那样	气候变化
2017.1.16	乌托邦思维/如何摆脱过度思考的陷阱：停止对自己的评判	思维与观念
2017.1.6	这位花费150万加元营救200多名叙利亚难民的加拿大人	难民救助
2017.1.5	孟加拉国冲浪者有成为董事会主席的野心	回收利用
2016.12.30	8张图表显示，2016年并不像你想象的那么糟糕	2016年全球问题总览
2016.12.26	"这是有可能的，我们做到了"：葡萄牙上周使用了可再生能源	可再生能源开发利用
2016.12.26	不出名，不大惊小怪：2016年八位英雄	英雄事迹
2016.12.25	仿生腿和灵巧的休闲裤：能增强我们整体力量的外骨骼	仿生科技与健康
2016.12.24	乔·考克斯之后：默默无闻的议员们悄悄地使英国变得更好	英国社会
2016.12.16	《卫报》非洲报道/如何对抗博科圣地？开办学校	打击恐怖主义
2016.12.5	叙利亚难民24小时紧急热线－视频	难民救助
2016.12.2	60年后，核聚变最终能否实现？	前沿科技
2016.12.1	向富人收费以养活穷人：马德里的罗宾汉流浪汉咖啡馆	无家可归就餐问题
2016.11.29	如何解决Facebook的假新闻问题：专家们提出了他们的想法	治理假新闻
2016.11.28	血液泵：彻底改变输血的机器	医疗科技
2016.11.20	机器人套装为步行疗法提供希望	医疗科技
2016.11.17	尼日利亚圣战孤儿学校及其受害者	打击恐怖主义
2016.11.4	WhatsApp国际外交的兴起	国际外交
2016.11.2	阿联酋出台新法律，使阅读成为一种日常习惯	全民教育
2016.11.1	妇女权利和两性平等/在世界上最贫穷的国家，使用现代避孕方法的妇女人数在过去四年内增加了3 000万	妇女权利之生育权

日期	文章标题	主要内容/议题
2016.10.31	在荷兰尝试成功后,青少年接受肌痛性脑积水治疗的试验	医学治疗新方法
2016.10.30	莫伦贝克如何用足球反击"伊拉克和黎凡特伊斯兰国"(ISIS)	打击恐怖主义
2016.10.24	创新伙伴关系/体育和极端主义:"如果年轻人被排斥在外,他们更容易激进化"	打击极端主义
2016.10.24	妇女权利和两性平等/突尼斯联合政府以性别暴力法案争取妇女权利	妇女权利之性别暴力
2016.10.21	妇女权利和两性平等/科技课程为肯尼亚农村妇女打开了新的机会之窗	妇女权利之教育权利
2016.10.12	"我的鼻子歪了,我的下巴很厉害 – 是我,好吗"…我精神健康的画像	精神健康
2016.10.11	粉色糖果如何挑战南亚社区的性别偏见	性别偏见
2016.10.10	英国人帮助难民助力英国	难民融入
2016.10.7	《卫报》非洲报道/荒野 Wifi:连接苏格兰与刚果岛屿的先驱网络	网络科技与非洲社会发展
2016.10.3	《卫报》非洲报道/一个月仅挣 10 美元老师和她拯救的贫民窟学校	教育与非洲社会发展
2016.9.28	商业和可持续发展目标/印尼的垃圾拾荒者用垃圾来换取医疗保健	贫困与浪费问题
2016.9.22	《卫报》新东方报道/与那个把整个英国图书馆带到塔吉克斯坦的人会面	远东地区社会发展
2016.9.19	俭以防匮:瑞典政府对维修实行减税措施	打击浪费
2016.9.15	《卫报》新东方报道/英国脱欧后的避风港？只需支付 100 欧元,你即可成为从未访问过的欧盟国家的电子居民	数字移民
2016.9.14	"我们需要人与人的互动":认识那个以步行为生的洛杉矶人	步行抵抗孤独
2016.9.12	《卫报》非洲报道/ 这位南苏丹学生在暑假里拯救难民	难民救助
2016.9.9	数十个国家准备在 2020 年前消灭疟疾	疾病防治
2016.9.6	《卫报》非洲报道/ 应用程序在埃及启动,以打击强迫失踪	科技与人权保护

续表

日期	文章标题	主要内容/议题
2016.9.1	随着战争的进行，印度推出了世界上第一种麻风病疫苗	疾病防治
2016.8.31	最后，为受战争创伤的叙利亚儿童提供一些救济	难民救助
2016.8.30	芝麻开门（成功的诀窍）：粒子加速器项目将中东凝聚在一起	科学研究与中东
2016.8.28	如何实现和平？哥伦比亚的历史性协议给叙利亚带来了教训	推进和平的历史经验
2016.8.26	妇女在丹麦第一座女性经营的清真寺主持星期五的祈祷	难民融入
2016.8.26	扭转局面：为年轻难民设立的乒乓避难所	难民庇护
2016.8.23	伦敦铁路网能源花园——图片	城市建设
2016.8.15	"感觉就像一份礼物"：手机合作改变了墨西哥农村社区	贫困与发展
2016.8.12	单是悲剧就足以让人幻灭，这就是为什么我们要寻找激励和升华	精神慰藉
2016.8.12	走出森林：木工是如何帮助人们解决孤独的	解决孤独
2016.8.9	现代生活不一定就意味着垃圾遍野：帮助孟买清理	垃圾清理
2016.8.2	科尼之后的生活：乌干达妇女如何重建她们的生活	非洲社会发展
2016.8.1	现在是好消息：为什么媒体会采取积极的态度？	建设性新闻
2016.7.29	从氯胺酮到橱柜疗法：心理健康治疗的未来	心理健康治疗新方法
2016.7.26	快乐事业的秘密	员工激励
2016.7.21	星巴克试验可回收杯子以处理垃圾填埋场废物	环保回收
2016.7.19	欢迎来到地球：加拿大住房危机的不入网（电网、自来水网、煤气网）解决方案？	再生资源
2016.7.18	英国如何将少女怀孕率减半	青少年问题
2016.7.18	一个前"童养媳"用她的故事来解放阿富汗妇女	妇女权利

续表

日期	文章标题	主要内容/议题
2016.7.15	日本为帮助妇女成为母亲而采取的100万美元生育策略	生育策略
2016.7.13	丹麦是如何成为食品浪费革命的领导者的？	食品浪费
2016.7.13	变性人青少年营地："简直太神奇了"	跨性别社会支持
2016.7.11	在和平中共同努力的以色列人和巴勒斯坦人	巴以冲突
2016.7.7	区块链：生命，宇宙和一切的答案？	比特币与区块链
2016.7.2	那些试图把民主从自身中拯救出来的人	政治革命
2016.7.1	没有成绩，没有时间表：柏林学校把教学翻了个底朝天	教学革命
2016.6.28	印度乡村之间建成世界上最大的ID数据库	科技与社会发展
2016.6.22	荷兰原型清洁吊杆使太平洋海面塑料废物的解决方案更近了一步	海洋塑料废物治理
2016.6.18	在摩洛哥的阿特拉斯山区，柏尔女孩找到了摆脱农村贫困的途径：教育	贫困与教育
2016.6.17	拉杰沙希：那个在污染空气治理采取行动的城市 - 赢了	空气污染治理
2016.6.17	重新定义老年人护理：优雅的郊区住宅更像是酒店而不是医院	老年人护理
2016.6.16	荷兰房东为帮助难民提供€100租金减免	难民救济
2016.6.16	理疗游戏：康复（方案）如何接近你的屏幕？	医疗技术与恢复
2016.6.9	对他们有什么好处？志愿者拯救欧洲难民	难民救济
2016.6.7	寻求庇护者如何帮助缓解芬兰的技术技能短缺	难民融入
2016.6.2	国家施舍给所有人？欧洲将试行全民基本收入	收入与社会变革
2016.6.1	受够了外面所有可怕的消息？那么点击这里	建设性新闻
2016.6.1	如何养活97亿人？初创企业应对全球粮食问题	全球粮食问题解决方案

附表 3 – 2 "正面"栏目议题（2018. 2. 12 ~ 2018. 11. 19）

日期	文章标题	主要内容/议题
2018. 11. 16	昏睡病:这个世界上最受困扰的国家是如何战胜致命疾病的	疾病防治
2018. 11. 14	新的绿色超级大国? 石油巨头哈萨克斯坦试图摆脱这些黑色的东西 - 视频	新能源与环保
2018. 11. 10	自第一次世界大战以来,波比呼吁每秒钟筹集 1 英镑	退伍老兵资金筹集
2018. 11. 8	填补空白:为什么无家可归者不一定意味着没有牙齿	无家可归者的救济
2018. 11. 7	人们能从可怕的童年中获救吗?	疾病早期防治
2018. 11. 5	清理:为无家可归者提供的流动洗衣房已国际化	无家可归者的设施安排
2018. 11. 1	小青蛙为世界濒危物种迈出了一大步	拯救濒危物种
2018. 10. 29	加尔戈斯:救援灰狗是如何在巴塞罗那流行起来的	流浪狗救济
2018. 10. 25	在巴勒斯坦的小提琴制造者给混乱的风景带来甜美的声音	巴以冲突与和平
2018. 10. 23	一场巨变:一个小岛向我们展示如何拯救我们的海洋	海洋保护
2018. 10. 22	以色列人和巴勒斯坦人是怎么想的? 在街上进行的毫无保留的采访	巴以冲突与和平
2018. 10. 19	正面每周简报/拯救地球的七种方法	科技创新
2018. 10. 18	一片新的叶子:重建亚马孙森林的坚韧的树木	森林保护
2018. 10. 16	如何克服空气污染? 别再烧田地了	空气污染防治措施
2018. 10. 12	让孩子们玩:在 Lesbos 上建一个操场的人	难民安置
2018. 10. 10	如何应对世界人口激增? 博茨瓦纳的答复	人口与环境
2018. 10. 9	"完全平等":难民在几内亚比绍找到家园和公民身份	难民融入
2018. 10. 9	"我有道义上的责任":告密者问他们为什么要大声说话	12 个丑闻揭露者
2018. 10. 6	啤酒厂:这是世界上最高贵的酿酒厂吗?	居民生活
2018. 10. 5	播客/LGBT 教堂:避风港——故事播客	男女同性恋、双性恋和变性者社会权益与身份认同
2018. 10. 4	英国穆斯林理事会训练妇女经营清真寺	妇女权利

日期	文章标题	主要内容/议题
2018.10.1	"他们失败了"：英国第一所处理早期创伤计划的学校	创伤与防治
2018.10.1	碰碰运气：那些把剩下的几升水好好利用的油漆回收者	环保回收
2018.9.28	年轻，有天赋，并准备好应对精神疾病的流行	疾病防治
2018.9.28	正面每周简报/哦，又要年轻了	乐观主义
2018.9.26	海景：我们海洋的状态/从边缘回来：拯救珊瑚免受气候变化影响的全球努力	海洋环境保护
2018.9.25	英国有20多万所空置的房屋。如何使他们复活？	房屋再安置
2018.9.23	德国在波茨坦推出世界第一辆自动有轨电车	新科技
2018.9.21	如何让人们表现得更好？用胡萝卜，不要用棍子	善事刺激机制
2018.9.19	屋顶耕作：为什么垂直园艺在坎帕拉盛开	生物科技
2018.9.18	世界游牧妇女运动会 – 图片	妇女权利与发展
2018.9.14	船舶墓地技术节旨在拯救消失的咸海	环境保护倡议
2018.9.13	印第安纳·琼斯与荷兰作坊"虚惊一场"	"文化急救"与遗产保护
2018.9.12	不，萨尔维尼先生，移民和难民不是负担——一篇照片文章	难民问题
2018.9.10	"我想成为一名医生，而不是拉比"：以色列极端东正教是如何被吸引到工作中来的	消解极端主义
2018.9.7	两名男子和WhatsApp集团如何拯救了数十名阿富汗英雄	难民救助
2018.9.7	器官自愿：移植女孩回到挽救了她的生命的医院当医护人员	器官捐赠
2018.9.4	当父母患上癌症时，孩子们怎么办？	疾病防治
2018.8.30	"它拯救了我们的生意"：意大利的农民种植大麻扭亏为盈	农业生产
2018.8.28	没有头巾，没有布道，只有为孩子们准备的书：与伊朗的巡回神职人员的会面	宗教世俗化
2018.8.23	通向宝莱坞：App为数百万失明的印度人开启影院	新科技助力失明人士

日期	文章标题	主要内容/议题
2018.8.23	这位叙利亚难民的目标是成为奥运会游泳运动员	难民融入
2018.8.20	罗辛亚人转向区块链解决身份危机	少数人士的身份认同
2018.8.16	伟大的非洲绿化:数以百万计的"神奇"新树带来了再生	环境保护
2018.8.15	幸福在一起:孤独的婴儿潮一代转向共同居住	老龄问题
2018.8.15	波斯尼亚战争老兵把他的咖啡馆变成了移民的免费厨房	难民安置
2018.8.10	失去了天堂? 爱尔兰的模范生态村发生了什么	社区开拓
2018.8.7	普遍的基本收入并没有让我变得富有。但我的生活更丰富	精神生活
2018.8.6	一组志愿者团队如何帮助巴拉圭战胜疟疾	疾病治疗
2018.8.3	多管闲事,坚持不懈,勇敢:那个当场抓住性贩子的女人	妇女权利
2018.8.1	用牛粪做衬衫的初创公司	废物再利用
2018.7.27	世界上最好的 10 个单词(不翻译成英语)	文化与生活
2018.7.23	巴基斯坦变性人一度被排斥,但现在却在竞选议会议员	跨性别人士
2018.7.23	激进的治安官给罪犯一个机会	罪犯改造
2018.7.22	我们的精神健康正在破裂。我真希望我能这么做	精神健康
2018.7.18	工作少,收获多:新西兰公司每周四天的工作"绝对成功"	工作与生活
2018.7.18	器官捐赠:我们可以打破英国亚裔和少数族裔社区的禁忌	器官捐赠与种族歧视
2018.7.17	播客:为什么积极的新闻报道在当今世界如此重要?	建设性新闻/积极新闻
2018.7.13	"有尊严的选择":无家可归者的专用购物车	无家可归者
2018.7.12	#MeToo – 在这个没有"阴道"字眼的国家里	性别革命
2018.7.11	"我们笑,唱,放音乐":摩加迪沙的崛起	索马里首都改善活动
2018.7.9	用旧塑料铺路的人	塑料回收利用

日期	文章标题	主要内容/议题
2018.7.6	叙利亚种子可以拯救美国小麦免受气候威胁	农业科技
2018.7.6	正面每周简报/海洋潮汐的能量是唯一来自月球的可再生能源,可以解决我们的能源危机	能源危机的解决方案
2018.7.5	加沙的无线通信:那些做代码而不是身处战争的孩子们	加沙的无线通信
2018.7.4	月球是地球能量需求的关键吗?	宇宙科技
2018.6.30	"我在过去的10分钟里屏住呼吸":我们是如何观看世界杯的	世界杯下的各国人民生活"镜像"
2018.6.29	千禧一代能拯救美国的工会吗?	新世代下的工会
2018.6.27	让美国再次对话:实验室教导死敌要有体面的对话	外交与政治
2018.6.26	超越仿生学:假肢的未来如何重新定义人类－视频	科技与健康
2018.6.22	"我们真的不需要手机":禁止移动电话的法国学校	教育改革
2018.6.21	音速小子:英国学校扭转青少年的生活	教育改革
2018.6.17	为什么荷兰青少年是世界上最幸福的?	荷兰教育经验
2018.6.15	"爸爸配额":魁北克如何让男人休育儿假	社会政策
2018.6.14	#MeToo运动是如何来到蒙古的?	新生的妇女权利运动
2018.6.12	"我们不再死于分娩":印度村庄是如何拯救母亲的	女权主义
2018.6.8	你能给这个帮派成员找份工作吗?	犯罪问题
2018.6.7	"新鲜、自由与美丽":城市园林的兴起	城市园林与社区建设
2018.6.2	印度通过一系列低成本措施大幅削减热浪死亡人数	社会政策
2018.6.1	拯救几维(无翼鸟)新西兰集会保护它的标志性鸟类	动物保护
2018.5.31	如何砍掉它们的角有助于从偷猎者手中拯救犀牛	濒危动物保护
2018.5.28	野牛的回归:牛群在荷兰海岸出人意料地卷土重来	动物保护
2018.5.25	干净的跳舞:女人帮助俱乐部成员在后#MeToo世界中达成谅解	妇女权利

日期	文章标题	主要内容/议题
2018.5.22	课堂表演:从教室开始的伟大的达利特反击	印度低种姓人教育权利
2018.5.18	"关怀 BNB" - 精神病患者与当地人合住的城镇	社会关怀
2018.5.17	每个人都是受欢迎的:阿拉伯世界唯一的同性恋聚居地	阿拉伯世界唯一的同性恋者
2018.5.17	阳光露台和草坪:荷兰居民改造停车位	居民生活
2018.5.12	这个叙利亚男孩在他的加拿大老师的帮助下写了他的生平故事	难民融入
2018.5.11	正面每周简报/开普敦是如何解决水危机的,以及其他充满希望的故事	世界如何在气候变化的情况下节约水资源,以及在约克郡谷地种植的种子是如何在全球范围内发展起来
2018.5.9	难以置信的可食用性:约克郡的食品种植计划在世界范围内扎根	种植革命
2018.5.7	不同的目标:街头儿童想从另一届世界杯中得到什么?	无家可归和被社会排斥的青少年问题解决
2018.5.5	到了新城市没有朋友? 是时候快速交往配对了	社会孤独
2018.5.4	开普敦如何避免缺水?	水资源再利用
2018.5.2	离岸秘密:从内部破门而入	防洗钱措施
2018.5.2	广播"睡眠时间"为叙利亚失踪儿童带来睡前故事	难民儿童救济
2018.5.1	VR 能教我们如何处理性骚扰吗?	性不端行为处理新方案
2018.4.27	正面每周简报/我们能阻止北极融化吗?	环境保护与气候变化
2018.4.25	八个月过去了,世界上最严厉的塑料袋禁令有效吗?	塑料废物
2018.4.23	石墨烯"改变游戏规则"在混凝土绿色建筑中的应用	新材料促环保
2018.4.23	洒沙能拯救北极不断萎缩的海冰吗?	环境保护与气候变化
2018.4.23	一只吸血乌贼是如何启发一位获得格德曼环境保护奖的海洋生物冠军的?	格德曼环境保护奖得主的故事
2018.4.23	格德曼环境保护奖授予阻止国际核交易的南非妇女	格德曼环境保护奖得主的故事

日期	文章标题	主要内容/议题
2018.4.20	从平装棺材到水火葬:如何实现生态友好型死亡?	丧葬与环境保护
2018.4.19	"品味的差异":农场到餐桌运动在城市佛兰德地区兴起	饮食革命
2018.4.17	真正的鸡跑了:50万只母鸡是如何从屠宰中获救的?（包含视频）	动物保护
2018.4.14	"我们的表演是一面镜子":利用乌克兰的痛苦创作艺术	艺术与国家镜像
2018.4.13	这些救生衣拯救了海上的难民。现在他们正在为幸存者提供工作机会	难民安置
2018.4.12	世界上第一条充电车辆用电气化道路在瑞典开通	新科技
2018.4.12	巴西村民将塑料污染转化为利润	废物回收再利用
2018.4.11	最后的好消息:世界没有你想象的那么可怕	积极新闻
2018.4.3	"一直作为我的指路明灯":政府帮助无家可归者失败了	无家可归问题
2018.4.3	"无现金使我们面临攻击的风险":瑞典人反对无现金	金融变革
2018.3.30	孟买海滩在两年内从垃圾场变海龟养殖场	环境保护
2018.3.29	真见鬼,这很有效:新西兰员工每周工作四天	工作与生活
2018.3.29	如何让一条商业街死而复生?	商业盘活
2018.3.28	备选方案/英国威利旺卡（欢乐糖果屋）:能拯救英国工业的创意工厂	创意工厂
2018.3.26	超越地牢和龙:角色扮演能拯救世界吗?	角色扮演与社会变革
2018.3.23	"这不仅仅是关灯":地球一小时还能做些什么呢?	环境保护
2018.3.23	叛军银行,印制自己的钞票,回购人民的债务	战争与金融
2018.3.22	数乌鸦:英国鸟类爱好者决心对付房地产开发商	动物保护
2018.3.19	"他们是我们的救星":西西里城因难民而复活	难民问题

日期	文章标题	主要内容/议题
2018.3.16	青少年娱乐俱乐部：儿童中心是如何从紧缩中拯救出来的？	儿童中心拯救方案
2018.3.16	汇聚一堂：音乐如何在分裂的巴尔干地区重建桥梁？	音乐治愈社会分裂
2018.3.15	那些撤走的数十亿资金该怎么办？唯一的方法就是怀有道德感	投资与道德
2018.3.15	伦敦试验免费瓶装水以减少塑胶废物	塑料废物处理方案
2018.3.15	我们能修好它吗？修缮咖啡馆对丢弃的文化发动战争	浪费革命
2018.3.14	芭蕾舞女演员拯救了10万名嘻哈儿童	社会关怀
2018.3.14	备选方案/想保住你的工作赚更多的钱吗？买下你的老板	工人安置
2018.3.12	告诉我们来自世界各地的社区食品	社区发展
2018.3.9	每周28小时，德国工会争取灵活权利的势头	工会与工人权益
2018.3.8	都柏林酒店99名陌生人如何打破爱尔兰堕胎僵局？	堕胎问题处置方案
2018.3.7	欧洲的景点从太多的游客陷阱中逃脱	景点保护与开发
2018.3.5	他们的祖先被奴役。现在，400年后，他们的孩子将成为土地所有者	民权
2018.3.2	塑料之后还有生命吗？这些新发明预示着一个更清洁的世界	环保与再利用
2018.2.28	备选方案/一个小镇是如何重建电网并引发一场社区革命的	社区革命
2018.2.28	"太阳热"之后：太阳能的下一步是什么？	太阳能开发
2018.2.23	巴厘岛希望通过大规模清理恢复天堂岛的地位	环境保护
2018.2.20	苏格兰数百名露宿者将被提供住所	无家可归安置
2018.2.20	"平等不会自己实现"：冰岛是如何在性别薪酬差距问题上变得强硬的？	性别平等与权利
2018.2.15	"心理健康超市"：治疗的未来会是数字化吗？	数字治疗
2018.2.14	肯尼亚的埃林·布罗科维奇（Erin Brocovich）不顾骚扰，将反污染案件提交法庭审理	环境保护
2018.2.12	好消息是…人们喜欢读好消息	积极新闻

日期	文章标题	主要内容/议题
2018.2.12	你的社区是如何帮助解决当地问题的？告诉我们	用户反馈呼吁
2018.2.12	正面每周简报/上线报名参加我们每周的电子邮件寄送服务	用户订阅
2018.2.12	安全、快乐和自由：芬兰有所有答案吗？	芬兰经验
2018.2.12	关于"正面"-《卫报》系列	栏目介绍
2018.2.12	10项伟大的芬兰创新	芬兰创新项目介绍

附表 3-3　"正面每周简报"分集议题（2018.2.12~2018.11.16）

日期	文章标题	主要内容/议题
2018.11.16	从来没有你想的那么糟糕	消除对国家、社会刻板成见
2018.11.9	街道上没有羞耻的地方	无家可归问题
2018.11.2	宠物项目:拯救地球上的动物	社区拯救濒临死亡的动物
2018.10.26	那些正在改变我们对中东的看法的人的故事	中东问题
2018.10.19	拯救地球的七种方法	科技创新
2018.10.12	我们星球上的人太多了吗？	人口和环境
2018.10.5	英雄与胜利:在印度尼西亚的无私奉献和崇高的诺贝尔奖得主	英雄事迹
2018.9.28	哦,又要年轻了	乐观主义
2018.9.21	别再提R字了	无名英雄和社会企业家
2018.9.14	欧洲人从来没有比现在更健康。那我们为什么这么难过？	媒体避而不谈好消息原因
2018.9.7	关于好消息的好消息	谷歌语音助理传播正面消息的实验
2018.8.31	为99%的人提供食物、住房和书籍	常见问题的解决方案
2018.8.24	善用科技:被剥夺权利的人的数字行为	帮助弱势群体
2018.8.17	数以百万计的神奇树木在撒哈拉沙漠中生长	非洲环境
2018.8.10	欧洲最大的基本收入实验的教训	基本收入实验的经验与教训
2018.8.3	这是你最喜欢的几个词	文化借鉴
2018.7.27	对犯罪严加处罚－对犯罪的引发者不那么严厉？	如何处理印度和巴基斯坦的犯罪和LGBTQI进展

日期	文章标题	主要内容/议题
2018.7.20	我们应该每周工作四天吗？新西兰的试验结果	工作与生活的平衡
2018.7.13	塑料道路、战争和海滩，没有阴道这个词汇的国家	发展与变革
2018.7.6	海洋潮汐的能量是唯一来自月球的可再生能源，可以解决我们的能源危机	能源危机的解决方案
2018.6.29	特朗普、Twitter与建设性分歧艺术	糟糕环境下的建设性话术
2018.6.22	荷兰人找到致使青少年快乐的秘诀了吗？	鼓舞年轻人办法
2018.6.15	好消息改变了你的生活吗？	读者阅读"正面"栏目后的实际行动与反馈
2018.6.8	加拿大的大麻法案在烟雾中上升，而印度则在应对高温	毒品政策、致命天气和帮派戒毒所
2018.6.1	带回野牛和更多动物希望的故事	如何消除人类对动物造成的伤害
2018.5.25	消除种姓：粉碎印度的社会阶级制度	消除社会不平等
2018.5.18	将你的疲惫，贫穷，混沌不堪丢给我	边缘群体社会关怀
2018.5.11	开普敦是如何解决水危机的，以及其他充满希望的故事	世界如何在气候变化的情况下节约水资源，以及在约克郡谷地种植的种子是如何在全球范围内发展起来
2018.5.4	科技如何使世界变得更清洁、更安全	使用新技术来对抗肮脏的金钱、性骚扰和污染
2018.4.27	我们能阻止北极融化吗？	环境保护与气候变化
2018.4.20	解决农业问题以及如何实现生态友好型死亡的想法	农业问题与生态殉葬
2018.4.13	在危机中把垃圾变成现金和其他机会	边缘群体的不屈不挠精神
2018.4.6	我们应该更少的工作吗？没有现金有多安全	关于未来的实验项目
2018.3.29	拯救英国商业街，在废墟中创新	人类联结抗萧条
2018.3.23	灌木丛中的鸟和其他救援故事	面临生存威胁的人
2018.3.16	被芭蕾舞女演员和其他赋予青年赋权的故事所拯救	鼓励和激励社区中被忽视的年轻人
2018.3.9	人民的权力！但是哪些人？	亚马孙的土地权、欧洲的过度旅游和爱尔兰的堕胎辩论

日期	文章标题	主要内容/议题
2018.3.2	新太阳能的开始,旧塑料的终结?	下一代太阳能电池板和包装的全球竞赛
2018.2.23	好处:无家可归者的家,同工同酬,以及天堂的清洁。	解决社区崩溃和薪酬差距的方法
2018.2.16	哥本哈根如何保持健康以及芬兰成功的秘诀	哥本哈根及芬兰成功的经验
2018.2.12	上线报名参加我们每周的电子邮件寄送服务	用户订阅

四 │ BBC：回应观众吁求

与《纽约时报》《西雅图时报》《波士顿环球报》等由媒体方推动的解决之道新闻实践不同，英国广播公司（BBC，British Broadcasting Corporation）推动其称之为"方案聚焦新闻"（Solutions-Focused Journalism）是观众需求的产物。BBC 年轻的全球观众普遍反映很难接受其原有的（负面新闻为主）报道风格，希望听到一些正面积极向上的信息，并向相关领域有所作为的人士学习。正如 BBC 世界英语（World Service English）主持人玛丽·霍卡迪（Mary Hockaday）所言，"观众想要的是赋予他们力量的新闻，而不是压抑他们的新闻"。由此，BBC 成立了周广播、数字节目"改变世界的人"（People Fixing the World）、非常规节目六部系列"我的完美国家"（My Perfect Country）及"跨越鸿沟"（Crossing Divides）系列，用来探讨重大问题，并以 BBC 全球性网络的特点为观众提供一个链接的平台，允许观众分享其个人的问题及相应的解决方案。

（一）发展历程与现状

BBC 于 2013 年便开始建设性新闻实践探索，如 2013 年 2 月 21 日 BBC 晚间新闻的《全国的学校该如何效仿伦敦的改进举措》以视频与图文相结合的方式报道了伦敦的先进经验及如何改进落后地区的教育现状。之后两年（2013～2015 年）皆有建设性新闻的零星报道；而真正成"气候"始于 2016 年。首先，在 2016 年 2 月 4 日，BBC 世界广播公司（BBC World Service）与伦敦大学学院全球繁荣研究所（UCL Institute for Global Prosperity）合作创立了非常规节目"六部系列"（six-part series）电视节目"我的完美国家"，每晚 8 点播出，该节目每周选取一个特定国家已经实施的政策，并对其进行深入研究。该节目通过观察这些解决方案是否可以在其他地方实际使用，启发观众思考他们理想的国家是什么样的，激发年轻观众了解世界发展、问题及积极动向的兴趣，是一次较为成功的受众参与式新闻实践探索。

其次，于 2016 年 11 月 19 日上午 9 点 BBC 世界广播公司推出常规建设性新闻项目——周广播、数字节目"世界妙招"（World Hacks）（后更名为"改变世界的人"），通过追踪和探寻那些对现有形势有所改变、改进或扭转的观点，为事件报道带来了一个全新的视角。与此同时，利用 BBC 全球覆盖的影响力，一方面，派驻国际记者团队仔细研究那些正在产生影响的想法并观测是否能在其他地方运用推广；另一方面，在"自家媒体"与社交媒体上开辟可上传短视频等诸多数字内容的平台，供世界各地的人们分享和讨论关键问题并以众包方式共享解决方案①，共促问题的解决。

2018 年 4 月 23 日前后，BBC 世界广播公司以艾米丽·卡斯瑞尔（Emily Kasriel）为首的团队制作最新的全球系列节目《跨越鸿沟》（Crossing Divides），在 BBC 新闻频道、电视、广播和数字媒体等多渠道播出，以建设性新闻报道视角分析如何跨越及修补因不同年龄、宗教、种族、政治信仰和阶级而带来的鸿沟与裂痕②，探寻相应的解决方案，通过报道不同个人及社区跨越界限融合一体的故事，凝聚社会共识，从而实现 BBC 公共目标。

---

① Mary Hockaday. 2016. "World Hacks: Meet the People Fixing the World." Accessed November 18. http://www.bbc.co.uk/blogs/aboutthebbc/entries/774bb190 - a1d0 - 430c - 9988 - 3bc6585b8675.

② Emily Kasriel. 2018. "Crossing Divides." Accessed March 28. http://www.bbc.co.uk/blogs/aboutthebbc/entries/ab5b643e - 4dc0 - 4430 - 92a0 - 89d0118ec455.

（二）新闻产制

BBC 的建设性新闻节目无论是 2016 年的非常规节目"完美的国家"，常规节目"改变世界的人（世界妙招）"，还是最新的系列节目"跨越鸿沟"，都或多或少蕴含着一种胸怀世界的远大理想及宽广的格局。凭借 BBC 世界广播公司这艘"巨轮"放眼全球，联通世界各地观众，扬起理想的"风帆"，激发受众参与，献言献策以建设美好国家，解决当下共同面临的问题。

1. 报道理念

对于以往专注于戏剧性表达及负面问题为中心的报道手法，BBC 听众普遍反映厌倦。由于这类新闻很少关注正在起作用的事情，其选择、编排和讲述故事的方式，让观众对世界产生歪曲的印象。根据 BBC 最近的观众调查，在英国，有 51% 的 16～18 岁的人和 47% 的 19～24 岁的人"同意或强烈同意"希望新闻能提供解决方案。在发展中国家，这一数字甚至更高：75% 的印度人、78% 的尼日利亚人和 82% 的肯尼亚人希望他们的新闻能够提供解决方案，而不仅仅是问题[①]。因此，BBC 的建设性新闻项目是各国听众"民心所向"的结果。

BBC 的建设性新闻理念与 BBC 世界广播公司编辑合作主管艾米丽·卡斯瑞尔（Emily Kasriel）密切相关。艾米丽是 BBC 世界广播公司的合作伙伴和特别项目"论坛"（The Forum）负责人，是 BBC 创办于 2008 年的旗舰品牌，倡导解决方案导向的新闻制作。艾米丽·卡斯瑞尔在 BBC 学院发表的一篇博客《介绍一种新的新闻工具：以解决方案为中心的新闻学》中提到，"BBC 新闻报道可以描绘出一幅更全面、完整的（世界）图

---

① Emily Kasriel. 2016. "Why We Need Solutions – Focused Journalism." Accessed August 31. http：//www. bbc. co. uk/blogs/academy/entries/be8991c7 – c1c7 – 42e6 – a371 – f40278838fa2.

景，从而更准确地报道世界。而为做到这一点，需要解决方案为中心来驱动的新闻报道，简称方案聚焦新闻（SFJ，Solutions – Focused Journalism）"。方案为中心的新闻报道不是被社交媒体上广泛分享的积极或"好消息"的故事集合或是公告栏末尾的"最后"条目，用来激励人们并缓解情绪的；而是采用翔实的数据、借鉴他地成功的经验，严谨的报道对问题的反应，着重点放在如何、是否能够解决这个问题以及所提出的解决方案如何运作；不赞同提出任何特定的解决方案，而是要报道对问题的回应以及问题本身——不仅要看发生了什么，而且要设法改善未来，以切实证据为依托论证事实，尊重事实不冒进，若不存在某种情况，比如解决方案提得时机过早，也忠实告知听众，同时解释一切解决方案的局限性①。

值得注意的是方案新闻并不鼓励观众成为积极分子，而是改变其一贯被动接受者的形象，群策群力促进问题解决。至于方案的效果，可以参照医学随机对照试验的标准化流程来严格评估社会项目并使其规范化，但目前为止尚未形成规范。对于 BBC 来说，方案为中心的新闻报道范式只是使其讲述更有力量的工具之一，而 BBC 本身的角色只是"方案"的叙述者，并非越俎代庖提出方案或是成为推动变革的倡导者，其目的也并非如影响力新闻（Impact Journalism）那样旨在提高人们的认识并激发行动，以创造一个更美好的世界，因此，也不会通过测量在电视或网上观看 BBC 方案新闻作品而采取行动的人数来评估其成功与否。此外，方案新闻并不适用于所有故事的讲述。但是通过建设性新闻这种叙述方式，可对世界图景进行更加细致且更具代表性的描绘与突出，这有助增强受众的力量。

2. 主要议题及构成

BBC 的建设性新闻项目按启动时间的先后排列分别是非常规节目六

---

① Emily Kasriel. 2016. "Introducing a New Tool for News：Solutions – Focused Journalism." Accessed August 30. http：//www. bbc. co. uk/blogs/academy/entries/f58f050c – 91dd – 4469 – 8af3 – b3ecfc72a0e7.

部系列之"我的完美国家"（2016.2.4）、常规节目"改变世界的人（世界妙招）"（2016.11.19）及最新系列节目"跨越鸿沟"（2018.4.23）。其中"我的完美国家"与"跨越鸿沟"议题指向较为明确，前者聚焦于世界各个国家面临普遍存在的问题的成功经验、教训及相应解决方案，并研究它们能否在其他地方被采纳，并依此建立一个完美国家的蓝图；后者议题指向较前者而言相对宽泛，对因政治、宗教、种族、阶级、年龄等不同而引发的各类分歧进行聚类报道。"改变世界的人（世界妙招）"议题最为宽泛，该节目关注全球面临的挑战及相应的解决方案，涉及健康、环保、无家可归、教育等领域。

（1）我的完美国家

系列节目"我的完美国家"属于"指南针（罗盘）"（The Compass）栏目下的子栏目，"我的完美国家"① 节目内容主要分布在两大板块之中，分别是专栏"观众的需求"（on demand）与"剪辑"（clip）。前者共21集音频专辑（页面标注24集，但实际为21集，基本上除个别专题外，每集时长27分钟），具体内容见附表4-1；后者以视频或音频形式展现，内容一部分取材于音频专辑，共16个片段，每集大概1~3分钟，具体内容见附表4-2。

总而言之，"我的完美国家"的议题主要聚焦于世界各国在民生、社会管理、经济、文化生活、健康、科技、环保等各个方面的成功经验，并定期对各国经验及其相关案例进行汇总与讨论。与此同时，注重对议题的开发，比如"剪辑"的大部分内容来自主议题；从议题来源看，观众的需求与意见很大程度上决定了议题的选择，编辑部在此作用更多是议题的"审核者"而非"设定者"，最终议题的设置可以看作是双方"协商"的产物。

---

①　The Compass. 2018. "My Perfect Country." Accessed October 16. https：//www.bbc.co.uk/programmes/p03gsc50.

（2）改变世界的人

"改变世界的人"①〔前期名为"世界妙招"（World Hacks）〕作为BBC 世界广播公司重点建设性新闻项目，在节目主页上共有三个板块，分别是"剧集""剪辑""播客：那些为世界提供解决方案的人们"。其中，专题集截至 2018 年 10 月 16 日共有 99 个音频专辑，时长大多是 20 分钟左右，以民生议题为主，以"小"的切入口展现并解决"宏大"的社会议题，涉及经济、居民生活、科技、环保、道路安全、健康、医疗等方面，具体如附表 4－3 所示。"世界妙招"的第二个板块是"剪辑"，该板块共有 99 个视频专辑，时长为 2～5 分钟，内容绝大部分取材于第一个板块"剧集"，选取"剧集"的某个分议题进行讲述。第三个板块"播客"与第一个板块内容一致，区别在于"播客"上的内容可以下载。

（3）跨越鸿沟

"跨越鸿沟"作为 BBC 最新建设性新闻项目，以弥合各阶级、种族、年龄、民族矛盾为己任，正如其栏目口号宣称的那样，"世界似乎比以往任何时候都更加分裂，如何发现人民、组织和他们用来弥合分歧、拉近我们之间距离的技术"，具体而言，节目主页将主体内容分为四个板块，分别是漫画系列"如何在充满敌意的世界中聆听——与您有不同想法的人的沟通小贴士"；专题及视频"在两极分化的世界里如何建立连接"；视频及节目"那些试图把世界联结在一起的人和组织——以及如何做到这一点"；民意测验"欧洲比以往任何时候都更加分裂——大多数欧洲人认为他们的国家比 10 年前更加两极分化"，该篇深度报道对欧洲、拉丁美洲国家的人民在民意调查基础上，提出严谨的数据报告。"专题及视频"②剔除与"漫画系列""民意测验"的重合内容，截至 2018 年 9 月共制作 30 个，其中视频（包含图文报道）20 个，时长大约为 2～5 分钟，音频

---

① BBC World Services. 2018. "People Fixing The World Podcast." Accessed October 16. https：//www. bbc. co. uk/programmes/p04d42vf.

② BBC News. 2018. "Crosssing Divides." Accessed October 16. https：//www. bbc. com/news/world－43160365.

（只有音频）2 个，图文报道（只有图片与文字）8 篇，具体内容如附表 4-4 所示。

从附表 4-4 可看出"专题与视频"该板块议题围绕世界各地的宗教分歧、欧洲难民危机与社会融入、巴以冲突、政治分歧、民族矛盾、年龄代沟问题展开。最后一个版块"视频及节目"剔除与"专题与视频""漫画系列"的重合专题内容，共有 9 个专辑内容。具体内容如附表 4-5 所示。该板块议题与"专题与视频"大概相似，增添了心理及社会实验内容，以音频内容为主，视频为辅。

3. 新闻报道结构及风格

三个建设性项目延续 BBC 一贯严谨、客观、中立的报道风格，以视频或音频为主要播报形式，辅以图文报道。下文以项目"我的完美国家"的专题报道《我的完美国家：挪威》为例来一览该节目的风格。音频节目为 26 分钟，节目开头便点题，"挪威是如何使得囚犯在欧洲再犯罪的比率保持最低的"，随后以具体的数据作为支持进行佐证并揭示原因，"挪威司法系统认为剥夺公民自由的处罚已经足够了，囚犯应尽可能地过上与正常社会相似的生活。因此，在狱中向囚犯提供高质量的教育以及工作机会、以使其获得精神健康支持，并通过自己做饭保持自给自足"。接下来是挪威所采取的基本措施，包括监狱看守方面人性化，训练狱警，鼓励他们与囚犯待在一起；政府引进顶级建筑师，重新设计监狱，减少囚犯之间的紧张或冲突。囚犯被释放后，在重新融入社会方面，社会给予相应支持，为其住房和就业提供帮助。同时，节目末尾引入反对声音，"这项政策并非没有受到批评，一些批评者认为挪威的监狱太豪华了，还有人质疑为什么挪威需要在 2015 年租用荷兰监狱的空间"。总而言之，该篇报道新闻要素齐全，不仅展示了问题的缘由，问题的解决和操作细节，还呈现了社会对此正面，如"最人性的监狱""挪威囚犯的再犯罪率低"，或负面的回应，提及方案的局限性及经验教训，"本可以把钱投放在教育、医疗等领域，使得犯罪在源头就被掐灭"，对监狱系统的费用去向存疑，提出对如何保证纳税人的钱不被浪费的担忧，并以相应数据及专家意见进行佐证，如对于投入的资源与再犯罪之间关系提出严谨的数据支撑，提及两者无明显关联，并举例美国，该国 GDP 全球最高，但再犯罪率也高；最后指出就业率与再犯罪率之间的相关性，但是不急于下定论，而是作出客观严谨的表述，"就业本身无助于阻止再犯罪"。

取材于该专题的视频剪辑《这是个"豪华监狱"吗?》，时长共计 1 分 18 秒，相比于该专题的音频节目内容显得"短小精悍"。节目开头是一张女狱警林恩·马加雷思·安德烈森站立直视前方的图像，接着镜头转向监狱囚犯弹奏吉他的画面，下方字幕显示"挪威哈登监狱通常被称为世界上最人性化的监狱"，在吉他声中传来同期声与监狱室内设计及旁白，"我们没有栏杆，且有窗户，你会感觉自己是被当作人一样对待，而不是（被禁锢的）动物，我认为这非常重要"；随后画面切换到做面包、肉馅的画面，字幕显示，"在挪威，狱徒尽可能过着接近正常人的生活，做饭、学习、工作、弹吉他"，之后画面转向人手持工具电焊场景，伴有同期声"对于一些人而言，这是他们第一次有机会接受教育"。随后狱警林恩介绍道"因此，对于他们而言，这不是'再形成习惯'，而是'开始形成习惯'"，"我们所有的措施都是基于为出狱重新做人、生活做准备，我认为这是哈登监狱成功的原因"。视频末尾是一组监狱画面并配有字幕，"挪威有世界上最低的再犯罪率，但是并非无质疑之声"，接着同期声响起，"很多人愤怒的原因是他们认为这是个奢侈的监狱，但是如果你一旦开始建造新的事物，就会舍弃旧的，确实罪犯该为其造成他人伤害的行为买单，但是我们应该聚焦于人本身，为何这件事会发生，我们该如何做使得同样的行为不再发生。受害者可能是你我的邻居，我们想尽可能地产生正面的影响"。与专题报道《我的完美国家：挪威》相比，该视频剪辑内容较为"浓缩"，突出对方案正面的回应，即挪威监狱人性化的一面，并以监狱室内的"温馨"设计及狱警林恩的表述作为佐证；负面的回应在视频末尾略有提及，而"否定"的目的在于"烘托"该方案正面影响。同时，全程叙述的视角单一，只有方案的执行者——狱警，证据支持方面略显薄弱，对于方案的局限性也未提及。但是，对于一则 1 分 18 秒的剪辑而言，时长决定了其叙述不可能包括太多视角或铺陈过多细节，总体而言，该报道以解决方案为中心，以社会对问题的回应为重点展开叙述，符合建设性新闻的基本要求。

除了音频与视频报道外，大型专题的策划也是 BBC 报道的重要组成部分。专题"数字技术能为你们国家做什么"，以数字技术与国家发展关系为视角，将该议题分为六个板块，分别是"导言""科技如何彻底改变了国家""爱沙尼亚：启动中心""物联网""哪个国家是第一个""下一个在哪里"，以图文、视频相结合方式进行延伸报道。"导言"如同文字新闻的导语，介绍新闻梗概，引出话题，"数字技术已经改变了我们在私人和公共场所的生活方式，政府也越来越意识到在网络上提供公共服务的好处。但这对公民有利吗？新技术提供了许多潜在的未来，但这些未来如何对每个人都是可持续的、安全的和繁荣的"。第二个板块以喀麦隆、英国、韩国、以色列这四个国家为例，分别代表科技落后的发展中国家、老牌的西方发达国家、东亚强国、科技巨擘，介绍数字技术在这些国家的现状、应用及对经济、社会发展的影响。首先是喀麦隆，由于铺设了 IT 基础设施，该国的通讯、移动业务、数字应用快速发展。例如使用手机跟踪病人，并提醒他们预约和接种；农民获取信息，提高土地的生产力，最终提高收入；移动电话"呼号"业务也相应蓬勃发展。其次简要介绍了英国的"超高速"宽带及网络安全启动方案；再次是韩国，该国第一个启用 5G 方案并做到高速网络全覆盖；最后介绍了"创业之国"以色列，如持续 20 年将医疗记录网络备案、90 年代早期便启动计算机高中教育计划及课外编码俱乐部等的普及，使该国在信息科技领域保持领先地位。第三个板块"爱沙尼亚：启动中心"重点介绍了爱沙尼亚政府开创的数字革命给整个社会带来的影响与改变，从电子身份、数字治理到隐私保护与数字信任，但是网络社会的代价是产生了数字鸿沟，年长者、低收入人群某种程度上被排除在外。第四个板块是视频资讯"物联网"，由英国伦敦大学学院全球繁荣研究所（UCL institute for global prosperity）教授马克·米奥多尼克（Mark Miodownik）讲述，时长为 2 分 30 秒，内容包括何谓物联网，以形象口吻进行阐释"物联网是人机的对话"；物联网对日常生活、公共政策、医疗等领域的积极影响，如告诉你牛奶快喝光了，管理日常生活；同时提及负面影响如侵犯隐私，操控人类行为等。第五个板块是趣味问答，该部分内容在"新闻制作"板块详细叙述，故不再赘述。第六个板块是对下一篇专题的介绍。

　　与"我的完美国家"相类似，节目"改变世界的人"（世界妙招）内容也是由音频剧集与视频剪辑组成。不同是前者国家视角较为宏观，后者聚焦政治、经济、社会、文化等诸多方面，切入点较为微观具体。例如音频节目《为什么百万人都听这个女孩的？》（2018.8.7），时长 23 分，讲述伦敦地铁招募了一名 9 岁的儿童播音员播报安全信息，提高乘客关注度的故事。音频节目开头是"小播报员"的自我介绍，伴随介绍声响起节目主播及伦敦地铁的同期声，"这是'社会推动理论'（social nudge theory）的应用"，小女孩播报声音再次响起，"请注意乘梯安全，扶好扶手及保管好自己的行李"，随后切成节目主播介绍，"社会推动理论是通过细微调整环境，微妙地说服大多数人改变其行为的艺术，以供人们更好决策；这种推动可通过经济策略进行调整，如提高咖啡杯的价格以减少一次性纸杯的浪费；今天世界妙招关注的主题是推动的力量"，在简短的节目介绍后，引入正题"社会推动理论"，并邀请推动理论的专家到场解说，随后专家与地铁同期声响起，"请跟我们到达地下广场了解推动理论的第一个应用"，在地铁广场熙熙攘攘的轰鸣声中，专家介绍道，"伦敦地铁每天搭载百万名乘客，他们希望能有一种声音脱颖而出，抓住乘客的注意力"，小播报员此刻"登场"做安全播报，专家随后介绍道，"这个九岁的女孩叫梅根，过去的 6 个月都在做播报"，并采访了小女孩梅根、地铁管理员、乘客对此的回应，"成功吸引了乘客的注意"，"孩子所说的话容易引发关注，非常好的想法"；接着节目谈到了"声音心理学"，即不同声音引发人们不同心理反应，访谈了相关专业人士及其团队，"孩童的声音让人感觉温暖、柔弱，使人们更易关注到所说的信息"，详细介绍了推动理论的由来、内涵及在行为科学的应用，对于健康、人民福祉的积极推动作用，以专业视角解读推动理论。除了梅根的例子外，还以校园提高咖啡杯的价格及差别化的咖啡销售价为例阐释推动理论在环保领域的应用，节目以具体的数据分析了提高价格与减少浪费两者的相关性，并采访了学生对此的回应。总之，该篇报道以解决方案作为新闻报道的核心，报道了社会对此的回应，并提出相应的理论根据，同时佐以专家的解读，全面深入地揭示了何谓"推动理论"以及如何用它来解决实际问题。

取材于该音频节目的视频剪辑《为什么百万人都听这个女孩的建议?》时长共 1 分 58 秒，节目开头是伦敦地铁站内外熙熙攘攘的画面，主持人同期声响起"伦敦地铁站有一个问题，每月都有 15 人在自动扶梯上受伤，但是一个令人惊讶的解决方案已浮出水面，等一下呦"，随后镜头切到一个小女孩上，字幕介绍道，"梅根，维多利亚地铁站的安全播报员"，"她的父母在车站工作"，镜头随后落到梅根父亲上，该父亲说道"我对同事说我妻子把两个孩子带过来，在我下班后与我见面，我妻子说要不让孩子试着播报扶梯安全信息。我知道梅根对表演有些兴趣，所以她肯定喜欢这么做"，之后转到梅根播报的画面，下方配有字幕"录出完美的播放效果需要几次尝试"，接着主持人采访梅根，梅根面对镜头答道，"刚开始我很紧张，但做了之后发现，还可以"；画面接着转接到地铁，主持人介绍道，"每天 25 万人使用维多利亚地铁站"，随后出现乘客回应，"一下子吸引了你的注意，你会想，发生了什么，这是一个好办法""当孩子说些什么的时候，我们会关注到"，以及专家的回应，"人们认为厚重的声音更具权威性，孩子的声音没有权威性，但这或许是死穴"；随后主持人同期声响起"梅根已经在车站播报了 6 个月了，伦敦交通反映扶梯上受伤的人数几乎下降了 2/3"。节目末尾记者询问了梅根，"你认为成年人听孩子的话够多吗?"，梅根答道，"不，我认为他们该更多听孩子们的话，因为有时孩子是对的"。该视频剪辑相较于前面音频节目，整体节奏轻快许多，不再板起面孔"训教"于听众，而是营造出一种愉快的氛围，重在方案执行者及社会对该方案的回应。

BBC 的最新建设性新闻项目"跨越鸿沟"的筹建是在严谨的数据报告基础上的，根据益普索公司莫里调查项目（Ipsos MORI）在 27 个国家开展的社会分歧认知调查显示，3/4 的被访者认为他们所在的社会分裂，比十年前更甚，尤其是在欧洲。不同的政治观点是主要原因，其次是贫富差距。但是全球 2/3 的大多数人都认为，世界各地的人有更多的共同点，而不是分歧[①]。如此一来，为节目"跨越鸿沟"提供了科学数据支持，打响了前站。

就节目的报道风格来看，"跨越鸿沟"与前两个节目相似，从报道形式来看，视频、图文相结合的综合深度报道更为常见。例如 2018 年 4 月 27 日《跨越鸿沟：土耳其学校帮助叙利亚人融入社会》，该则报道以图片、文字、视频等多媒体手段进行新闻报道。首先，文章导语介绍了新闻背景，"随着数以百万计的叙利亚人在逃离冲突时涌入土耳其，他们的家园四分五裂，学校正处于争取让新来的人融入社会战斗的第一线"，之后以具象化的细节描绘铺陈主题，描述了塞希特·卡拉伊兰学校的操场上一片欢腾的场景，画面感十足。随后介绍现状并以直接引语引述了一个叙利亚女孩的回应，"我真的很喜欢这所学校。我读书，学习，还有很多土耳其朋友……我在叙利亚没有朋友，这里像家一样"。在该段文字的下方配有学生簇拥老师团团坐的图片，图片下方一行字幕解释道"大约 1 650 名学生就读塞赫特·卡拉伊兰小学，其中近一半是叙利亚人"；接着是对该现状的补充说明，介绍了该项目是"促进叙利亚儿童融入土耳其教育系统"新项目的一部分，耗资 3 亿欧元（合 3.65 亿美元），由欧盟提供资金。随后将视角转向融入计划的执行者及参与者，即教师与学生，以 Muhammed Ali Cinar 教师的教学经历、以叙利亚儿童的创伤与恢复经历以及叙利亚儿童和土耳其儿童家长之间的互访来"回应"该方案的效果。在文末提到了对该融入计划的质疑与反对声音。整篇新闻报道围绕问题的

① Ipsos MORI. 2018. "BBC Global Survey: A World Divided?" Accessed April 23. https://www.ipsos.com/ipsos-mori/en-uk/bbc-global-survey-world-divided.

回应（或正面或负面）展开，对解决方案的局限性有所提及，为他国解决难民融入提供可资借鉴的样板。

除了文字外，该则报道还配有相应的说明图片以及一段叙利亚儿童学习土耳其语和上课的视频剪辑，视频开头是两方儿童击掌的课堂画面，场面活跃，下方配字幕"同在一个班，无边界而言"；随后镜头切向一个土耳其儿童艾瑞芙的采访画面，"做朋友是更好的选择，叙利亚人和土耳其人没有什么不同"，下一个镜头转向叙利亚儿童埃，埃谈到"我已经学会在学校表现良好，并学会了阅读，这感觉非常棒"；之后镜头转向学校操场两方学生亲密接触的画面，下方字幕飘过，"在加齐安泰普的塞希特·卡拉伊兰小学，学生学会了解彼此，这是欧盟基金支持的融入计划的一部分；混合制的学校代替了只有叙利亚人的学校，（有利于）融合两个民族"，随后镜头转向两方儿童一同上课的场景，并配字幕"叙利亚儿童学习土耳其语，这样他们就能参加其他混合课程了"；接着记者采访了教师穆罕穆德，讲到叙利亚儿童在看到飞机冒烟后的恐慌；之后镜头转向集市，介绍叙利亚有350万难民，大多数人受到热烈欢迎，但在一些地区，叙利亚人保持与世隔绝状态，很少融合，并列明问题，"国际危机组织的一份报告说，土耳其人和叙利亚人之间的暴力事件在2017年增加了三倍"，因此更需同化，而混合学校项目旨在从早期消除歧视；最后是一群混合制学校孩子挥手的画面，下方配字幕，"出生在土耳其的叙利亚这一代称这里为家"。总而言之，该段视频与文字报道相呼应，是对文字报道的补充与强化，具象化的细节呈现与画面表达增强了感染力。

4. 新闻来源与制作技巧

BBC的新闻节目以准确、客观、严谨著称，信源多元，多方验证以保证信息真实、可靠。例如在《我的完美国家：挪威》这篇音频报道中，不仅有方案提出者、实施者及受影响者，即监狱管理方（狱警）与囚犯的声音，还有第三方如治疗师、建筑师、社工、教授的声音，各方就"奢华"监狱展开讨论，以事实、数据、研究报告为依据，提出各自意见。

例如，教授谈到，"囚犯犯罪了就该受到应得的惩罚，但他们也是社会一部分，需要重返社会……挪威在监狱花费是美国的 3 倍……"；而囚犯也谈到出狱后难以跟上社会步伐，需要与社会建立一种连接。

从栏目制作来看，BBC 的三个建设性新闻项目风格类似，主页左上方的中心位置皆是对该节目的介绍，包括节目标识（logo）、宣传语（slogan）、配图；其中，节目"我的完美国家"与"改变世界的人"的菜单栏均设置"音频剧集""视频剪辑""播客"这三个按钮，单击便可进入相应的音视频播客内容界面，且两个节目的主页中心位置皆放置最新的音频节目及全部剧集的超链接，页面右方是节目播放时间及上集介绍与下集预告；节目"跨越鸿沟"则将音视频内容混合在一起，主要设置"节目"（Programmes）、"专题"（Features）这两个按钮，内容根据不同类型分放在两个页面中。从具体视频节目制作来看，信息设计较为醒目，大号字体的字幕及对重点词语，如"方案"等的标黄，突出了关键信息，有利于吸引观众注意。

从专题策划与制作来看，节目"我的完美国家"与"跨越鸿沟"的专题报道颇具特色。前者"我的完美国家"形成两个专题报道，其一是"专题：我的完美国家的想法和意见"，下方标注着"关于如何建设一个完美的国家的高见"，读者可点击"阅读专题"以详细了解，具体内容有五项，分别是"电子知识、云智能""哥斯达黎加－环境领袖""哥斯达黎加的低碳城市未来""非洲自杀的发现""全球卫生解决方案"，点击进去是具体的专题图文视频介绍。其二是专题"数字技术能为你们国家做什么"，在该文字下方是"探索指南：数字技术"的超链接，点击便可进入该专题界面。具体内容介绍在"新闻报道结构与风格"中已有介绍，不再赘述，重点看该专题的制作特色。首先，该专题的菜单栏设计较为合理便捷，整个专题分为五个板块，点击便可进入对应内容区；在第二个板块"科技如何彻底改变了国家"中是四张人物图片，在图片中镶嵌标有国家名的白色小方块，点击便可查看技术对这些国家影响的相关信息；其次，设置了趣味问答环节，第五个板块"哪个国家是第一个"，下方是标有"互联网浏览器""4G""宽带合法权利"这三个选项的三张图片并内嵌"选择"（choose）按钮，点击出现对应的答案及介绍，"美国，根据吉尼斯世界纪录，NCSA Mosonic 是世界上第一个互联网浏览器，由伊利诺伊大学的研究人员于 1993 年制作""瑞典，世界上第一个 4G 无线服务于 2009 年在斯德哥尔摩和奥斯陆推出""芬兰，于 2010 年通过并颁布了法律。2009 年，法国还宣布宽带是一项基本人权"。

后者"跨越鸿沟"的漫画系列专题独具特色。漫画系列"如何在充满敌意的世界里被聆听"，共有三个大议题"控枪""代沟""融入"，该板块以繁体中文形式呈现，以具体角色带入的方式讲述如何控制枪支、弥合年龄鸿沟、使得叙利亚难民融入土耳其。例如在"控枪"中，抛出问题，"枪更多我们是否就更安全"，设置了互动游戏，受众可以选择角色或是拥有枪支的"夏琳"或是来度假的"阿金"进行互动体验，做一场困难对话，结尾处栏目组给受众反馈，评估对话进展情况。具体操作是如果选择"夏琳"，点击进去便是一个对话界面，"阿金"头像发来消息，"嗨，你好。看到你带着枪呢。美国这么多人有枪，我很吃惊。为什么买枪这么容易？"，页面下方是"夏琳"的头像，显示着"选择回复"，点击出现三条消息可供选择，分别是选项一，"噢，甜心，别担心。如果买枪更难，等于是制止别人保卫自己的财产。绝对不会有这样的事"；选项二，"这是美国，自由的国家。宪法规定我们有持有、带枪的权利，你永远不可能说服我们放弃这个权利。领导人想禁枪，结果总是很糟糕"；选项三，"嗨，阿金！我是夏琳。欢迎欢迎。真可能有点让人摸不着头脑，没关系。卖枪需要有执照。也许并不会让你吃惊，但是我们这儿的人都坚信，我们有持枪的权利"。如若选择了选项一并发送消息，即刻收到"阿金"回复，"噢，我是这么看的，人们有买车的权利，但是必须要去学开车。考虑到美国死在枪口下的人数这么高，难道不该教人们如何用枪吗？"接下来进入和上回同样环节，"选择回复"，又出现三个选项，选项一，"你就是搞不懂是不是？在游泳池淹死的孩子比被枪打死的孩子还多，你不会取缔游泳池吧。你不会制止有枪的人自卫、不被抢劫吧……"；选项二，"我承认，禁止速射连发长枪可能是个好主意，但是，我仍然要捍卫宪法。我父母有步枪，爷爷奶奶门旁边摆着气枪。这是我们生活方式的一部分……"；选项三，"噢，拜托啦，枪不过是工具，就像锤子、刀子一样，枪是美国生活方式的一部分。可能用于好事，也可能用于坏事，管控无助于事。就算你禁止守法公民持枪、你仍然禁止不了犯罪分子"；这次如若选择选项二发送消息，"阿金"回复如下，"那么，我们都同意，禁止速射连发枪是好事，但我还是认为，买杀伤力强的枪仍然太容易。我想知道你是不是认为那种军用型步枪是不是也应该被禁止？"；再选择回复，仍出现三个选项可供选择，如此循环往复进行"艰难"对话。由此可见，此互动游戏模拟了真人互动聊天的场景，将受众带入到具体角色中，而在对话中，或进行激烈交锋或进行温和对话，言辞或是直接鲜明，或是含蓄内敛，而选择不同立场、措辞、倾向决定了对方的回应以及谈话的"走向"。最终在 6 次一问一答中，结束本场对话，结尾亮出黄色标语，"阿金和夏琳可能并没有改变世界，但是短短一瞬间，我感觉他们认真听了，了解了对方的看法"。

　　栏目组在页面底端设置了本次对话的进展情况，对夏琳发送的消息进行了针对性的点评，提出意见与建议，提出赞赏或反对，并以不同色框表示，绿色框表示赞赏，红色框表示较为赞赏，而黄色框表示不赞同。例如，对第一条消息评论道，"把你的看法表述成个人观点，而不是确凿事实可能更好（我看是这样的……，我觉得……）。试着表示对对方的看法感兴趣（你怎么看……）"；同时，对于一些偏激的言辞进行了批评指正，例如第三条消息是"那些已经流散在社会中的枪怎么办？难道你真想把好几百万遵纪守法的持枪人都变成罪犯？你提着口袋挨门挨户去收缴吗？"对于该消息，评论提出批评建议，"这是一个很有挑衅性的回答，并且也夸大了对方的说法（难道你真想把好几百万遵纪守法的持枪人都变成罪犯？），这样的套话其实也反映出你个人的观点。最好避免此类质疑，除非是说'你怎么看……'"总而言之，通过此次对话，引导受众表达不同观点，同时对偏激言辞予以引导，以建立理性、平等、融洽地对话环境与氛围，弥合社会分歧，促进相互理解。在页面的最下方是"另一个视角"，即选择角色"阿金"，即支持控枪一派，开启谈话，流程同上。

（三）传播模式

BBC 自创办之初就非常重视对新兴技术的应用，例如广播与电视技术发展就与 BBC 密切相关。目前 BBC 旗下拥有电台、电视台以及包括社交媒体在内的网络媒体等多个信息传播渠道。同时作为世界上最大的公共媒体机构之一，BBC 早就在 1968 年即开始建立听众俱乐部与受众进行信息交流[①]，与公众保持紧密联系也是 BBC 的目标之一。

1. 传播策略与平台

BBC 建设性新闻频道奉行多元传播策略，除广播、电视传统媒体外，1997 年 11 月正式推出官方网站，自 2006 年开始在第三方视频媒体平台如 YouTube、Flickr 等投放节目，如今 Facebook 与 Twitter 是 BBC 的主要社交媒体阵地。在"我的完美国家"与"改变世界的人"的主页的菜单栏上均有 Facebook 入口，分别是"BBC 世界广播公司 Facebook 官方账号"以及"改变世界的人"的 Facebook 官方账号，且在"改变世界的人"主页上还有"联系我们"的按钮，点击显示"改变世界的人"的电子邮件及 Facebook 账号。在具体的文章页面，标题下方都有"Facebook""Twitter""邮件""分享"按钮供受众分享至各社交媒体平台。具体而言，三个建设性新闻项目都在第三方的社交媒体平台有官方账号，三个节目都在 YouTube 设有节目播放页面，其中"我的完美国家"与"改变世界的人"分别在 Twitter 与 Facebook 上设有官方账号推送节目文章。

同时在一些深度报道中，栏目文章内部设置诸多超链接，点击可深入

---

① 李文：《社交媒体与 BBC 新闻原则和实践》，《全球传媒学刊》2017 年第 2 期。

阅读相关专题或是进入某些公共机构页面，在这些公共机构主页上可以找到 BBC 相关报道，例如在"解决方案学院"①（Solutions U）列有 BBC 节目"我的完美国家"若干篇文章，同样在该节目的伙伴方"伦敦大学学院全球繁荣研究所"②（UCL institute for global prosperity）主页上专门开辟了一个板块介绍 BBC 世界广播公司的"我的完美国家"，并附有节目直达链接。"亨利埃塔·摩尔（Henrietta Moore）是 BBC 世界广播公司下载量最多的节目"我的完美国家"第二季的联合嘉宾。更多关于该节目和剧集的信息请点击这里"。同时，鉴于该系列节目如此受欢迎，全球繁荣研究所还制作了"使我的国家完美无缺③"（Making My Perfect Country）的官方网站来宣传并深入探讨"我的完美国家"的相关议题。本期有 5 个国家，分别用大幅图片加以展示，图片中央是国家名及议题，"卢旺达，性别平等""古巴，飓风准备""德国，难民融入""挪威，再犯罪率""尼泊尔，妇女权利"；在图片下方是两个按钮，分别是"再听一遍这一集"与"从我们的专家那里听到更多"，点击前者进入 BBC 相关节目页面，点击后者则可看到专家学者对该议题的解析。例如对于第一个议题，卢旺达的性别平等问题，可看到伦敦大学学院全球卫生研究所讲师 Jenevieve Mannell 的研究报告。往期节目共有 12 个，议题与 BBC "我的完美国家"相一致，分别设有专家评论板块。此外，在 UCL 的 Facebook 官方账号上，也有对"我的完美国家"的介绍、文章转发与评论。一些新闻研究网站如"波音特"（Poynter）等机构对于 BBC 的这三个建设性新闻项目也各有介绍，这些来自第三方公共机构及组织的"免费广告"无形中帮助节目扩大了知名度，提高了影响力。

---

① SolutionsU. 2018. "Search for BBC." Accessed October 16. https：//solutionsu. solutionsjournalism. org/search? page = 5&q% 5Bfull _ text _ on% 5D = false&q% 5B publications% 5D% 5B% 5D = 264.

② UCL Home. 2018. "UCL Institute for Global Prosperity." Accessed October 16. https：//www. ucl. ac. uk/bartlett/igp/.

③ Making my perfect country. 2018. "home." Accessed October 16. https：//makingperfectcountry. org/#makingmyperfectcountry.

2. 用户反馈

与公众建立紧密联系是 BBC 公共服务的目标之一，从早些年间的听众俱乐部到如今社交媒体平台，与公众建立联系的方式虽然在发生变化但理念从未改变。目前，BBC 世界广播公司主要通过三种方式与公众建立连接：其一，通过电子邮件、Facebook 或 Twitter 进行信息反馈；其二，通过联系电台节目"交给你了"（Over To You）来反馈对节目的看法；其三，加入 BBC 全球思想（BBC Global Minds）在线讨论论坛。第三方社交媒体平台如今成为媒体拓展其信息传播渠道与收取用户反馈的主要方式，BBC 世界广播公司在 Facebook、Twitter 上分别建有官方的媒体账号，以推送资讯，并与受众建立联系。如节目"改变世界的人"在 Facebook 开辟有直属的官方账号，该节目的内容也同步推送到 Facebook 平台上，每条信息的推送后几乎都有用户对节目的反馈与意见。如对 Facebook 上"改变世界的人"的宣传片，有 52 人做出评论，66 人分享，1.7 万人浏览。在该条推送下 Facebook 用户们大多数给出了积极的评价，用户名为"Michael Osborne"评论道，"节目精彩，想法不错"；还有用户向"改变世界的人"节目组"爆料"，用户名为"Coen Bakker"提到了"废物转换"（The Waste Transformers）这条线索，"改变世界的人"在该条评论下即刻回复道，"嗨，科恩，听起来很有趣，谢谢，我们会跟进的"。诸如此类的线索与爆料不胜枚举，通过与用户的互动，既丰富了节目来源，又建立起紧密联系。与此同时，节目的"发烧友"（忠实粉丝）理查德·卢卡斯（Richard Lucas）在 Facebook 上创办了"BBC 改变世界的人讨论与分享俱乐部①"官方账号与在线粉丝群，以联络志同道合的朋友并转发、分享系列节目。

---

① Richard Lucas. 2018. "Interview with Harriet Noble – > BBC World Hacks Producer." Accessed February. https：//www. facebook. com/groups/349983405471306/.

除了借助"第三方"外，BBC 还专门设置了"交给你了①"节目，来收集用户反馈。在该节目主页面上有若干音视频，这些节目不是由专业记者制作，而是由公民志愿者组成的团队代替记者编辑来"接管"一周并制作出来。在节目主页下方标有联系的方式，"打电话或发短信给我们，你可以通过电话 + 4444960 9000 或通过发送短信 + 447786 202006 对BBC 世界服务和它的节目发表你的看法"。此外，在 BBC 的建设性新闻节目播放过程中，主持人也会提醒受众参与到节目制作中来并提供反馈意见。例如在"我的完美国家"的音频节目播放一半时，会"插播"一段提示，"这里是 BBC'我的完美国家'，无论赞同意见还是反对意见，请及时反馈给我们"，且在节目末尾也会提示或鼓励用户参与其中，例如在《我的完美国家：挪威》末尾主持人插播了"广告"，"希望你加入设计理想的国旗"。除了专门节目外，BBC 还设置了论坛"全球思想②"，方便与受众交流。在该主页上，正中心列有该论坛的标语，"帮助塑造 BBC的未来——加入成千上万的 BBC 用户，让我们知道您对我们的产品和服务的想法，我们需要您的反馈"。在页面设置登录与测验界面、放置"全球思想"的宣传视频，鼓励受众注册成为会员并对受众的意见进行收集。

（四）运营策略

BBC 世界广播公司自 2014 年 4 月 1 日起，改为由许可费资助。在此之前，主要由英国外交部和联邦事务部的赠款资助③。

---

① BBC World Service. 2018. "Over to You." Accessed October 16. https：//www. bbc. co. uk/programmes/p002vsn8.

② BBC Global minds. 2018. "Help shape the future of BBC." Accessed October 16. https：//bbcglobalminds. com/.

③ BBC World Service. 2018. "About World Service radio." Accessed October 16. http：//www. bbc. co. uk/programmes/articles/5nCxH0NlsPtyW8WvJ0rwDJP/about – world – service – radio.

1. 人员构成

BBC 世界广播公司由玛丽·霍卡代（Mary Hockaday）主管，具体三个建设性新闻项目的负责人各不相同。节目"我的完美国家"的团队成员是三个杰出女性，背景各不相同，有主持人菲·格洛弗（Fi Glover）、英国企业家玛莎·莱恩·福克斯（Martha Lane Fox）、英国伦敦大学学院全球繁荣研究所所长亨利埃塔·摩尔（Henrietta Moore），其中，菲与玛莎是节目的主要策划者，亨利埃塔为节目每周定期的客座撰稿人。菲作为 BBC 的资深主持人，是 BBC 第 5 频道新闻和政治报道的著名主播，主持的著名节目有 BBC 第四台"周六现场"（Saturday Live），讲述杰出人物的非凡故事，该节目在 2008 年被评为最佳英国演讲节目。目前菲主持 BBC 第四台的口述历史项目"倾听计划"，该项目旨在"捕捉全国的对话"，并改变听众听广播的方式。

女企业家玛莎是一位行业的变革者，创建了欧洲最大的旅游和休闲网站 Lastminte.com 以及私人卡拉 OK 酒吧，是一位慈善家和开放大学校长。玛莎对科技有极大的热情，她被任命为英国政府的数字包容卫士（Digital Inclusion Champion），致力于提高英国国民的数字素养并提供提高效率的在线服务建议，2012 年，福克斯成立了慈善机构 Go on UK，以帮助完成这一使命，并使英国商业部门受益于新的数字服务。此外，玛莎还是人权、妇女权利和社会正义的倡导者，创建了安提戈尼信托基金，以帮助资助英国其他慈善机构，同时也是 Camfed 的赞助人，该机构致力于通过教育年轻女性，在非洲农村抗击贫困和艾滋病。玛莎曾被列为英国最具影响力的 100 位女性之一。

至于第三位女性亨利埃塔在加入全球繁荣研究所之前是剑桥大学社会人类学 William Wyse 学院教授以及伦敦政治经济学院对外关系研究的副主任。2009 年，她被任命为欧洲研究理事会科学委员会会长，该理事会支持科学家在他们的研究中冒险和挑战已有知识边界。同时亨利埃塔也是英国艺术学院、皇家艺术学会和皇家南极洲研究所的研究员。2016

年，亨利埃塔荣获"社会科学服务夫人"称号①。在主持"我的完美国家"节目之前，亨利埃塔参与了 BBC 世界广播公司的"商业日报"（Business Daily）和"为什么把它列入考虑因素"（The Why Factor）这两个节目制作。

由此可见，"我的完美国家"的三个主创人员无论是知识背景、从业经历还是行业经验来看都非常丰富，菲有丰富的节目主持、新闻节目制作经验；玛莎对各类社会议题如人权、妇女权利都较为熟悉，并且有相关社会资源，为节目运营提供资源支持；亨利埃塔在全球繁荣研究所（IGP）任职，该节目目标与 IGP"通过改变世界各地的决策方式来实现全球繁荣"相一致，且该机构为节目提供在线资源、数据和研究报告②。同时，亨利埃塔既有社会学、人类学等相关学科知识背景，同时也有相关的节目制作经验。因此，三个成员彼此之间形成互补，为节目"完美的国家"提供强大的人员、智力、资源支持。

BBC 的常规建设性新闻节目"改变世界的人"由玛丽·霍卡代（Mary Hockaday）主管，具体负责人分别有节目制作人哈丽特·诺布尔（Harriet Noble）、BBC 语音 + 人工智能的执行编辑穆库尔·德维坎德（Mukul Devichand）、视频记者道格尔·肖（Dougal Shaw）。其中，哈丽特是 BBC 驻伦敦的记者，从 BBC 第四台的旗舰节目"今日"开启记者的职业生涯，经过 7 年成为责任编辑。2017 年初，转入 BBC 世界广播公司"改变世界的人"进行报道与节目制作，对精神健康、家庭和妇女权利报道较为擅长，她的作品得到了《观察家报》《广播时报》和其他诸多报纸的好评，并被选为 BBC 第四电台的精选节目；同时，她也为 BBC 开发其他

---

① The Compass. 2018. "Perfect Country：the Presenters. " Accessed October 16. http：//www. bbc. co. uk/programmes/articles/2hqz4v0MHSBjbjtmZL0mV1H/perfect – country – the – presenters.

② UCL. 2018. "My Perfect Country. " Accessed October 16. https：//www. ucl. ac. uk/bartlett/igp/research/my – perfect – country.

广播项目①。

毕业于伦敦经济学院（London School of Economics）法学院的穆库尔是"改变世界的人"的编辑，是威比奖（Webby award，相当于互联网领域的奥斯卡）获奖节目"BBC趋势"（BBC Trending unit）的原创作者和编辑。穆库尔新闻生涯始于2001年9月11日前后，在开罗的街头为该地区领先的英语周报报道，2003年参与了伊拉克战争报道，并于同年，与他人共同制作了一部获奖的纪录片"俘虏观众"（Captive Audience)②；2004年在电视连续剧"全景"（Panorama）工作三年，后来成为BBC广播电台第四频道（Radio 4）系列纪录片《穿越大陆》（Crossing Continents）、《分析》（Analysis）、《报告》（The Report）最年轻的声音之一；穆库尔对孟买拆除达拉维贫民窟计划的报道在2009年得到世界认可，当时他与《穿越大陆》制片人约翰·墨菲（John Murphy）一起获得了享有声望的"世界媒体大奖"③（One World Media Award）。

毕业于剑桥大学的道格尔是"改变世界的人"节目的资深视频记者（Senior video journalist）。自2007年5月道格尔加入BBC工作，是BBC在线新闻（BBC News Online）的技术视频制作人和专题记者。2013年，道格尔被选为视频创新实验室（Video Innovation Lab）的创始视频记者之一，该实验室在Instagram上建立了BBC Trending和BBC Shorts，两个非常成功的数字视频网站。2015年初，道格尔开始在BBC商业新闻（BBC Business News）担任视频创新记者，寻找新的方式为社交媒体制作可共享的视频内容④。2017年1月31日，BBC新闻任命道格尔担负"改变世界

---

① Harriet Noble. 2018. "Harriet Noble, BBC World Service Radio producer of World Hacks, on Solutions Journalism（s4ep15）." Accessed October 16. http：//projectkazimierz. com/harriet-noble/.

② BBC NEWS CHANNEL. 2018. "Mukul Devichand：Biography." Accessed October 16. http：// news. bbc. co. uk/2/hi/ programmes/crossing_ continents/7484099. stm.

③ BBC RADIO 4. 2018. "Mukul Devichand." Accessed October 16. https：//web. archive. org/ web/20110409182258/http：//www. bbc. co. uk/radio4/people/presenters/mukul-devichand/.

④ Dougal Shaw. 2018. "About me." Accessed October 16. http：//dougalshaw. com/aboutme. html.

的人"的视频工作①。

从节目"改变世界的人"的团队成员背景来看，三人均受过良好的教育，具备丰富的新闻从业经验、所擅长的专业领域及傲人的工作经历，这使得他们能发挥各自所长，有能力解决各类复杂棘手的新闻议题，出色完成节目报道与后期推广。

节目"跨越鸿沟"的负责人是 BBC 编辑合作和特别项目主管艾米丽·卡斯瑞尔（Emily Kasriel），早在 2008 年她就在 BBC 运营以解决方案为导向的旗舰品牌讨论类节目"论坛"（The Forum）。该节目关注一些社会议题，注重知识的分享，汇集了来自不同学科和世界各地的杰出思想家，其目的是从高度独特的学术、艺术和文化视角，创造令人兴奋的讨论。

代表作品《孤立》《快乐》《六十秒改善世界》《个人及社会》《什么是欲望及如何抵制》《下一代希望及梦想》《控制健康》《教育的力量》等。如在作品《快乐》（45 分钟，视频作品）中，主持人 Emily Kasriel 提问如何能感到满足并与各界代表展开对话。首先，开宗明义指出世界上越来越多的国家不仅衡量国民生产总值，还衡量国民的幸福指数。其次，各个领域代表发言，美国积极心理学家 Todd Kashdan 认为，好奇是幸福的关键。比利时环境科学家 Eric Lambin 认为，我们可以通过与自然更亲密来丰富生活。而小说家伊娃·霍夫曼（Eva Hoffman）的幸福秘诀就是学会合理地利用时间且要慷慨地与他人分享。② 通过这种多方讨论与争鸣的方式，揭示出"快乐"的本质，启发受众。而在《六十秒改善世界》中，主持人让大家想象若是手中握有一个魔法棒会做什么，让这个世界更美好。英国艺术家 Antony Gormley 呼吁大家光着脚走路，美国讽刺作家 P. J. O'rourke 希望发明一个特殊设备来强迫孩子们听，塞尔维亚经济学家

---

① Oswin Knuckles. 2017. "Dougal Shaw to be Senior Video Journalist for BBC World Hacks." Accessed January 31. https：//www. responsesource. com/bulletin/news/dougal－shaw－senior－video－journalist－bbc－world－hacks/.

② The Forum. 2012. "Happiness." Accessed December 23. http：//www. bbc. co. uk/programmes/p0121849，2012/12/23.

Branko Milanovic 认为出租车司机应该统治世界①。在奇思怪想的碰撞下，以不同的视角发现世界。

此外，艾米丽曾运营过 BBC 世界广播公司的艺术和宗教部门；在世界五大洲进行过报道与新闻节目制作。同时也是 BBC 的执行指导，Wingate 基金会董事和《星火新闻》（法国建设性新闻报纸代表）内部咨询委员会一员②。此外，艾米丽创办《远见》杂志③、"变革者"④ 新闻博客主页、"独立"新闻博客主页⑤，以及在牛津大学等多地举办演讲、讲习班⑥⑦。从她"经办"的这些媒体风格看，体现了其犀利、深刻、以解决问题为导向的新闻观。例如"变革者"一栏标语即为"探索从全球各个角落提出的最有前景的社会创新（观念或方案）。这些解决方案能让你了解引领未来世界的方向在哪里。"在其主页上是各个项目方案，可通过"国家"（几乎包括世界上所有的国家）、"部门"、"获奖类型"（半决赛选手，变革者；决赛选手，变革者；胜利者，变革者）进行选择，点击进去即可查看，并在该方案下方写有"挑战获胜者"。而进了分页面则是该主题视频。参与者可选择参与挑战，并赢得相应奖金。观众可以对项目进行打分、点评。总而言之，"变革者"将新闻报道与大型活动相结合，促成各方参与，赢得良好社会反响。

综上所述，艾米丽作为 BBC 的资深主持人以及报道建设性新闻的

---

① The Forum. 2011. "Sixty Seconds to Improve the World." Accessed December 26. http：//www. bbc. co. uk/programmes/p00m98kp，2011/12/26.

② Changemakers. 2018. "Emily Kasriel." Accessed October 16. https：//www. changemakers. com/users/emily－kasriel.

③ Prospect. 2018. "Articles by Emily Kasriel." Accessed October 16. https：//www. prospectmagazine. co. uk/author/emily－kasriel.

④ Changemakers. 2018 "Ideas." Accessed October 16. https：//www. changemakers. com/ideas.

⑤ Emily Kasriel. 2018. "Manhattan Still Loves the High Life." Accessed October 16. http：//www. independent. co. uk/author/by－emily－kasriel.

⑥ Emerge conference. 2018. "Programme." Accessed October 16. http：//emergeconference. co. uk/? slide＝programme.

⑦ Oxford Talks. 2018. "Emily Kasriel." Accessed January 19. https：//talks. ox. ac. uk/talks/persons/id/68a27470－7de3－44a3－b5fd－5abbf6568a8e.

"老将"，具备驾驭各类社会议题的能力，而且对解决之道新闻为代表的建设性新闻颇为熟稔且有丰富的运营经验。这些宝贵"财富"为"跨越鸿沟"节目提供绝佳的资源与人才支持。

2. 运营模式及资金来源

BBC 世界广播公司 80 年来一直由英国外交和联邦事务部（FCO，Foreign and Commonwealth Office）提供补助金，但是这种"衣食无忧"的日子至 2014 年 4 月 1 日"到头"了，FCO 停止拨款资助，意味着 BBC 世界广播公司必须"自力更生"。目前其营收来源依赖许可证付费用户，有限的广告和赞助费以及 BBC 商务部门全球有限公司（BBC Worldwide）的利润收入。根据 BBC 信托公司 2016 年出具的《BBC 世界广播公司运营执照》（BBC World Service Operating Licence）文件显示，"在 2016 及 2017 年度，BBC 世界广播公司的牌照费用将达到 2.45 亿英镑，其中 2.17 亿英镑是内容和发行预算的总和[①]"。对于许可证付费，英国国内质疑之声不绝于耳，英国《卫报》评论道，"现在是时候让那些几乎没有机会回家享受 BBC 世界服务（World Service）的英国执照人承担这笔费用了吗?[②]"，同时，对于所产生的影响，《卫报》认为 BBC 持续削减的政治压力必然会伤害到付费用户的利益，一些新闻网站也提出对 BBC 世界广播公司开始走向商业化道路的担忧[③]。

目前，"改变世界的人""跨越鸿沟"这两个节目主页上方飘有横幅广告。同时，在英国以外的国家和地区，在 BBC 播客（podcasts）上也投

---

① BBC Trust. 2016. "BBC World Service Operating Licence." Accessed November. http：// downloads. bbc. co. uk/bbctrust/assets/files/pdf/our_ work/world_ service/2016/wsol. pdf.

② BBC World Service. 2014. "Should UK Licence-fee Payers Still Fund the World Service?" Accessed February 15. https：//www. theguardian. com/commentisfree/2014/feb/16/bbc – world – service – funding – foreign – office.

③ Mark Banham. 2014. "Should We Welcome a Commercial BBC World Service?" Accessed April 17. https：//www. campaignlive. co. uk/article/welcome – commercial – bbc – world – service/ 1290348.

放有一定广告，一般是节目开始播放前有一个广告，时长 30 秒，在播客的结尾会有第二个 30 秒的播放后广告；使用"动态广告插入"（dynamic ad insertion）技术进行播放，因此，所播放的广告与播客的下载时间相对应（这意味着即使收听的是几年前节目，但是播放的是当下的广告，因为播客下载时间是当下）。所有广告由 BBC 全球新闻有限公司（GNL, Global News Limited）监控与执行并确保其符合 BBC 严格的商业广告和赞助准则。GNL 已经在英国以外的 BBC. com 上开展了这项服务，并在 BBC 服务上投放了包括展示广告在内的其他广告，并确保某些类别的广告被排除在外。如若发生突发情况或重大事件，播客广告将暂停。而 BBC 播客广告与美国"商业化"的播客广告不同之处在于，BBC 广告业务开展遵循严格的编辑和广告描述规定，只在节目开始和结束时播放广告，且不会要求主持人或直播人员录制任何形式的商业信息[①]。与此同时，关于观众对广告的投诉与建议 BBC 也有相应的反馈渠道跟进，以随时调整其广告播放策略。

除了广告外，BBC 全球有限公司的利润收入也是 BBC 世界广播公司营收的来源之一。BBC 全球有限公司（BBC Worldwide）是一家以内容为核心的公司。该公司投资、商业运作、营销和展示来自 BBC 和全球更广泛的英国电视业的内容，以提高 BBC 的影响力和声誉。公司业务横跨 7 个地理区域，在英国、北美、澳大利亚和新西兰以及世界其他地区（主要是非英语市场，统称为全球市场）设有 BBC 广告销售代表。主要投资于电视内容产业及其附属领域和其他高质量的制作，并在美国、印度和法国拥有自己的制作部门，是美国以外第三方内容销售的世界领导者；数字投资组合包括商业网站、11 个 YouTube 频道、社交媒体活动、应用程序和游戏。总而言之，BBC 全球有限公司的目标有三个：其一，致力于通过提供优质的英式内容来激励全球观众；其二，通过 BBC 频道以及

---

① BBC World Service. 2018. "About World Service radio." Accessed October 16. http：// www. bbc. co. uk/programmes/articles/5nCxH0NlsPtyW8WvJ0rwDJP/about - world - service - radio.

特许经营和节目品牌，在全球范围内建立 BBC 的品牌；其三，提供新的数字平台与英国和国际上的新消费者建立连接。所有子目标为终极目标服务，即为 BBC 创造可持续的投资回报，最终使英国的许可费支付人受益①。

此外，虽然自 2014 年 4 月 1 日以来，英国政府停止赞助 BBC 世界广播公司，但是 2015 年 11 月 23 日，英国政府宣布新的注资计划——将在未来五年内向 BBC 提供 2.89 亿英镑，该举措是英国政府国家安全战略和战略防务与安全评估② （National Security Strategy and Strategic Defence and Security Review） 的一部分，该五年计划旨在"建立一个安全、繁荣、具有全球传播力和影响力的英国"，该评估报告认为"提高英国软实力影响力的一部分在于，将 BBC 的触角伸向世界上一些最偏远的地区，为那些原本没有机会接触英国的个人和社会建立与英国的联系"。具体资金将用于扩大 BBC 世界广播公司业务，为朝鲜、埃塞俄比亚和厄立特里亚提供广播服务；提升非洲的电视服务质量；通过数字和电视技术在印度和尼日利亚增加其他语言广播；为 BBC 阿拉伯语服务提供更好的区域内容；改进俄罗斯的数字和电视服务以及为讲俄语的人提供服务；改进视频输出。2016 年 BBC 世界广播公司将获得 3400 万英镑的补助金，在 2017 及 2018 年将获得 8500 万英镑补助金，随后两个财政年度的补助金与此相同。BBC 在全世界有 3.08 亿人收听，其目标是到 2022 年收听规模达到 5 亿人③。

---

① BBC Worldwide. 2018. "Our Business." Accessed October 16. https：//web. archive. org/web/20150422073204/http：//www. bbcworldwide. com/annual – review/annual – review – 2014/our – business. aspx.

② Her Majesty. 2015. "National Security Strategy and Strategic Defence and Security Review 2015." Accessed November. https：//assets. publishing. service. gov. uk/government/uploads/system/uploads/attachment_ data/file/478933/52309_ Cm_ 9161_ NSS_ SD_ Review_ web_ only. pdf.

③ Tara Conlan. 2015. "BBC World Service to Receive £289m from Government." Accessed November 23. https：//www. theguardian. com/media/2015/nov/23/bbc – world – service – receive – 289m – from – government.

（五）问题及思考

BBC 世界广播公司这三个建设性新闻节目"我的完美国家""改变世界的人""跨越鸿沟"，无论从节目理念、议题选择、报道方式及风格来看，都很好践行了建设性新闻的相关理念及准则。与其他媒体的建设性新闻实践不同的是：其一，从议题选择来看，不同于其他媒体的"本土化"议题，BBC 世界广播公司的节目议题更趋于"全球化"，这也和该公司的定位相关；其二，从报道方式来，表达方式丰富多元，运用音频、视频以及动漫互动游戏等多媒体进行建设性新闻报道，这当然与该公司作为广播电视公司的独特优势有关。但是，从辩证角度来看，优势有时也会转化成劣势。例如，BBC 擅长于音频节目，这些建设性新闻项目音频时长大概在 23 分钟左右，但是这么长的音频节目页面设置却非常单一，只有一小段内容梗概，没有全程对话的文字稿，这为一些英文水平不高或是英语非母语的受众深入了解节目内容造成一定困难。而相应的视频节目虽然在表达方式上比较生动醒目，但是由于时长较短，只有 2～3 分钟，因此只能做到"重点"突出，这使得一些可能很重要的新闻元素，如对解决方案的质疑之声、专家的评判等被"忽略"，因此，总体上说难以做到全面、深刻地揭示与回应所存在的社会问题。同时，这三个节目虽然也重视与受众的联系，却没有形成相应的线下活动，不利于扩大节目影响力。

附表 4 - 1 "我的完美国家"之专栏"观众的需求"

分集议题（2016. 2. 8 ~ 2018. 2. 25）

日期	文章标题	主要内容/议题
2018. 2. 25	我的完美国家：哪些政策会奏效	公众讨论：卢旺达减少性别薪酬差距、古巴的防灾准备、德国的难民融合、挪威的监狱系统、尼泊尔的产妇保健以及加拿大的可持续捕鱼计划。
2018. 2. 18	我的完美国家：加拿大	加拿大不列颠哥伦比亚省的一项可持续的捕鱼计划
2018. 2. 11	我的完美国家：尼泊尔	降低尼泊尔孕产妇死亡率
2018. 2. 4	我的完美国家：挪威	挪威囚犯再犯罪比率低原因及经验
2018. 1. 28	我的完美国家：德国	德国处理难民融入（德国社会）的方式及经验
2018. 1. 21	我的完美国家：古巴	古巴在飓风防备和恢复方面经验
2018. 1. 14	我的完美国家：卢旺达	卢旺达将性别差距缩小了80%的经验
2017. 2. 5	我的完美国家：辩论	百慕大的水政策、秘鲁的住房革命、日本的枪支管制、突尼斯的妇女权利运动、上海的数学教育和澳大利亚的禁烟法；设计（完美国家的）完美旗帜及国歌
2017. 1. 29	澳大利亚：它解决了控制吸烟的办法了吗？	澳大利亚严厉禁烟法利弊辩论
2017. 1. 22	上海：数学教学模式	上海数学教学模式的成功经验
2017. 1. 15	突尼斯："国家女权主义"	突尼斯妇女权利运动对穆斯林邻国的榜样作用及问题
2017. 1. 8	日本：枪支管制	日本的枪支管制政策经验
2017. 1. 1	秘鲁 – 减少贫困	秘鲁的降低贫困率的工作经验
2016. 12. 25	百慕大解决水资源短缺问题	百慕大解决水资源短缺对策
2016. 7. 10	联合国辩论（50分钟）	（由联合国秘书长潘基文提供）分析与讨论突破性的全球政策：乌干达免费法律咨询计划、印度妇女卫生问题、哥斯达黎加再生能源以及爱沙尼亚数字国家计划
2016. 3. 13	乌干达 – 法律咨询	乌干达律师利用手机及社交媒体提供免费法律咨询计划
2016. 3. 6	印度 – 妇女卫生	印度妇女洁厕运动及各项妇女权利
2016. 2. 28	美国密歇根州 – 预防自杀	美国密歇根州精神健康患者零自杀计划

续表

日期	文章标题	主要内容/议题
2016.2.21	葡萄牙 - 毒品非犯罪化	葡萄牙将毒品使用定性为公共卫生问题,而不是刑事犯罪的政策由来
2016.2.14	哥斯达黎加 - 绿色能源	哥斯达黎加绿色能源政策
2016.2.8	爱沙尼亚 - 数字社会	爱沙尼亚数字化革命

附表 4 - 2　"我的完美国家"之"剪辑"分集议题

时长	媒体形式	标题
1 分 18 秒	视频	这是个"豪华监狱"吗?
0 分 40 秒	视频	德国对来自阿勒颇的说唱歌手表示了怎样的欢迎?
0 分 59 秒	视频	是什么让卢旺达成为"最适合女性的国家"?
2 分 21 秒	音频	武术和蒲团:日本警察如何面对暴力
2 分 36 秒	音频	赤脚律师诉诸司法的模式
2 分 55 秒	音频	为什么厕所匮乏对印度妇女不利?
3 分 16 秒	音频	印度的卫生 - 问题和解决办法
3 分 47 秒	音频	如果每一次自杀都能被阻止呢?
2 分 55 秒	音频	"零自杀"能在你所在的地方实行吗?
2 分 32 秒	音频	为什么葡萄牙的药物管制政策如此迫切需要?
2 分 32 秒	音频	带着一个流动毒品小组走上街头
1 分 01 秒	音频	让咖啡豆生产"零碳排放"
2 分 48 秒	音频	哥斯达黎加如何成为地球上最环保的国家之一?
2 分 30 秒	视频	什么是"物联网"?
3 分 10 秒	音频	网络安全是否是爱沙尼亚数字革命的另一面?
2 分 39 秒	音频	爱沙尼亚如何成为最具数字创新能力的国家之一?

附表 4 - 3　"改变世界的人"分集议题 (2016.11.19 ~ 2018.10.16)

日期	文章标题	主要内容/议题
2018.10.16	格林尼治标准时间	订立每周新计划,探讨解决世界问题
2018.10.9	用天空中的管道打击"水黑手党"	修建空中水道,改善贫民窟生活,打击黑手党(垄断水资源)
2018.10.2	对我们的一次性文化进行修补	"修修补补"这种"凑合"理念对一次性文化的影响
2018.9.25	对痴呆患者的智能刺激	改善痴呆患者的三个妙招

日期	文章标题	主要内容/议题
2018.9.18	跑步和唱歌以提高数学和英语水平	跑步、唱歌如何助力于数学与英语教学
2018.9.11	巴黎的绿色空间革命	在城市中心创建绿色空间方式
2018.9.4	扫描无家可归者进行捐赠	以科技助力无家可归问题
2018.8.28	在博洛尼亚鼓励绿色旅行	公共交通系统政策促进可持续交通出行
2018.8.21	保持凉爽的方法	科技发明助力保持冷静
2018.8.14	复兴意大利的"鬼城"	酒店如何帮助废弃村庄旧貌换新颜
2018.8.7	为什么百万人都听这个女孩的？	伦敦地铁用九岁女童播报安全广播（"推动理论"的成功运用）
2018.7.31	培训印度的假医生	医学速成课程利弊与印度医疗体系改善办法
2018.7.24	阻止森林大火	借鉴西班牙和北美的三个项目经验，提高森林本身的防火性能来防止森林火灾的破坏
2018.7.17	从道路上发电	高速公路发电新招
2018.7.10	回收将垃圾变成现金	变废为宝的措施
2018.7.3	砖块帮助重建加沙	年轻工程师开发出一种新的砖砌方式，希冀可帮助加沙减少外部依赖
2018.6.26	学习长寿地区的经验	改变生活方式，添寿十年的方法
2018.6.19	尼日利亚匿名性传播感染测试套装	通过匿名快递包裹测试性感染，解决性疾病
2018.6.12	100万美元奖金可以帮助保护女性安全吗？	设计可穿戴设备发送秘密警报，保护印度女性免于性骚扰
2018.6.5	房子建了一半的街道	房子建造一半，剩余部分由业主完成，降低住房成本
2018.5.29	打击食物浪费	食物浪费的技术解决方案
2018.5.22	为社会中最贫穷的人提供干净的衣服和眼镜	改善贫困人口生活现状的具体措施
2018.5.15	把自给农业转变为投资机会	转换思路：将小规模农场转变为金融投资
2018.5.8	速度探测器	解决超速驾驶的技术方案
2018.5.1	人民和平谈判	"以人民的名义"：将普通的以色列人和巴勒斯坦人聚集在一起，就自己的和平协议进行谈判
2018.4.24	学校试图修建桥梁	以色列双语学校搭建桥梁弥合巴以冲突
2018.4.21	跨越鸿沟：和平解决方案	通过基层倡议带来和平
2018.4.17	解决问题的奖项	现金奖励可以推动创新

日期	文章标题	主要内容/议题
2018.4.10	小镇试图治愈孤独	重新与家人,朋友或社交俱乐部互动与连接解决孤独问题
2018.4.3	班上的婴儿教如何善良对待他人?	婴儿作为"教师"激发学生同理心,培养情绪敏锐识别力,减少霸凌行为
2018.3.27	清除太空垃圾	清理绕地球运行垃圾的方案
2018.3.20	如何帮助医院的无家可归者?	避免医院无家可归者出院后重返流浪的办法
2018.3.13	救"鸟"队员	多伦多发展深海捕鱼保护鸟类
2018.3.6	回收口香糖垫料清洁我们的街道	回收废弃口香糖再利用
2018.2.28	如何与潜在的极端主义者交谈?	通过 Facebook 聊天来说服潜在的极端分子方法
2018.2.21	让被遗忘的药丸重新发挥作用	通过应用程序帮助人们将剩余的药物实现再分配,捐赠给负担不起的人
2018.2.14	在焦虑中即兴发挥	焦虑即兴表演帮助增强信心
2018.2.7	水培革命	水培农业试验
2018.1.31	基于善行的货币	为志愿者善行作为货币补偿,助力经济恢复
2018.1.17	孩子与汽车	定期关闭汽车道路,创建游乐场,重视儿童成长
2018.1.10	我们可以拯救珊瑚吗?	拯救濒临灭绝珊瑚方法
2018.1.3	与问题解决者一起签到	回顾并追踪 2017 年的创新方案的最新进展
2017.12.26	童子军、刀具和社区冰箱	小解决方案促成大改变
2017.12.19	可以拯救妇女生命的"指环"	子宫颈佩戴小硅环使妇女免于艾滋病
2017.12.12	如何在飞机上获得轮椅?	使残障人士飞行更方便
2017.12.5	无人机交付:空运药物	无人机解决救生物资投放
2017.11.28	智能手机"呼叫"急救人员	手机 App 提醒附近急救人员使心脏骤停患者幸免于难
2017.11.21	前新纳粹主义分子帮助其他人退出	退休警官与前新纳粹团队改变右翼分子
2017.11.14	冰岛如何拯救青少年?	国家改变青少年酗酒、吸毒措施
2017.11.7	失踪的地图	志愿者助力绘制地图,让"看不见的人看得见"
2017.10.31	公共厕所无处不在的城镇	德国增加公厕数量的妙招
2017.10.24	用三个词解决世界问题	What3 Words 程序将整个世界划分为 3 米正方形,并给了每个人一个不同的三个词,使得世界上所有人很快拥有一个地址

日期	文章标题	主要内容/议题
2017.10.17	冰岛如何与性别支付差距做斗争？	使公司对男女职工"同工同酬"的办法
2017.10.10	维京疗法？	维京疗法：一种纾解情绪，解决暴力问题的办法
2017.10.3	宫颈"自拍"如何在冈比亚抗击癌症？	新设备使得冈比亚护士发现并阻止"宫颈癌"
2017.9.26	如何用甲烷气制作寿司？	使用甲烷气细菌制造食物
2017.9.19	当本地货币走向数字化	应用程序帮助社区社保资金保持流动
2017.9.12	安全套救生员和无声的声音	使用避孕套拯救妇女生命，录制声音帮助退行性病变患者
2017.9.5	荷兰抗生素革命	养猪户解决抗生素滥用的办法及经验
2017.8.29	如何在需要的地方获取血液？	尼日利亚企业家使用 App 解决血液短缺
2017.8.22	巴基斯坦的笔记本电脑女医生	女医生在有了家庭后重返工作的方法
2017.8.15	城市缆车	缆车帮助贫困社区与外界建立连接
2017.8.8	普遍基本收入是否有效？	工作与否同普遍基本收入关系探讨
2017.8.1	受教的(最佳)时机	在遭遇暴力袭击后，立即与受害者交谈，使受害者免于再次受害
2017.7.25	墨西哥的卡通治疗师	卡通片治疗帮助身体、情感受到虐待及伤害的孩子
2017.7.18	减少牛放屁的次数以应对气候变化	减少牛放屁的次数以减少碳排放
2017.7.11	泰国的疾病侦探	泰国志愿者拍摄死鸡阻止危险疾病传播
2017.7.4	我们能给学校增压吗？	技术和智能算法为每个孩子提供定制教育
2017.6.27	把地沟油变成燃料	变废为宝：地沟油转换成燃料
2017.6.20	泰国避孕套王	性健康革命
2017.6.13	如何成为更好的监狱妈妈？	帮助坐牢妇女成为好母亲
2017.6.6	你会租衣服吗？	通过出租衣服减少浪费
2017.5.30	拯救生命的贴纸	使用贴纸减少交通事故
2017.5.23	将海地的塑料垃圾变成现金	保持海洋清洁与打击贫困
2017.5.16	把山羊变成水	以山羊交换水，各取所需
2017.5.9	在超快速时间内获得紧急情况帮助	使用智能手机呼叫救护车解决所在地缺乏公共救护服务问题

日期	文章标题	主要内容/议题
2017.5.2	使死亡更环保	绿色火化助力环保事业
2017.4.25	帮助残疾人做爱	台湾志愿者帮助残疾人满足性需求
2017.4.18	数据捐赠者	患者捐赠数据解决"关节炎"问题
2017.4.11	邮差为老人送去善意	邮差为老人送去关怀，解决孤独问题
2017.4.4	更便宜的儿童保育——来自孩子家长的妙招	互助共育模式解决托儿育儿苦难
2017.3.25	海地卫生间和圆形跑道	解决海地废物处理计划
2017.3.18	检查太阳能酒店	太阳能与城市发展
2017.3.11	搬入难民	与难民友好共处
2017.3.4	中国如何清洁空气	中国减少空气污染办法
2017.2.25	选民彩票	利用彩票提高选民投票率
2017.2.18	丹麦食品废物督察员	丹麦食品垃圾革命
2017.2.11	太阳水解决方案	通过"暴晒"获得清洁水资源
2017.2.4	请将你的眼睛借给我	应用程序与扶手帮助盲人
2017.1.28	对抗假新闻	对抗假新闻的办法
2017.1.21	救援的超级快？	重新设计道路系统提高公共空间利用率
2017.1.14	一个不太可能的房子共享	学生搬到有空余房间的老年人家里，解决高房价问题，双方各得其所
2017.1.7	叙利亚难民的工作	向难民发放工作许可证改善其生活境况
2016.12.31	在秘鲁使用云捕水器	从雾中捕获水解决水资源匮乏
2016.12.24	尊重我的汇款	使海外工人来之不易的现金在家乡被善用的方法
2016.12.17	"贿赂"妈妈喂他们的孩子	向贫困母亲提供现金，提高孩子健康水平
2016.12.10	教孩子思考	提高"元认知"水平，助力孩子成绩改善
2016.12.3	减少美国警察射击次数	关注枪支释放的关键时刻来减少死亡人数
2016.11.19	叙利亚难民的现金卡	提供现金而非物品解决难民危机

附表 4－4 "跨越鸿沟"之"专题与视频"（2018.4.18～2018.4.30）

日期	媒体形式	标题	主要内容/议题
2018.4.18	视频	在极化的世界建立联系	跨越鸿沟节目介绍
2018.4.19	视频	艰难的对话：生存指南	政治信仰不同的人如何对话
2018.4.19	视频	有分歧的和平谈判	让普通的巴勒斯坦人和以色列人彼此谈论和平的办法

日期	媒体形式	标题	主要内容/议题
2018.4.19	音频	重症监护室里的爷爷	老人家大卫在婴儿父母无能为力的情况下自告奋勇在美国的重症监护病房里抚养早产儿
2018.4.19	音频	伊玛目在梵蒂冈	英国的穆斯林学生接触基督教，弥合宗教冲突
2018.4.22	图文报道	我们对朋友的选择会对我们不利吗？	拥有一个和我们不同的朋友的好处
2018.4.23	视频	整合瑞典方式	留在瑞典的难民与当地人融入方式
2018.4.23	视频	跨越种族鸿沟的友谊	恢复"英式"宽容对抗种族分裂
2018.4.23	图文报道	足球运动员谴责种族主义	跨越鸿沟：非洲人用足球（联谊）对抗香港的偏见
2018.4.23	图文报道	老战士成为清真寺运动组织方	英国陆军退休老兵与英国穆斯林故事
2018.4.24	图文报道	专注（计划）真的会结束监狱仇恨吗？	肯尼亚监狱的"专注"计划旨在拉近囚犯与狱警距离，弥合分歧
2018.4.24	视频	在10岁的时候我们是杀手，现在我们为团结而战	印尼弥合宗教分裂的方法
2018.4.24	视频	78岁的跑步教练与我	"跑步"成为联结年轻人与老年人的纽带（弥合代沟），帮助老人解决孤独问题
2018.4.25	图文报道	尼日利亚的锡矿修复世界上最悠久的民族裂痕	尼日利亚定居的农民和游牧牧民一同工作弥合古老的民族裂痕。
2018.4.25	图文报道	对话与锣鼓（帮助）跨越仇恨分歧	音乐帮助团结、弥合委内瑞拉反对派之间的仇恨与分歧
2018.4.25	视频	跨越印巴边境调情	移动技术和社交媒体使巴基斯坦人和印度人能够相互交谈甚至调情
2018.4.25	视频	寻求庇护者（避难者）体验英国的农场生活	难民体验英国约克郡谷地牧场生活
2018.4.25	视频	我可能杀了他，现在我们一起工作了	矿业把尼日利亚的富拉尼牧民和贝罗姆农民团结在一起
2018.4.25	视频	为和平铺平道路的握手背后的故事	以巴和平协议的内幕

日期	媒体形式	标题	主要内容/议题
2018.4.26	视频	社区试图团结穷人与富人	拆除多伦多一处犯罪活动猖獗的地区房屋，建造新公寓，弥合贫富差距
2018.4.26	视频	两种文化，两位老师，一间教室	一间同时拥有以色列犹太人和阿拉伯人的学校，弥合种族冲突
2018.4.26	视频	在奥地利帮助失聪难民	奥地利团体帮助失聪难民学习手语
2018.4.27	图文报道	印度教徒和锡克教徒帮助建造一座清真寺	印度教徒和锡克教徒在印度旁遮普邦建造清真寺，弥合种族冲突
2018.4.27	视频	在异国他乡学会热爱学校	土耳其学校帮助叙利亚难民融入社会
2018.4.27	图文报道	像阻止病毒一样阻止暴力	阻止帮派暴力，弥合社区矛盾
2018.4.27	视频	当一位极左派民主党人遇到了特朗普的粉丝	极左派民主党人士黛布与顽固的共和党人汤姆的会面
2018.4.28	视频	华裔美国人对政治有兴趣	旧金山华人社区的四名共和党人和四名民主党人试图找到共同点，在晚餐时解决分歧
2018.4.29	视频	泰国管弦乐队继续演奏，抗议流血事件	音乐弥合泰国佛教徒与穆斯林流血冲突
2018.4.29	视频	巴西基督徒重建"撒旦"神殿	巴西福音派牧师帮助坎多姆布尔教（非裔巴西人创办的宗教）重建神殿，反对宗派暴力冲突
2018.4.30	视频	曾经是死敌，现在是争取和平的战士/记住我们试图互相残杀的日子	黎巴嫩内战中来自敌对阵营的战士通过角色扮演说明战争代价，努力培育和平的未来

附表 4-5 "跨越鸿沟"之"视频及节目"分集议题

时长	媒体形式	标题	议题
1 分 32 秒	视频	我把餐馆保持开放，因为它让我活了下来	巴以冲突
49 分 30 秒	音频	跨越年龄鸿沟	代沟
9 分	音频	游过白令海峡	美苏冷战回顾
26 分 30 秒	音频	合作的物种——人类在网上合作失败的原因	人类社交本性探寻

时长	媒体形式	标题	议题
53 分	音频	跨越鸿沟:和平解决办法	基层倡议与和平
2 分 30 秒	视频	为什么我选择难民做舍友?	难民融入
2 分 36 秒	视频	为什么陌生人会成为好的治疗师?	心理实验
26 分 30 秒	音频	和平谈判	女性在和平谈判作用
17 分 30 秒	音频	众神和平共处	印度宗教共存之道

五 | 《经济学人》："非正规军"的努力

与《纽约时报》、BBC、《卫报》等媒体形成常规性的建设性新闻项目不同，《经济学人》（The Economist）的建设性新闻实践还处于"散兵游勇"状态，未形成组织化、常规性的建设性新闻项目，更多地表现为将解决方案作为内核融入故事阐述之中，遍及该刊物各个子栏目之中，横跨政治、经济、科技各个领域。如果单从表现形态来看，《经济学人》的建设性新闻建设是"非正规军"，影响范围可能不及 BBC、《卫报》等媒体，但是作为严肃报纸代表的《经济学人》，尝试积极探索建设性故事的举动，影响是深远的，一方面，它表明了建设性新闻已被主流严肃新闻所认可；另一方面，它改变了新闻编辑部的文化，加入了问题的解决方案与对未来的展望。

（一）发展历程与现状

创刊于 1843 年 9 月的《经济学人》是经济学人集团（Economist Group）旗下的英文周刊。《经济学人》的建设性新闻实践主要体现为新闻案例，比较典型的是"管理难民危机①"，即 2016 年 2 月 6 日的《形成

---

① Ingrid Cobben. 2016. " Takeaways from World's First Constructive Journalism Conference. " Accessed December 4. https：//blog. wan – ifra. org/2016/12/04/takeaways – from – world – s – first – constructive – journalism – conference.

整齐的队列》（Forming an Orderly Queue）。该文主要叙述了由于叙利亚内战使得周边大国被卷入到地缘政治漩涡中，动荡不安的局势激发了恐怖分子和狂热分子的暴力输出，导致欧洲最近发生最严重的难民危机[①]，列举了各国为应对此危机所采取的措施并分析难民危机的利害。由于未形成常规化的建设性新闻栏目，如要找寻该刊物的其他建设性报道，需在主页搜索"解决方案"（Solution），方可显示。此外，《经济学人》的子栏目及特别专辑"特别报告"（Special Reports）中也有许多建设性新闻故事。

（二）建设性新闻案例分析与社会影响

《经济学人》作为严肃报刊，以信息量大、立场鲜明而著称，该刊物的所有文章均不署名，立场上偏向于自由主义。该刊物的建设性新闻故事延续了这一写作风格，以事实作为理据及严谨论证传统，善于运用表格、数据、图表说明问题，增强说服力。接下来以《形成整齐的队列》（2016.2.6）一文及"特别报告"的某些文章为例，分析该刊物建设性新闻的报道结构及风格。

首先，文章标题是《形成整齐的队列》，看似平铺直叙的描述，画面感却十足，在标题的上方标注红体字"欧洲移民危机"（Europe's Migrant Crisis），点明主题。标题下方有一句解释性说明文字，"欧洲迫切需要控制涌入其边境的移民潮。这就是如何去做"，以及一张难民排队进入欧洲边境的照片，图文并茂、开门见山地抛出了问题，摆明了论述方向——如何去解决难民危机。其次，文章开头论述了难民危机的由来及造成的后果，摆出具体事实，"叙利亚长达五年的内战导致数十万人死亡，数百万人流离失所；拥有5亿人口的欧盟去年接收了100万名非法移民"，接着

[①] Economist. 2016. "Forming an orderly queue – Europe's migrant crisis." Accessed February 6. https：//www. economist. com/news/briefing/21690066 – europe – desperately – needs – control – wave – migrants – breaking – over – its – borders – how.

论述难民问题的迫切性与紧急性，"没有一个国家能够单独解决这个问题。但大多数国家采取了单方面关闭边境和收紧庇护规则的回应措施，让移民在犯罪走私网络的手中忍受危险的旅程"。随后，该文描述了难民涌入导致的严重后果，"边境管制破坏了欧盟所谓的无边界申根地区，阻碍了贸易、通勤和旅游"以及"推动欧洲右翼民粹主义政党的崛起"。接着该文对匈牙利、布鲁塞尔等各国的解决方案提出批评，"大多数建议的解决方案看起来不可行，令人厌恶或毫无意义"，并提出解决方案，"当务之急必须是恢复移民流动的秩序，更好地将难民与逃离困境的移民区分开来，这些难民真正需要国际保护，越来越多的难民已开始踏上通往欧洲的快捷通道"，紧接着描述该方案的利处，"有助于像德国这样负担过重的国家为难民的到来制订计划，并安抚那些看不到尽头的忧心忡忡的公民"，同时，"能为欧洲人争取时间，为那些需要庇护的人提供保护，解决如何更公平地分担庇护负担，并最终有序地接纳更多难民"。至于具体的方案部署有两部分，第一部分是土耳其与欧盟达成协议，接收大部分难民，为欧洲提供缓冲；第二部分是减轻穷人的负担，敦促约旦和黎巴嫩放宽对寻求工作的难民的限制。而欧洲国家则通过设置热点地区移民登记、限制难民来源国来规范移民潮，使得边境难以跨越。随后，该文提到终极解决方案"欧盟的重新安置计划"，团结欧洲各国，来遏制危机。

从新闻制作技巧来看，该文对众多事实采用数据可视化的方式予以呈现，增强了文章的说服效果。具体而言，该文一共有四处使用了可视化图表。第一处是在展现横跨地中海失踪与死亡人数时，使用柱形与折线图表达死亡人数及走势，具体见图 5-1；第二处是欧洲移民危机的数据指南，将 2014 年 10 月至 2015 年 10 月寻求庇护的难民数量与接收比率以拼图的形式予以展现，不同颜色代表不同接收率，如深色代表接收超过 75%，在图中以高亮色显示，非常醒目直观，具体见图 5-2；第三处则是 2015 年产生问题的难民逃亡路线，该图绘制了整个欧洲及周边国家地图，用橙、红、蓝、墨绿四色标注了四条逃亡路线，代表从西地中海西班牙、中部地中海意大利、东地中海土耳其以及东部巴尔干半岛登陆的流程图与难民来源国比例，很为形象直观；第四处是到何处去，将难民登陆欧洲后的去向与选择以波浪图方式予以呈现，图片划分为来源地、目的地、最终选择这三个区域，用不同颜色、区块面积来展现难民流动数量与走势，具体如图 5 – 3 所示。

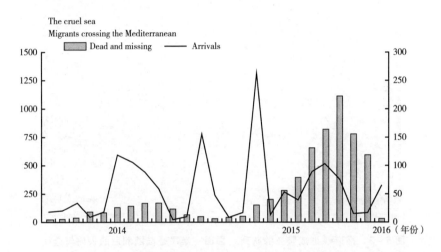

图 5 – 1　报道《形成整齐的队列》插图：难民横跨地中海失踪、死亡人数

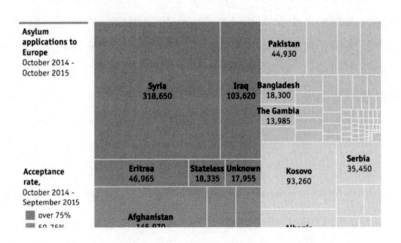

图 5 – 2　报道《形成整齐的队列》插图：欧洲移民危机的数据指南

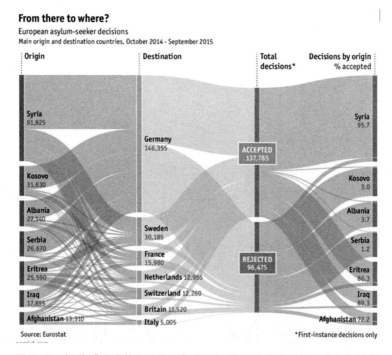

From there to where?
European asylum-seeker decisions
Main origin and destination countries, October 2014 - September 2015

图 5 - 3　报道《形成整齐的队列》插图：难民登陆欧洲后的去向与选择

　　总而言之，该文无论从内容还是形式上基本符合建设性新闻的基本理念，以事实为依据，以解决方案作为故事阐释的中心，解释了社会问题的来由，展示了各方的回应（如该文中欧盟及其成员国对难民涌入的政策回应），对问题的解决方案及相关的细节与措施予以描绘，同时以数据及图表的方式对结果予以展现。但是，从新闻来源来看，该文视角较为单一，只有方案的提出方、实施方与受影响者的回应，没有第三方的回应，例如公众与专家的观点；同时采取宏观视角叙事，没有对相关者的采访，欠缺了微观视角的真切可感，这一点当然与《经济学人》一贯严肃的写作风格相关。此外，对于方案的局限性虽有涉及，但是并未展开描述，不免使人对方案的专业性、科学性存疑。

　　如果说《形成整齐的队列》是从宏观的视角解读欧洲难民危机，那么 2016 年 5 月 26 日的《有效解决方案》① 则从微观角度说明如何化解难民危机，导语便直接给出应对之道，"安置新来者的最好办法是给他们找工作"，在其下方配有比利时、瑞典、瑞士、英国难民安置与就业的柱状图，表明这四个国家就业比率，较为形象直观。文章开头以叙利亚难民叶海亚融入社会接受课程教育的经历为引子，介绍荷兰一体化政策的由来及进展。随后，该文阐释了这种一体化政策及多元文化主义所面临的困境及政府与相关组织机构的回应，"寻求庇护者提供更好的条件应该有助于他们融入社会，但也可能吸引更多的人"，"融入意味着一份工作，而且会说德语"（德国工商总会的阿希姆·德克斯），并且对美国与欧洲难民境况进行对比，凸显欧洲在难民安置与融入方面与美国的差距和面临的挑战，即语言、劳动力市场结构。接着该文进一步阐述难民涌入造成的问题：难民偏向于寻找低技能或非技术劳动力类型工作，加上较长时间的工作等待期，许多移民开始领取失业救济金，造成长期的福利依赖，尤其是对非公民的福利依赖，会耗尽国库，滋生不满情绪。接下来该文结合国际货币基金组织的报告与欧洲当下社会现状，引用劳动力市场经济学家与瑞典企业联盟的斯佩克特女士观点，"政府能为移民做的最好事情，是允许薪酬出现更大的差异，以鼓励雇主创造更多低技能工作"，分析解决难民工作的新思路。最后，该文对难民融入的一些关键问题与各地处理经验提出思考与借鉴。如难民儿童的融入问题，可借鉴德国经验，招募新的教师，为新来者开设为期一年的语言教学"欢迎班"；加拿大找到替代国家主导的一体化模式的私人资助模式，自 1978 年以来，它允许志愿团体，如教堂或侨民组织私下资助难民并介绍他们在新家园的生活。与此同时，对于贫穷国家如土耳其、黎巴嫩和约旦的难民融入提出担忧，"由于政府很少允许难民工作，劳动力市场的限制迫使这些国家的大多数适龄叙利亚难民进入黑市工作，随之而来的是剥削"。总而言之，该文着眼于难民融

---

① Economist Special report. 2016. "A Working Solution." Accessed May 26. https：//www. economist. com/special – report/2016/05/26/a – working – solution.

入的相关问题展开论述，以相关亲历者的故事为切入点，以小见大，剖析荷兰乃至欧洲一体化政策面临的困境与挑战，援引方案提出方，即政府组织的意见与学者的意见。与此同时，不仅对西方如荷兰、德国、瑞典等这些富裕国家的难民融入政策予以关注，而且对像土耳其这些非西方的贫穷国家的难民安置同样予以关注。最后对比各国难民问题的处置经验，为解决难民融入问题提供参考。

除了《形成整齐的队列》这个典型案例外，"特别报告"近年来出品的新闻写作风格也越加趋向于建设性新闻。该报告大约每周出一期，围绕某个话题进行系列报道，每期大概有 6～8 篇文章。例如，在 2018 年一年内，趋向于建设性新闻的话题栏目有 12 月 1 日的《怎样才能使全球经济脱碳?》，9 月 27 日的《推行循环经济会遇到阻力》，6 月 28 日的《要使互联网更分散化，没有单一的解决方案》，4 月 26 日的《初级医疗的重要性》。具体文章标题见附表 5-1。

如附表 5-1 所示，栏目"特别报告"就每个特定话题形成专题系列，专题下的文章设有标签以揭示文章主旨。从话题来看，涉及全球经济脱碳、垃圾治理、修复互联网、全民医疗 4 个领域，每个话题有 6～8 篇文章，围绕解决方案展开报道，这一点从文章标题可管窥一二，如"全球经济脱碳"，该话题下的文章标题或直截了当说明脱碳的方案或以问题为导向探寻解决之道，其他三个话题下的文章与之类似，或解读相关案例，或阐明现状及原因，或直指错漏、痛陈利弊，或表明方案利处。总之，各专题文章从不同视角切入报道，探寻相关问题的应对之策。

具体以 6 月 28 日"修复互联网"（Fix the Internet）的 6 篇文章为例，对该专题系列管窥一二。该话题主要讲述互联网权力与资源垄断带来的社会问题，探寻分权化的解决方案。首先，《如何解决互联网上的错误?》一文，引出了该话题，"互联网的本意是让世界成为一个不那么集中的地方，但事实恰恰相反。路德维希·西格勒解释了为什么这件事很重要，以及该做些什么"，紧接着文章开头以万维网的发明者蒂姆·伯纳斯－李爵士（Sir Tim Berners－Lee）的原话，含蓄地描绘了互联网织就的理想社会与现实状况，"我不会说互联网以大写字母 F 标明失败，但它未能构建我们许多人所希望的积极、有建设性的社会"。随后，该文抛出问题，"互联网已经变得比十年前更加集中，这是幻灭的核心所在"，问题的缘由是互联网由几家巨头所主导，形成新的等级体系渗透的颠覆性新网络[1]，通过固定的上网渠道，限制用户的活动空间，形成围墙花园；通过云计算等服务掌控人们的数据与行为。接着该文以万维网设计师蒂姆爵士及互联网工程任务组工程师大卫·克拉克的经历为例，讲述了互联网权力下放和行动自由精神的由来，对比当下科技巨头垄断的现状，并于此处配了一张"世界范围内云服务市场份额"的条形图，形象展示了几大科技巨头，如亚马逊、微软、IBM、谷歌等的市场份额，并以红色或蓝色箭头表明增长趋势。

随后，该文提出了对于互联网治理的分歧：杰弗逊 VS 汉密尔顿鸿沟，即支持规模较小组织，希望通过更严厉的反垄断政策（包括拆分）来控制科技巨头与支持强大的中央政府，将网络巨头视为公用事业这两种对立观点。文中对杰弗逊派的观点进行了详细介绍，直指科技巨头集中的弊端，首先，"集中化的互联网为创新提供了更少的空间，抑制了创新，挤占初创企业的生存空间，或者以低价收购它们"；其次，造成一定的政治后果，"有围墙的花园"经常限制言论自由，如破解少数平台的算法，容易通过传播错误信息来干预选举；再次，大量的个人数据集中在一个地方，更有可能造成严重的泄密；最后，举了剑桥分析公司与斯诺登的例子，说明在线巨头有足够的资金来影响离线政治。但是，为了确保平衡性，该文同样列明了汉密尔顿派观点，该派人士认为谷歌和 Facebook 等公司提供的免费服务和易于使用的界面，给了人们接近互联网的机会；同时，云计算能够让企业处理大量数据，为人工智能打下基础；而控制少数实力强大的公司也有助于遏制权力下放的"恶魔"，比如网络犯罪

---

[1] Economist Special report. 2018. "How to Fix What has Gone Wrong with the Internet." Accessed June 28. https：//www. economist. com/special – report/2018/06/28/how – to – fix – what – has – gone – wrong – with – the – internet.

和仇恨言论。总之，该文从记录互联网如何变得集中开始，描述了互联网集中的现状，总结了互联网治理的三种思路，即通过监管来控制大型科技的新想法、迫使公司解除最近的合并的杰弗逊主义者及主张让公司分享他们的一些数据的汉密尔顿主义者。提出要重新分权互联网，需要所有三个阵营的办法，没有中心解决办法，为互联网集中问题解决方案的提出吹响了前奏。

在阐述了互联网"错误"的来龙去脉后，《互联网的故事是关于层次的》深入探讨互联网如何失去了权力下放的纯真理念，指出互联网集中化更多是连锁效应而非网络效应，在第三层应用方面出现了集中化趋势，如苹果、安卓的智能手机操作系统与亚马逊、谷歌和微软三足鼎立的垄断局面。随后该文揭示了互联网从分散化走向集中化的历史脉络：从技术上讲，源于可记忆的数字标识符被互联网公司所用；从经营上讲是提供产品聚合化的内容服务于用户体验，驱使互联网公司规模经济化，从而造成集中。文中还前瞻性的提到了由于这些互联网寡头掌握大量数据与资源，他们极大可能是人工智能孕育的温床，那么它将不仅统治网络世界，还可能掌控其他许多行业。但与此同时，"大量区块链初创企业和维权人士正积极追求改变互联网经济规律、使其更接近其分散化根源的梦想"。总而言之，该文探寻了互联网集中化的历史前因，使读者对问题的根源有了进一步的把握，这为之后的解决方案提供了重要参考。

从第三篇文章《监管机构如何在网上防止过度集中?》起，解决方案越发的作为论述的中心来展现。该文讲述传统的反垄断思维正从内部瓦解。首先，从思想方面，邀请反垄断思想家从科技层面讨论垄断，同时，还邀请"热情的敌人"——反对派来参与讨论，提出为数据创建产权，将社交媒体视为公共健康问题（因为它们容易上瘾）的建议。其次，提出数据共享、数据移植、阻止大型在线公司在其平台上提供某些服务，推进渐进式数据共享授权，允许用户导出社交图谱，让占有一定市场份额的科技公司分享一些"反馈数据"等建议。与此同时，提出科技巨头的批评者未解决的关键问题，如怎样证明数据权力被滥用等。再次，呼吁让科技公司的做法成为人们关注的焦点；最后，出台相应的技术或监管补救措施来应对网络集中化。总之，该文围绕互联网集中化的解决方案展开，在层层分析的基础上，提出了许多较为实用的建议。

第四篇文章《中国拥有世界上最集中的互联网系统》，对比了中西方互联网公司之间建筑设计、组织架构等方面的差异，指出中国互联网公司的特点在于每个巨头集中某一方面的数据资源，例如阿里巴巴为智能城市收集数据，百度为自动驾驶汽车收集数据，腾讯为医疗成像收集数据。同时，政府作为技术管理者，有一巨大优势：国家可以分配人工智能的成果，确保其能服务于社会，而不是归于算法所有者与私人资本，有望为所有人创造财富。但是由政府来主导的治理方案仍然面临实际问题。其一，让公用事业公司来管理数据肯定会减缓创新，初创企业的日子更加难过。挑选赢家是很棘手的问题；其二，可能导致数据滥用。文末，作者提出两种方案：选择监管还是杰弗逊式的互联网，以供读者参详。概而言之，通过层层递进分析方式，摆明了各个解决方案的利弊，引发读者思考。

第五篇文章《区块链技术可能提供一种重新分权互联网的方法》提出区块链作为一种分布式记账方法，有望使互联网重新分权。同时，提出区块链目前面临的诸多困难，如构建正确的工具和应用程序需要时间，还需要大量的制度创新，无法处理大量用户，许多区块链项目本身所有权是相当集中的。相应的解决方案有：以智能契约的形式将决策过程编码到软件中，这种方法称为"链上治理"；以创造性的方式管理数据，例如从数字信息中提取见解，同时让消费者和企业保持对数据的控制。总之，作者在对区块链面临的困难及相应解决方案解读的基础上展开了批判性思考。

第六篇文章《要使互联网更加分散化，没有单一的解决方案》对主题进行了升华，将方案蕴含在题目之中，互联网分权改革，没有单一解决方案。正文开头亮明观点：杰弗逊式的 Web 3.0 改革似乎还有很长一段路要走，而与之对应的监管政策——强有力的反垄断政策——看起来也没有多大希望。在网络上，人类似乎注定要在汉密尔顿式的黑洞中陷得更深，但这样的结果并非不可避免。在此基础上，指出当前的任务不是拆除数据塔，而是创建一个充满活力的数字城镇广场，让多样性勃发，结合杰弗逊和汉密尔顿的方法以及监管各自优点，解决分权化问题。之后例证了历史上迫使科技巨头分享部分财富的好处，以古喻今，提出开放巨头数据仓库，从而降低进入市场的壁垒，给新来者提供更好的竞争机会。更为重要的是，政府必须让分散的替代方案更容易出现，这可能意味着通过自行使用或强制使用这些服务来创造对此类服务的需求，例如要求其中一些服务，如基于区块链的数字身份，由大型在线服务提供商提供。文末以1890 年反托拉斯制定者参议员约翰·谢尔曼的名言结尾，"如果我们无法忍受国王作为一个政治权力，我们就不应该忍受一个国王生产、运输和销售生活必需品"，以此讽喻当今科技寡头统治的互联网与当初强盗贵族统治美国经济的暗合之处。总而言之，关于"修复互联网"的这六篇文章，或是用例证，或是以说理的方式，层层递进剖析了互联网分权的解决方案及其社会各方的回应。沿袭了该报一贯的报道风格，注重科学论证与数据，善于启发读者思考。

《经济学人》关于某些议题的报道引发了 NGO 等公益组织的关注，形成良好的社会影响。例如 2019 年 2 月 28 日《经济学人》关于水资源短缺的特别报告"口渴的世界[①]"得到水援助组织[②]（WaterAid）的积极响应，引发民众对于水和卫生危机的重视，有利于协调各方力量共促问题解决。具体而言，该专题报告由《气候变化和人口增长使世界水资源问题更加紧迫》《由于有毒和过度开发，许多河流处于危险状态》《围绕水资源的争端将日益成为国际紧张局势的根源》《地下水帮助养活人类，但它正极度枯竭》《解决世界水短缺问题的最好方法是少用水资源》

[①] Economist Special report. 2019. " Climate-change-and-population-growth-are-making-the-worlds-water-woes-more-urgent. " Accessed February 28. https：//www. economist. com/special－report/2019/02/28/climate－change－and－population－growth－are－making－the－worlds－water－woes－more－urgent.

[②] WaterAid. 2019. "WaterAid featured in the Economist Special Report on Water Scarcity. " Accessed March 1. https：//www. wateraid. org/us/stories/wateraid－featured－in－the－economist－special－report－on－water－scarcity.

《人造水可以补充天然物质，但绝不能取代自然水》《水，最初的溶剂，可以提供解决方案》《资料来源与致谢》这八篇系列文章组成，研究气候变化、人口增长和管理不善是如何将全球水危机带到一个临界点的。水援助组织对于该专题予以热烈响应，专门开辟了专栏，将《经济学人》报道融入其中，在该组织的主页上方用大字醒目标注了"水援助组织在《经济学人》关于水资源短缺的特别报道中有特写"，而主页面中段是《经济学人》两篇报道"饮用水中毒"与"政治选择"的图文介绍与链接，点击即可观看，并在页面底端标注"我们想听听你的消息！在网上用'#口渴的世界'分享你对《经济学人》该报告的反应"。如此一来，水援助组织行动与《经济学人》报道形成联动效应，带来较大的社会反响。

（三）运营状况

《经济学人》在经营管理方面锐意创新，整合各个渠道资源，拥抱新媒体，取得了显著成效。

1. 人员构成

2015 年起《经济学人》迎来创刊以来首位女编辑桑尼·明顿·贝德多（Zanny Minton Beddoes）。贝德多是一位受过专业训练的经济学家及资深内部人士，奉行经济自由主义，她在 2008 年经济动荡期间写道，"更自由、更灵活的市场仍将比政府的重拳更有利于世界经济[①]"。同时，她也关注在全球化和科技的推动下的不平等现象。

《经济学人》特别报告的编辑是芭芭拉·贝克（Barbara Beck）。自1995 年以来，贝克便担任此职务，她本人还撰写了一些报告，内容涉及

---

① Henry Mance. 2015. "We live in a time of disruption but where others see difficulty, we see opportunity-not just to survive but to thrive." Accessed January 23. https：//www.ft.com/content/f1796582 - a0d0 - 11e4 - 8ad8 - 00144feab7de.

德国、澳大利亚等许多国家，以及妇女、工作、老龄化经济学等众多主题。多年来，贝克撰写了包括澳大利亚、奥地利和瑞士在内的整个国家的特别报告。在她写的众多问题报告中，有《人口老龄化——缓慢燃烧的导火索》（2009.6）和《妇女与工作——缩小差距》（2011.11）。2012年，她在《经济学人》的主要报告《大变革：2050年的世界》（Megachange：the World in 2050）的"人际关系"一章中贡献了一个章节，题为"女性的世界"。同时贝克也是《经济学人》旗下《科技季刊》的编辑。

2. 运营模式与资金来源

《经济学人》主要依靠付费阅读维持媒体运营。例如"特别报告"分为纸质印刷版和网络版两种形式。前者的盈利依赖发行收入与印刷广告收入，而后者依赖数字订阅与在线广告。其中，纸质印刷版大概每周出一期，每期售价7.5英镑。除了印刷版与电子版外，"特别报告"还有音频版，每期售价相同。近期《经济学人》推出了三种组合优惠套餐，价格皆是12周售价20欧元，不同是所包含名目。第一种是印刷版，每周出版一期的纸质报告；第二种是印刷版+电子版，除了纸质报告外，还可在PC、平板电脑及手机等渠道登录并下载《经济学人》，另送每周经典数字版应用及Espresso晨间简报；第三种是电子版，除了纸质版本的内容报告外，其他端口的内容皆可观看。除了读者订阅外，在线广告也是"特别报告"的重要收入来源。在主页、专题、新闻阅读界面右侧均设有1~2条竖条广告（Banner），用户点击即可了解详情。

《经济学人》在前任主编麦克列维特的领导下，付费总发行量增长40%，至160万份。然而，由于该杂志2014年削减了订阅折扣，这一数字有所下降。随着BuzzFeed、Vox等新闻网站竞相吸引读者的注意力，传统媒体集团正在重新考虑它们的编辑方式和商业模式。尽管是数字订阅和音频的先驱，但是《经济学人》90%的销售收入仍来自纸媒。《经济学人》积极在数字平台上寻找新读者。其实早在1996年该杂志便开始在线出版，近两年推出了每日新闻应用（Espresso）、中英双语产品全球商业评论（Global Business Review）和虚拟现实应用（Economist VR）。《经济学人》电台每周制作几期播客，《经济学人》电影制作长短形式的视频。社交媒体部门在 Facebook、Twitter、LinkedIn、Snapchat、连线（line）、Medium 和其他社交网络上都拥有广受关注的账户①。其中，The Economist Espresso 从周一到周六每天推送 5 篇深度好文，为受众提供全球最新的发展动态，就如同一份新闻晨报，完全打破了以往每周更新一次的局面，有效增强了《经济学人》的影响力。而"全球商业评论"是一款中英双语新闻应用，是由跨国团队研发出来的，每个月会精选30 篇文章，就全球科技、金融、市场等诸多领域的热点问题展开深度分析；此外，《经济学人》智库作为该刊核心机构，广为搜罗信息，为客户提供优质化的服务。现如今拥有国家分析报告、企业网络组织、高管服务和经济学人会议四大业务。其中，国家分析报告业务主要针对全球 200 多个国家和地区的市场，进行经济发展走向、市场风险评估、日常事件分析、行业发展趋势等相关的业务服务；企业网络组织主要为企业客户提供运营风险评估、客户数据分析、行业发展趋势等方面的业务服务；高管服务主要为企业高管提供经验分享平台，构建企业高管的全球化联系体系；经济学人会议主要是定期组织开展企业高管论坛和圆桌会议等活动②。

在新媒体运营方面，《经济学人》可以说是锐意进取。该杂志实行社交媒体和传统媒体同步运营方针，不仅在各社交媒体平台广铺资源，更是将整个编辑部与社交媒体平台相对接。《经济学人》于 2015 年建立社交编辑团队，起初团队成员只有两个人，而现今已扩展为十人。该周刊的社交媒体编辑人员需要与 2000 多万的用户维系关系，并制造话题吸引更多

① Economist. 2019. "Staff-directory." Accessed April 26. https：//www.economist.com/about – the – economist#staff – directory.

② 陈明：《新媒体时代〈经济学人〉的创新与探索》，《传媒》2017 年第 22 期，第 52～53 页。

受众①。除了社交媒体第三方平台外，《经济学人》还积极拓展其他新型表现形式，如《经济学人》电影可看作该杂志的可视化新闻，审视全球重大主题。结合了分析、现场报道，以视频形式捕捉了主流时事报纸《经济学人》的精髓。它既制作虚构的电影，如《99 个家庭》（2014）、《华尔街之狼》（2013）等，也制作纪录片，如《怪诞经济学》（2010）、《人人不平等》（2013）等。

（四）结　语

《经济学人》的准建设性新闻项目"特别报告"每期围绕特定议题采用深度系列报道的方式，对该议题所包含的问题、原因、由来、解决方案进行探讨。从报道理念及方式来看，符合建设性新闻的内核，即关注社会问题，并以解决问题为导向进行新闻报道。总之，该刊从事建设性新闻的优势在于深厚的专业功底与扎实的报道，具有较强的公信力与影响力；从所报道议题来看，涵盖政治、经济、社会、民生、科技等诸多领域，内容涵盖面宽广；从报道形式来看，丰富的数据、图表及严谨的论证，具有较强说服力。不足之处在于报道形式较为单一，图文报道为主，视频报道较少，略显单调；内容以纸质版本为主，不利于与受众充分互动。同时，虽然该刊在各社交媒体平台均开设有相应官方账号，但是没有另行开设"特别报告"的账号，这些均不利于及时收集用户反馈与粉丝维护。由此看来，如何在保证既有报道品质的前提下丰富报道与表现形式，充分利用新媒体平台与读者开展互动，从而扩大"特别报告"的影响力，是《经济学人》需要深入思考的问题与努力的方向。

---

① 李锋伟：《社交媒体时代英国〈经济学人〉的经营之道》，《传媒》2018 年第 280（11）期。

附表 5 – 1　《经济学人》"特别报告"分集议题

(2018. 4. 26 ~ 2018. 12. 1)

时间	话题	标题	标签
2018.12.1	全球经济脱碳	合成燃料可以帮助低碳航空起飞	航空
	全球经济脱碳	如何从工业中获取碳	脱碳工业
	全球经济脱碳	大规模电气化是可能的	相对容易的部分
	全球经济脱碳	从热空气到行动	无碳化的资本主义
	全球经济脱碳	怎样才能使全球经济脱碳？	征服二氧化碳
	全球经济脱碳	约翰·古迪纳夫	大脑扫描
	全球经济脱碳	卡车可以帮助实现氢经济	重型运输
	全球经济脱碳	在追求可再生能源的热潮中,脱碳供暖被忽视了	加热
2018.9.27	垃圾治理	企业正在努力减少、再利用和回收利用	现代炼金术
	垃圾治理	推行循环经济会遇到阻力	周遭情况
	垃圾治理	我们做出了众多努力来清理海洋	清理海面
	垃圾治理	中国禁止进口垃圾正在改变全球垃圾贸易	巨龙退出
	垃圾治理	贫穷世界和富裕世界面临着不同的浪费问题	倒在垃圾堆里
	垃圾治理	新兴经济体正在迅速增加全球垃圾	一堆垃圾
2018.6.28	修复互联网	如何解决互联网上的错误？	来龙去脉
	修复互联网	互联网的故事是关于层次的	比网络更吸引人
	修复互联网	监管机构如何在网上防止过度集中？	芝加哥一个新学派
	修复互联网	中国拥有世界上最集中的互联网系统	终极围墙花园
	修复互联网	区块链技术可能提供一种重新分权互联网的方法	杀手级应用的突击者
	修复互联网	要使互联网更加分散化,没有单一的解决方案	可能性的艺术
2018.4.26	全民医疗	无论在富国还是穷国,全民医疗都能带来巨大的好处	一种负担得起的必需品
	全民医疗	初级医疗的重要性	先做重要的事
	全民医疗	把外科手术看作昂贵的奢侈品是错误的	刀下留人
	全民医疗	更多、更明智的医疗支出可以挽救数百万人的生命	人类生命的代价
	全民医疗	流行病学的转变正在向新兴世界蔓延	一个转移的负担
	全民医疗	没有人会在心理健康上花足够的钱	一个疯狂的系统
	全民医疗	在发达国家,美国是一个医疗保健的异类	自由国度

六 INKLINE：发现火花

人们对负面新闻的倦怠情绪有目共睹，因为消极新闻除了提醒人们这个世界存在的问题外，还会让人产生消极情绪，如此也影响了人们对世界的认知。正如英国 INKLINE 的联合创始人茱莉娅·米涅（Julia Migné）所言："人们对于传统新闻模式持拒绝态度，因为负面新闻的涌现会让读者产生'新闻疲劳'或'新闻厌倦'，而建设性新闻内容则能提高读者的参与度，对于年轻读者而言尤其如此"[1]。鉴于此，英国 INKLINE 应运而生，该媒体是一个专注于正面新闻的国际网络媒体平台，总部位于英国，由艾斯瑞·阿明（Aisiri Amin）与茱莉娅·米涅于 2016 年 10 月成立，以解决方案为主，采访对社会文化事业做出重要贡献的个人，报道逆境中仍不放弃追求梦想的人们的故事，以及从书评或电影中获得灵感，全方位展现世界的美好与多元化，所定位的目标群体为年轻人。鉴于此，我们主要围绕 INKLINE 的建设性新闻栏目内容及传播方式来分析该媒体的建设性新闻实践特色。

（一）建设性新闻栏目特色

目前，INKLINE 在网站上设有"好新闻"（Good News）、"佼佼者"

---

[1] Journalism. co. uk. 2018. "Constructive Journalism：A Cure for Reader Disengagement?" Accessed July 17. https：//www. journalism. co. uk/news/constructive – journalism – a – cure – for – reader – disengagement – /s2/a724852/.

（Go-Getters）、"火花"（The Spark）及"激情澎湃"（Chase That Passion）四个建设性新闻栏目，其中分析发现"激情澎湃"与"佼佼者"内容趋同，因此该栏目不在重点考察范围内，以下主要围绕前三个栏目的新闻内容进行分析，以探析 INKLINE 的新闻特色及存在问题，进而引发深思。

1. "好新闻"栏目：聚合"正能量"新闻

"好新闻"栏目内容正如其名，以解决方案理念为导向，聚焦于各种激励人心的解决之道，以阐释成功案例为主，发布周期为 3～4 天。然而，这些新闻报道并非原创，而是聚合全球主流媒体与世界组织的正面新闻报道，这也是该栏目的特点。通过对"好新闻"栏目 2019 年新闻报道进行内容分析（见表 6-1）发现，"好新闻"栏目聚合新闻体现其解决方案的思维导向。从报道形式来看，"好新闻"栏目内容体裁均为消息，通常以文字＋图片的形式出现，其新闻报道实则为全球"正能量"新闻的摘要版，起到索引作用，每篇新闻报道末尾会附上报道来源链接，以方便读者查阅原文；从报道来源来看，新闻报道源自全球主流媒体与世界组织官方网站，如英国 BBC、《卫报》，美国 CNN，卡塔尔半岛电视台及联合国网站，等等，整体而言，英国当地的主流媒体居多；从议题构成来看，主要报道与民众相关的社会议题，根据表 6-1 可知，"好新闻"栏目聚焦健康、环保、医疗技术、性别、教育等问题，还关注社会公正、生态保护、妇女与儿童、能源等议题，其中 2019 年建设性新闻报道中的环保与生态保护议题一枝独秀；从报道视角及内容来看，"好新闻"聚合的新闻报道体现了解决之道新闻的理念，从积极、正面的视角来报道社会存在问题，没有对问题过度渲染与解读，而是以阐释成功案例为主，主要关注政府、企业、社会团体、个人应对各领域问题的解决方案，以呈现社会的积极阳光，读者可以从中了解各国应对问题的解决方案，实现积极有效的舆论影响，如《孟加拉国明令禁止捕鱼两个月以拯救关键物种》《墨西哥科学家找到治愈由 HPV 引起宫颈癌的方法》。

表 6 - 1 "好新闻"栏目 2019 年新闻报道内容一览

新闻标题	报道议题	报道来源	呈现形式	内容体裁
尼日利亚加入《非洲自由贸易协定》	经济	美国 CNN	文字＋图片	消息
博茨瓦纳将同性恋合法化	性别	卡塔尔半岛电视台	文字＋图片	消息
不丹的教师和医生将成为薪酬最高的公务员	就业	《印度快报》	文字＋图片	消息
WHO 不再把跨性别者归为精神障碍	性别	英国 BBC	文字＋图片	消息
菲律宾学生必须种树才能毕业	教育	英国《独立报》	文字＋图片	消息
英国超市推出免包装试用	环保	英国《卫报》	文字＋图片	消息
新西兰开始用人民幸福感来衡量其成功	社会	英国《卫报》	文字＋图片	消息
孟加拉国明令禁止捕鱼两个月以拯救关键物种	生态	英国 BBC	文字＋图片	消息
世界上第一种疟疾疫苗将运往非洲	医疗	美国 CNN	文字＋图片	消息
韩国取消数十年的堕胎禁令	女性	英国《卫报》	文字＋图片	消息
英国成为宣布气候紧急情况的第一个国家	环保	美国《生态观察》	文字＋图片	消息
美国批准一种治疗产后抑郁症的药物	医疗	美国 CNN	文字＋图片	消息
柏林强调性别工资差距和女性交通折扣	性别	英国《卫报》	文字＋图片	消息
巴西获得 9600 万美元用于保护其森林	环保	联合国气候变化新闻网	文字＋图片	消息
墨西哥科学家找到治愈由 HPV 引起宫颈癌的方法	医疗	英国《每日快报》	文字＋图片	消息
印度尼西亚首次获得可持续捕捞认证	生态	英国《卫报》	文字＋图片	消息
三星加入对抗一次性塑料的斗争	环保	美国科技媒体 The Verge	文字＋图片	消息
全国禁令之后澳大利亚的塑料袋使用率下降了 80%	环保	澳大利亚特别广播服务公司	文字＋图片	消息

资料来源：基于"好新闻"栏目 2019 年新闻内容。

2."佼佼者"栏目：树立典型人物与事迹

"佼佼者"栏目主要关注致力于社会文化事业的优秀人才以及摆脱生活逆境人们的事迹，采用访谈文本的形式来报道新闻。我们选取 2018～2019 年"佼佼者"栏目的 35 篇新闻报道进行内容分析，发现"佼佼者"栏目建设性新闻报道具有以下特征。

（1）选择话题立意深远：从民主视角设置议题

早在 20 世纪初，约翰·杜威与沃尔特·李普曼就新闻媒体与现代民主之间的关系展开争论，而 20 世纪末"公共新闻"实践秉承媒体责任论思想，无论从理论还是实践均表明媒体责任与民主发展密切相关。"佼佼者"栏目继续沿袭这种媒体责任思想，打破了传统的西方新闻专业主义所要求的"时效性"，没有报道每天发生的热点事件，而是关注与社区公民及边缘群体生活息息相关的议题。根据 2018～2019 年"佼佼者"栏目中的 35 篇新闻报道内容分析结果显示，议题涉及性别、健康、文化与艺术、教育、社会发展、环境保护、技术创新、儿童、心理学、种族、农业发展，表 6-2 统计结果显示，报道议题最多的为社会发展类（34.2%），值得注意的是，议题构成中很少涉及政治议题与经济议题等"硬新闻"常规议题，而是将目光投向公民，回归公民生活，尤其是弱势群体或边缘群体，其中在社会发展议题的报道中，聚焦于流浪者、难民、残障人士及贫穷人群，体现了 INKLINE 立志成为更负责、更可靠及更民主新闻机构的决心。

表 6-2　2018～2019 年"佼佼者"栏目新闻报道议题分布

新闻议题	篇数	百分比（%）
社会发展	12	34.2
健康	4	11.4
文化与艺术	3	8.6
环境保护	3	8.6
技术创新	3	8.6
心理学	3	8.6

新闻议题	篇数	百分比（%）
性别	2	5.7
教育	2	5.7
种族	1	2.9
农业发展	1	2.9
儿童	1	2.9
总计	35	100

资料来源：2018～2019 年"佼佼者"栏目新闻报道议题统计（更新至 2019 年 7 月）。

（2）报道方式新颖：采用问题中心访谈法以呼应解决方案导向的新闻理念

"佼佼者"栏目的特色之一就是以访谈文本来呈现新闻报道内容，该栏目中的访谈报道类似于质性研究方法中提到的问题中心访谈法，该访谈方法的特色在于以问题为中心、以目标为导向、以过程为取向①，这与基于解决方案的新闻（Solutions-based Jounalism）相契合，在"佼佼者"栏目中也有所体现。鉴于此，我们基于访谈的核心要素，从访谈问题、提问方式及采访对象三个方面对 35 篇访谈新闻进行内容分析。分析显示，每篇报道都会围绕一个核心主题故事展开，故事的核心元素为激励人心的方案项目或成功案例，一般而言，访谈问题围绕项目运营情况设计，而访谈对象则为项目负责人。

关于访谈问题，每篇报道一般设有 7～8 个问题，记者会提前设置问题提纲，虽然采访对象不同，但是从访谈问题中还是可以看到明确的主线：项目发起的动机—项目运营过程及情况—面临挑战（如何应对挑战）—成功秘诀—项目特色—项目实施效果—未来发展计划—对年轻群体的建议，所提问题都在这八个要素之内。如在《橙色天空：为无家可归者提供免费洗衣服务》的新闻报道中，记者提出的问题如下。

①是什么激发您帮助无家可归者的决心？——发起动机

---

① 弗里克、乌维（Flick，Uwe）：《质性研究导论》，李政贤、廖志恒、林静如译，台湾五南出版社，2009。

②你如何获得资金来让你的想法落地？——项目运作

③在货车上使用洗衣机的技术是你面临的最大挑战吗？——面临挑战

④"橙色天空"自 2014 年创立以来有何影响？——项目实施效果

⑤为何你认为自己在寻找志愿者协助完成使命方面具有优势？——成功秘诀

⑥你与尼克看似都是有创意的人。这对你的工作方式有何影响？——成功秘诀

⑦到目前为止，你最骄傲的成就是什么？——项目特色

⑧接下来你们会干什么？——未来计划①

从中明显可以看出，问题的设计围绕救助流浪者项目"橙色天空"，以方案为导向，从"橙色天空"负责人的项目发起动机到提出解决方案，再到方案未来预测，从内到外全方位展现如何以建设性视角来解决无家可归者这一社会问题，通过提问让受访者叙述方案的影响力、特色做法及未来发展情况，这充分体现了建设性新闻"关注未来"的特点，满足（有同样理想，或面临同样问题）受众了解项目的需求。

关于提问方式，以往记者在采访过程中扮演调查者角色，采用进攻式提问策略，这样会让受访对象产生防御心理②，而 INKLINE 记者在提问时则以建设性的方式提问，从解决方案及其未来发展出发，在采访过程中合理应用积极心理学，唤醒受访对象与受众的积极情绪，正如一名探索者尽量让采访对象畅所欲言。通过内容分析发现，"佼佼者"新闻报道采用一些建设性策略。一是以日常生活的语态来打开话题，如通过询问采访对象

---

① 英语原文：（1）What triggered your desire to help homeless people? （2）How did you get the funds to pilot your idea? （3）Was the technical aspect of managing to make the washing machines work in the van the most challenging thing you had to overcome? （4）What impact did Orange Sky have since its creation in 2014? （5）Why do you think you've been so successful at finding volunteers to help you achieve your mission? （6）You and Nick seem like a creative bunch. How does that influence the way you work? （7）What accomplishment are you most proud of so far? （8）What's coming next for you guys?

② 晏青、凯伦·麦金泰尔：《建设性新闻：一种正在崛起的新闻形式——对凯伦·麦金泰尔的学术访谈》，《编辑之友》2018 年第 7 期。

的近况来缓解采访对象的紧张感，从而拉近与其的距离，记者在《Canva：图形设计不再高不可攀》新闻报道中，以"Canva 已价值 10 亿美元！恭喜你！这真的让人不可思议！旅行怎么样呢？①"这个问题缓解了紧张与尴尬的气氛，也让采访对象放下心理戒备、畅所欲言，如此，记者也可以按照问题提纲采访以实现其目标。二是采用一般性提示，以对受访者所讲述的内容进行补充提问，从而挖掘到更深层的信息，让读者对解决方案有更本质和全面的了解。在新闻报道《海洋垃圾桶项目：清除海洋污染物》中，记者提出"关于'海洋垃圾桶并非解决方案，教育是真正的解决之道'，您能否详细阐述一下？②"，记者之所以提出这个问题是因为在上一个问题中受访者提到"教育才是解决垃圾问题的根本"，因此抓住机会进一步追问，希望受访者在这个问题上能够深入阐述，借受访者之言来深度探索问题的根本解决之道，这也与建设性主题遥相呼应。三是以意义为导向来提问，即关注采访对象创伤后的成长过程③及如何处理类似经历。记者的提问通常会影响采访对象的情绪，通过"佼佼者"栏目报道发现记者并没有二次揭开受访者的创伤，而是以具有意义导向的问题将焦点落到解决方案上，以探索其存在的意义，如提出一些问题"你最大的挑战是什么？你是如何克服它的？""发展中国家的人们通常有什么样的刻板印象或偏见？Actuality Media 如何解决这些问题？""和你一样，世界上成千上万千禧一代年轻人都面临着社会文化混杂的困境，你对他们有什么建议？"这种提问方式避开了情感二次伤害的同时还融入积极情感元素，以引导读者朝积极方向思考，唤醒他们的"正能量"，以重塑对未来的信心。

就访谈对象而言，**INKLINE** 记者在新闻报道中选取的访谈对象为各创

---

① 英语原文：Canva just hit ＄1 billion！Congratulations on that！That is an incredible achievement. How has the journey been?

② 英语原文："Seabins are not the solution, education is the real solution." Could you expand on that?

③ Gyldensted, Cathrine. 2011. "Innovating News Journalism Through Positive Psychology." mater's thesis, University of Pennsylvania.

新项目的负责人，分析发现，从职业背景来看，访谈对象包括三类：曾遭受某个问题困扰的普通公众；具有职业理想与社会理想的人，部分人转行从事社会公益事业；具有创新思维的创业者。从访谈对象年龄来看，以年轻人为主。为何选择具有这类特点的访谈对象？结合建设性新闻概念以及INKLINE 的自身定位进行分析，我们认为可能存在以下三点原因。其一，访谈对象有在逆境中生活的经历，这样的背景会引发有同样境遇读者的共鸣，对于方案的叙述也更客观、更有说服力，而媒体只是充当沟通桥梁，借访谈对象之言来传递"正能量"。其二，不仅关注社会问题，而且要关注潜在方案及未来面向，通过讲述这些优秀者的成功案例，鼓励更多有社会理想和职业理想的人参与行动。其三，这些采访对象通常在某方面有突出贡献，对社会发展具有主导性影响力和话语权，从而也增加了 INKLINE新闻的权威性及品牌效应。

（3）以立体化方式还原新闻现场：图片与视频来自采访对象

多模态信息的处理虽然复杂，但是它的阐释力远远超出了信息本身的传递效果[1]，记者在"佼佼者"栏目中以文字＋图片＋视频的立体化方式来展现内容，通过各种方式来全方位激活读者对积极信息的感知能力，以期望加强"正能量"的传播效果，感染和鼓励更多的人参与到改变社会的实际行动中来。图片内容融入了积极元素，真实记录了项目运行过程中每个鼓舞人心的感动瞬间，并插入到文字中间；此外，每篇文章也会配有 1 ~ 2 个视频，与文字、图片共同来承载信息，视频通常为项目运营公司的宣传片、负责人之前的采访视频及解决方案的细节记录。然而，与其他媒体不同之处在于，图片与视频并非来自 INKLINE，而是由采访对象或者项目运营公司提供，每张图片或每个视频右下方都会标注信息来源。

---

[1] Geise, Stephanie and Naden C. 2015. "Putting the Image Back into the Frame: Modeling the Linkage between Visual Communication and Frame-processing Theory." *Communication Theory* 25: 46 - 69.

3. "火花" 栏目： 传递美好生活观与价值观

如果说"佼佼者"栏目从宏观层面来关注公民生活，那么"火花"栏目则是从微观层面来报道与民众生活息息相关的新闻，为读者全方位提供生活问题的解决方案，从物质到精神层面都有涉及，满足读者各方面的信息需求，通过新闻唤起民众对生活的热爱和热情。基于 2018 年"火花"栏目内容，我们发现"火花"栏目的新闻报道特色主要在于分享和推荐"正能量"信息，从精神层面激起读者共鸣，或者引导读者摆脱消极情绪，传递正向生活观与价值观。

从报道内容来看，主要分为激励人心的书籍、电影及影评的推荐；分享权威专家就某个问题的观点；向读者推荐有助于解决个人生活问题的组织、技术或者榜样。从报道形式来看，"火花"栏目的新闻报道形式并非严格按照新闻五要素来制作，更像是评论，包括各种书评、影评、音乐推荐及各种观点分享，以"软化"的方式来传递信息，以新闻报道《关于枪支管制的四种有见地观点》为例，该新闻主要探讨美国的枪支问题，就如何管制枪支引用四名专家的观点，分别提供四种不同的解决思路，引用专家的观点是为了保证新闻的权威性与真实性，以呼吁人们关注枪支问题并参与制订解决方案。从议题构成来看，"火花"栏目主要涉及社交关系、心理健康、食品安全、女权主义、枪支管制、难民危机、成功之道等等，但整体而言呈现"两极分化"的结构特点，一方面围绕个体的身体与心理健康确定议题，关注个人的精神生活与物质生活；另一方面也关注社会问题的解决方案，但这有别于从国家层面的探讨，主要以引述专家观点为主。总而言之，"火花"栏目名副其实，以分享激发积极情绪与正面态度的灵感来源为报道内容是其主要特色，这些文章可以触动读者心灵，但同时也有心灵鸡汤的意味。

除上述三个新闻栏目外，INKLINE 网站上还设有"激情澎湃"栏目，基于 2018～2019 年该栏目的新闻报道分析发现，该栏目与"佼佼者"栏目在报道视角、议题构成、内容框架上基本相似，所以在此不再赘述，主要分析其不同之处。"激情澎湃"以通讯和特写为主，直接引述项目负责人的叙述内容，更关注创新项目运行过程及方案实施过程；受众目标定位不同，"佼佼者"更侧重于同样面临逆境的人们，从精神层面鼓励其走出逆境并提供解决方案，而"激情澎湃"对受众定位更广泛，除弱势群体和边缘群体外，立足社会视角关怀个体的存在并解决其面临的问题与挑战。整体而言，"激情澎湃"栏目与"佼佼者"内容趋于同质化，因此关注量较低，这也直接影响了新闻报道的数量，截至 2019 年 7 月该栏目文章仅有 2 篇。

（二）传播方式

网络传播模式的形成离不开传播媒介平台、传播手段及用户需求与反馈多种因素的共同作用。INKLINE 是一个网络媒体，具有传播渠道的多重属性，尤其随着手机等移动终端的强势发展，INKLINE 的多重属性特点更加凸显。其传播特点主要体现在以下方面。首先，传播媒介平台呈现立体化格局，以 INKLINE 官方网站为主要信息发布平台，同时在 Twitter、Facebook 与 Instagram 等社交媒体平台上开设账号，进行同步传播，整体构成立体化的传播网络。其次，传播手段的融合特征凸显，INKLINE 与其他媒体无异，也是采用多媒体融合方式，主要体现在两个方面。一方面是在网络平台上承载各种形式的信息，四个栏目均有文字、图片、视频等，多种传播手段并存，但主要以"文字＋图片"的内容呈现方式为主；另一方面是综合运用多媒体手段就某新闻事件或议题的信息进行辐射式传播，每篇文章下方都设有 Facebook、Twitter、电子邮件、WhatsApp、Pinterest 及 LinkedIn 等平台的"一键分享"链接，为信息多渠道传播提供可能。基于多样化传播手段，传播主体也呈现多元化特点，一级传播以媒体记者为主导，以社交媒体用户为信息多级化传播主体。

在传播过程中，用户既是受众又是传播主体。从用户反馈来看，INKLINE 整体传播效果平平，其中 Facebook 为社交媒体传播的主力，截至 2019 年 7 月，粉丝数为 3527 人，点赞数为 3494 次，这与同年成立的德国《每日观点》相比影响力明显较弱，其次为 Twitter 和 Instagram，粉丝数未过千，其中以 Twitter 账号为例，INKLINE 网站发布的原创内容的点赞数与评论数均不超过 10 次，而转发其他机构的推文则关注量较高，如转发的联合国妇女署关于布隆迪发表的女性赋权的推文，转发量为 141，点赞量为 252，然而同为女权议题的 INKLINE 报道《化妆和染发可以帮助无家可归的女性吗》的点赞量为 1，转发量为零①。显然，INKLINE 原创内容并不具有话题性，没有形成话语空间，无法实现话题的裂变式传播，传播力与影响力较弱。这与该媒体的人员构成有密切联系，INKLINE 的专业媒体团队只有四名成员，因此他们在媒体运营及传播方面显得捉襟见肘，在报道数量上也有限，没有专门的传播运营团队，这并不利于以人为核心的社交媒体运营。

（三）问题与反思

综上所述，INKLINE 的定位明确，以激发受众的积极情绪并提供解决方案为新闻报道的核心理念。在该报道理念下，最具特色的栏目还是"佼佼者"，以凸显先进事迹作为报道方式，类似于典型人物报道，注重价值传播，剖析典型人物的内心，从更深层次来挖掘积极元素，从而产生强烈的社会认同感。然而，从整个媒体的建设性新闻发展情况来看，还有很多问题亟待解决和完善。

一方面，整体组织运营能力较弱。媒体的组织运营是整个媒体发展的重要环节，而 INKLINE 的媒体运营团队仅有四名专业成员，仍有发展的空间。其一，无法保证新闻的时效性，文章发布周期为一个月；其二，在内容的呈现方式上较为单一，程式化特点明显，基本上以固定模板来叙事，比如"好新闻"栏目为信息聚合特征，以消息形式报道；而"佼佼

---

① 资料来源：从微博相关账号内容统计得出，截至 2019 年 7 月。

者”以访谈形式报道，该栏目报道均以背景信息＋访谈实录为模板；其三，在社交媒体中并不活跃，没有利用其优势来传播建设性新闻中的“正能量”，在社交媒体时代，信息的扩散或二次及多次传播至关重要，然而 INKLINE 的运营团队并不成熟，与用户互动不够积极，并不能掌握用户的需求，所以 INKLINE 的传播模式更像是单向的线性传播。鉴于上述问题，INKLINE 应该广纳人才，招揽各专业与各领域的媒体人才，从而拓展新闻报道的视角与传播范式，同时也能在时效性上得以保证。

另一方面，在用户生产内容方面缺位。在人人皆媒体的时代，用户成为新闻内容生产的新突破口，新媒体不仅要满足受众的需求，而且也为受众赋权，由“受众”演变为“用户”。在此背景下，INKLINE 虽然也采用用户所提供的照片，但整体而言，却在用户生产内容方面缺位：一是，缺乏内容生产渠道，用户只能浏览文章，却不能评论或参与创作内容，在 INKLINE 网站并没有设置相应的板块来集中呈现用户观点及提供信息，这对于一个新媒体而言并不占优势；二是，媒体与用户或读者之间的上下关系依然明显，用户的主体性地位在建设性新闻的报道中并不突出，并没有为读者与新闻报道中的典型人物建立联系平台或促使读者参与提出和制订问题解决方案，也没有追踪用户在阅读建设性新闻之后的态度及行动改变。如此，INKLINE 在建设性新闻中将会流失一部分受众，而且积极情绪的传播效果也会大打折扣。因此，INKLINE 应该遵循新媒体的发展规律，在保证新闻内容质量的同时，也要为用户生产内容提供机会，从而保持用户对于新闻内容的黏性，如设置相应的内容供应渠道或利用社交媒体深化与用户之间的关系，通过用户反馈来进一步思考新闻的报道方向或视角，以用户视角来确定新闻走向。

七 | 《每日观点》：融入科学研究方法

随着新闻业竞争加剧，灾难与丑闻等负面新闻逐渐成为媒体吸引读者的一种噱头，"只有坏消息才是好新闻"一度成为新闻报道的迷思，如关于德国经济类新闻报道的调查发现，每个德国劳动力市场系列报道中平均有 5~10 篇负面新闻报道。这种情况引起德国媒体担忧，"唯负面消息论"的新闻理念是否合理？负面新闻对于公众和社会产生什么样的影响？如何解决这一问题？2016 年德国《每日观点》（Perspective Daily）就是在这一大背景下出现。《每日观点》由汉·兰格斯拉格（Han Langeslag）与玛伦·乌纳（Maren Urner）创建，是德国首家致力于建设性新闻与解决之道的德语在线杂志，其部分灵感来自荷兰《记者》新闻论坛与英国《积极新闻》，不仅报道问题，还探讨问题的解决方案与未来愿景，目前已经成为德国建设性新闻项目的典范。下面我们从《每日观点》的发展历程、新闻产制、传播方式、运营情况四个方面进行剖析。

（一）发展历程及现状

德国《每日观点》的出现是汉·兰格斯拉格与玛伦·乌纳这两名德国神经学科学家努力的成果。神经科学知识已经无法帮助他们解决一些问题，如为何在新闻头条中几乎看不到气候变化、贫富差距和移民问题的解决方案？我们如何能够建设性地应对挑战而不是抱怨问题？为何媒体不关注人类真正面临的紧迫问题？结合专业背景，他们意识到媒体对人们认知习惯形成的重要性，因此从神经科学转向新闻传播领域，同时从荷兰《记者》新闻论坛与英国《积极新闻》这两个致力于建设性新闻的媒体中有所借鉴。创始人之一玛伦·乌纳在其 2015 年 6 月 26 日的 TEDx 演讲《神经科学和新闻业与更美好的未来有什么关系》① 中就呼吁应该报道基于解决方案的新闻（Solutions-based Jounalism），并强调新闻报道的目的不是为了解释问题，而是讨论并实施解决方案，这样才有助于媒体打破传统思维定式，创造更美好的未来。在这一理念指导下，《每日观点》也应运而生，2016 年 3 月成功完成首次众筹活动，吸引 12 000 名付费会员（每人 42 欧元），共筹集到 50 万欧元，同年 6 月《每日观点》网站正式上线运营并发布第一篇新闻报道。目前，《每日观点》每日只发布一篇新闻报道，重点关注特定问题的可能解决方案。与荷兰《记者》新闻论坛一样都是采用会员制，截至 2018 年已有 13 000 名付费会员。

（二）新闻产制特色

《每日观点》受到德国民众青睐，离不开其推出的优质内容，核心在于其独特的新闻产制方式，由于《每日观点》以荷兰《记者》新闻论坛为模板，因此在报道理念与报道方式这些新闻产制构成要素中既相似，但又存在差异，我们从产制构成要素层面分析《每日观点》的文章与音频新闻内容，从而发现其新闻的生产与制作特色。

1. 新闻报道理念

《每日观点》的建设性新闻报道理念主要来自该媒体的核心价值观，即希望通过创新、愿景与跨领域思考者来激励读者重塑其对媒体与社会的

---

① TED. 2015. "Münster ｜ Maren Urner." Accessed June 26. https：//tedxmuenster.de/portfolio/maren－urner/.

信心，旨在构建一个讨论解决方案的平台，为具有创意的个人与组织发声。有研究表明，讨论不同解决方案的文本可以提升受众的兴趣，促使其产生积极的情绪，进而产生行动，这也是《每日观点》建设性新闻的理念所在①。具体体现于以下几方面。

一是深度阐释信息但并非局限于信息本身。《每日观点》创始人过硬的理工背景为其在满足受众信息需求时提供了独特的阐述方式，即以科研报告的形式来阐述问题，深度挖掘信息背景，并找到信息之间的关联，简洁明了却不失科学性地满足读者的信息需求。二是提倡建设性与解决方案导向的报道思维。《每日观点》提倡通过发布新闻报道来反思和探讨问题解决方案，一般很少直接提出解决方案，通常以展开建设性对话的方式来探讨解决方案，其中批判性思维至关重要，媒体工作者鼓励读者改变被动的信息接收方式，参与到建设性新闻讨论中并敢于分享自己的观点。三是打破传统的 24 小时新闻定式，新近发生的事情并非"新闻"，《每日观点》提倡关注影响人类生活与未来发展图景的实际议题，而非一些耸人听闻的热点新闻。四是鼓励构建多元对话平台，促进媒体专业人员与读者之间交流的同时，也为对话题感兴趣的读者群体搭建对话平台，凸显建设性社区成员的差异性。五是传递充满希望的现实世界观，关注问题的未来发展态势，并提出美好愿景，这一价值理念吸取负面新闻导致受众形成消极世界观的教训，讨论可能的解决方案，促使受众从发泄负面情绪到发起建设性行动转变。六是明确指出"新闻业秉持的客观性理念是个神话"，《每日观点》则强调绝对的客观并不存在，以选题为例，虽然媒体将其选择权交于受众，但是选题结果仍会受到受众的主观影响。七是为受众提供有趣的阅读体验，《每日观点》充分利用网络环境，采用全媒体进行报道，呈现形式多元化，文字、图片、视频与音频交互报道，还融入游戏元素来增强新闻报道的趣味性。八是增强新闻内容制作的透明度，受众对媒

---

① Perspective Dalily. 2019. "Konstruktiver Journalismus." Retrieved June 3. https：//perspective - daily. de/ueber_ uns#/about.

体的信任度与媒体对受众的透明度相辅相成，透明度主要体现在：鼓励受众参与新闻制作，审视已有的新闻报道并更正存在问题；采用成员资助，独立于企业、宗教与政治。

2. 报道方式

基于上述价值理念，《每日观点》的建设性新闻也摸索出相对成熟的报道模式，并呈现其独特性。下文主要围绕《每日观点》2018 年 9 月点赞数排名前十的新闻报道内容来分析新闻报道方式的特点与规律（见表7－1）。

表 7－1　《每日观点》2018 年 9 月新闻报道点赞数排名一览

新闻题目	报道形式	阅读时长	作者	呈现方式	点赞数	排名
是时候结束对经济增长的依赖了	评论	4 分钟	240 名科学家	文字＋图片	76	1
开姆尼茨事件后必须解决的三件事情	评论	7 分钟	记者	文字＋图片	64	2
没有超级食物，不管怎样，这就是你的健康饮食方式	通讯	10 分钟	创始人	文字＋播客＋图片	56	3
男人不会拯救世界	评论	5 分钟	记者	文字＋图片	54	4
我几乎买了一辆电动车……	通讯	8 分钟	记者	文字＋图片	51	5
住房短缺现象终于结束了	通讯	10 分钟	记者	文字＋图片	46	6
当这个想法成为现实时，城市很快会张开双臂接待每一个难民	通讯	8 分钟	记者	文字＋图片	43	7
我们需要更多的禁令！	评论	6 分钟	记者	文字＋图片	40	8
我因为手机而被罚款，为何我以后不能这样？	通讯	7 分钟	记者	文字＋图片	38	9
显然民主正处在严重危险之中	访谈	9 分钟	嘉宾作者	文字＋图片	35	10

资料来源：对《每日观点》2018 年 9 月份新闻进行梳理。

（1）坚持"内容为王"，以少而精著称

《每日观点》于工作日（周一至周五）每天发布一篇新闻报道，这与其他以量取胜的新闻媒体不同。从篇幅来看，每篇文章阅读时长约 7.5 分钟左右，这与当前"微内容"形式及碎片化阅读方式大相径庭，那么为何还能吸引受众注意力？在这个信息泛滥的时代，由于受到时间与精力的限制，受众已疲于应对各种纷繁复杂的信息，然而《每日观点》则坚持"内容为王"，以少而精来吸引受众关注，为读者在选择海量信息时提供指南。根据内容梳理发现，《每日观点》新闻内容翔实，并非对问题泛泛而谈，着重分析问题产生的来龙去脉，如与荷兰《记者》新闻论坛一样，都采用边注或折叠链接形式为读者补充背景知识，详尽地将问题阐释清楚，为读者答疑解惑，一般采用通讯、评论或访谈等形式来报道。

（2）以科研形式报道新闻，坚持报道与解释并重

《每日观点》是由两名神经学家成立，其专业团队也由科学家组成，缘于此，《每日观点》多采用科学研究方法来讨论解决方案的可能性，在报道方式上也注重以翔实的数据与形象的图表来呈现论据。另外，《每日观点》虽然关注解决方案，但是这并非要凸显"好新闻"或"积极新闻"而对灾难等负面新闻避而不谈。根据《每日观点》对建设性新闻概念的界定，建设性新闻应该关注全球问题，但不应该过分渲染问题，而是花更多时间与精力来探寻问题背后的深层原因[1]。以《没有超级食物，不管怎样，这就是你的健康饮食方式》文章为例，主要探讨问题为"椰子油到底是否健康？"，记者并没有采用常规方式——直接给出答案并对其进行论证，而是采用科研的问题思维，通过"椰子油是'超级食物'还是'毒药'？""现在椰子油制成品如何呢？""我们现在吃什么？"这三个问题，层层深入分析并揭示可行解决方案，在探讨过程中，引用多项数据研究结果与相关实验结果来科学论证，同时还引用权威专家的言论，以红字的形式呈现于文章左侧，将其研究过程及结果一览无余地呈现在读者面前。总而言之，《每日观点》科学严谨、公开透明的"治学式"报道为全

---

① Perspective Daily. 2018. "Konstruktiver Journalismus." Retrieved October 6. https：//perspective - daily. de/konstruktiver_ journalismus/definition.

球建设性新闻报道提供新思路。

（3）对话与交流共生，共同探讨问题解决方案

《每日观点》采用参与式报道的方式来叙述新闻故事。"参与式报道"的主要特征为传播者与读者在新闻生产过程中权力关系的有条件均衡①，即媒体保留编辑与发布的权力，对新闻质量把关，同时赋予读者选题、采访及写作的权力，充分实现与读者的协商与对话。《每日观点》以参与式报道方式来吸引或邀请受众参与新闻内容制作，鼓励受众讨论报道内容，将受众讨论内容融入新闻报道中。具体而言，《每日观点》并非提供现成的解决方案，而是汇聚科学家、社会团体及创新者的观点，从中发现潜在解决方案，并对此进行讨论。因此，该媒体积极构建多元对话平台，在文章旁边设置"评论"板块，在社交媒体上发布文章链接，用户可以对文章发表评论，一方面促进媒体专业人员与会员读者交流，鼓励会员读者以批判性视角参与探讨新闻内容并提供有价值的建议或意见；另一方面为对报道话题感兴趣的读者搭建对话平台，鼓励不同领域及不同层次的读者加入讨论，促使建设性社区结构多元化，有助于读者之间碰撞出智慧火花，同时也拓宽媒体工作者的新闻报道策划思路。如一篇报道《公司把互联网塑造成狂野的西部，现在欧盟又派警长来维持治安》，关注互联网的经济环境，主要强调欧盟实施"数字税"的积极影响，而这篇报道在Facebook 发布后，用户@ Steffen Schurr 留言并添加文章《欧盟财政部部长奥拉夫·舒尔茨确认遵守数字税》的链接，不仅强调"数字税"的积极影响，也指出该税法对经济发展的不确定性，《每日观点》编辑看到文章后立刻调整报道结尾部分对于"数字税"的评论，并在微博上回复表示感谢，这就是读者参与新闻报道的典型案例，读者通过互动参与来改变新闻叙事。

（4）可视化报道特征凸显

《每日观点》的可视化报道主要分为两类，一类是大数据可视化报

---

① 涂凌波、秦汉：《媒体融合应如何体现用户导向——重思"参与式报道"理念》，《东南传播》2015 年第 9 期。

道，另一类是动画可视化报道。在大数据时代，数据可视化方法已经被广泛应用于新闻报道中，有研究表明，当新闻报道以图文形式呈现时，图片信息会对人的行为意图产生影响，而文本信息则影响人的观念[1]。该方法也被引入《每日观点》的建设性新闻报道中，表 7-1 资料显示，《每日观点》采用文字、图片及音频等多元化报道方式，但图文结合是最主要报道方式，尤其是图片报道凸显"数据可视化"原则，运用各种图表、图示、地图、时间轴等方式，以方便读者阅读，强化报道主题，这与上述研究性报道特点遥相呼应。以《这样的国家美丽吗？》文章为例，该报道聚焦环保问题，关注斯里兰卡的环境问题，以条形图来清晰呈现斯里兰卡各项环保指标，还用坐标图来呈现各国在"完美国家"标准下的达标情况，从而突出了斯里兰卡的优越性，通过各种数据图表说明斯里兰卡是人与自然和谐相处的代表性国家。又如《你和多少国籍的人在一起？》报道中，就用欧洲地图＋数据的形式来体现"至少会说两种语言的欧盟居民"在欧洲各个地区的占比，从而进一步证明语言对于构建美好社会的重要意义。在媒体融合的浪潮下，不局限于传播渠道的融合，内容呈现方式也是媒体融合的关键，动画与漫画等游戏元素也成为新闻报道可视化的一种方式，《每日观点》采用漫画形式可视化呈现新闻内容，并配以文字注解，既增强了新闻报道的趣味性，又以形象直观的叙事方式来讲述新闻故事，如《这也许是世界上最好的安全套生产工厂》就是最好的例证，该文章关注劳工体制，以漫画的形式来阐述一家安全套生产工厂如何坚持平等雇用的原则，使得原本沉重的议题变得轻松并且通俗易懂，易于读者理解与接受。

（5）报道立足方案视角并关注未来

《每日观点》的建设性新闻议题与通常主流媒体无异，具体包括网络、极端主义、能源、健康、法律、金融与经济、欧盟政治、城市生活等

---

① Powell，Thomas E.，Hajo G. Boomgaarden，Knut De Swert and Claes H. de Vreese. 2015. "A Clearer Picture：the Contribution of Visuals and Text to Framing Effects." *Journal of Communication* 65. 6：997 - 1017.

议题①，但是报道视角却标新立异，立足于方案，但也并非直接给读者答案，因为人类的重大问题并非以一篇文章就可以解决，因此《每日观点》也表明是带着问题与读者共同探讨并寻找答案，或者尝试提出观点让读者评判，但无论哪种方式，目的都是为了发现潜在的可行方案。然而，《每日观点》的建设性新闻并非终结于问题及现状的阐述，而是对未来态势发展提出疑问，即"事情该如何发展？"，提出未来计划与愿景。以《我们与机器差异多大？》为例，该文章探讨人工智能技术与人的关系，而技术与人是一个永恒性话题，从新技术诞生以来这个问题就一直存在，而且也没有统一定论，因此该文章从"人类目前处于什么位置？"及"人类与人工智能的思考方式有何不同？"这两个问题入手，首先给出人工智能的背景知识，基于此，以各种机器战胜人的案例来体现对人类与技术关系的担忧，进一步用专业知识来揭示人工智能的思考方式，但是读者关注的问题是未来人与技术会如何发展？人是否会被技术所取代。因此在这篇新闻报道中提到人们越来越依赖于算法推荐技术，并尝试提出未来人类应该对技术进行合理有效监管才能使得人与技术和谐相处。

（三）传播模式

《每日观点》的建设性新闻实践能在短时间内脱颖而出，与其传播方式有密切关系，我们基于《每日观点》的新闻报道，主要从平台选择、传播形式及用户反馈这三方面来看《每日观点》的传播特点及发展态势。

1. 平台选择

目前，数字媒体已经广泛触及德国民众。有研究表明，2018 年德国互联网用户占总人口 91%，社交媒体活跃用户占比 46%，移动订阅户占

---

① 资料来源于《每日观点》网站新闻资料。

比 135%，移动社交媒体活跃用户占比 36%[①]，由此可见，民众都汇聚于
互联网、社交媒体及移动端。在繁荣的数字环境中，《每日观点》作为一
个网络新闻媒体，除了在自身的官方网站发布新闻外，还积极布局于社交
媒体、视频网站与基于移动终端的应用程序。由表 7 - 2 可见，《每日观
点》紧跟媒体发展大趋势，以数字媒体平台为依托来发布建设性新闻，
采用全媒体报道方式，除官方网站外，尤其以基于移动端的社交媒体与
App 应用程序为主要传播渠道，借助于 Facebook、Twitter 等高流量平台来
提高《每日观点》的关注度。以 2018 年 9 月点击量最高的新闻报道《是
时候结束对经济增长的依赖》为例，媒体工作人员首先在《每日观点》
官方网站上发布，之后在 Twitter、Facebook 及 Instagram 上相继发布报道
链接，将新闻报道与更广泛的社交媒体用户建立起强连接。

表 7 - 2　《每日观点》新闻传播平台选择情况

平台选择	网址/账号	关注数/下载量	数字终端
官方网站	https：//perspective - daily. de/	14000 +	PC 端
社交媒体	Twitter：@ PDmedia	7017	PC 端 + 移动端
	Facebook：@ Perspective Daily Media	49653	
	Instagram：pdaily_	5865	
视频网站	YouTube：Perspective Daily	835	PC 端 + 移动端
	Vimeo：Perspective Daily	15	
应用程序	谷歌 Android 系统	5000 +	移动端

资料来源：作者对《每日观点》在各媒介平台上的运营情况进行梳理（更新于 2019 年 6
月）。

2. 传播模式特点

新传播媒介形态在数字化平台呈现融合之势，媒介之间实现优势互
补，将信息传播的效果最大化。《每日观点》遵循融合的媒体发展规律，

[①] We are social & Hootsuite. 2018. "Digital in 2018 Global Overview." Acessed January 30.
https：//www. slideshare. net/wearesocial/digital - in - 2018 - global - overview - 86860338.

聚合各种新媒体传播渠道，传播媒介形态的改变也必然会产生新的传播模式，然而《每日观点》与其他媒体相比具有以下创新之处。

（1）各传播渠道分工明确且优势互补

《每日观点》看似与其他媒体相似，都以矩阵方式发布新闻报道，即一篇文章同时发布在多个平台，实则却不同，《每日观点》并非做内容的"搬运工"，将官方网站新闻平移到其他新媒体平台，而是结合各自平台的特点与优势，进行差异化传播。《每日观点》在 Facebook 上主要发布文章的相关链接，并配以简短的文字说明，通常采用疑问句来吸引 Facebook 用户的注意力。在 Twitter 上除了发布相关链接外，还转发《每日观点》媒体专业人员、采访对象及其他组织的推文，一方面对已有报道进行补充，另一方面延伸对话题的讨论，从而扩大新闻的影响力。以《政治家和科学家对于环境束手无策，现在该律师出马了》为例，该报道主要从法律视角来探寻环保问题解决方案，文章于 2018 年 9 月 6 日在 Twitter 上发布链接后，于 9 月 8 日转发之前报道中的采访对象德国律师和前国会议员赫尔曼·奥特转载针对报道的推文，为读者与新闻事件当事人建立联系，一系列内容引起社交媒体用户对于报道中的环境保护议题方案的关注。此外，在 Instagram 则仅仅发布原新闻报道中醒目的图片并配有简短说明附上链接地址；由于《每日观点》以图片与文字作为主要报道方式，因此视频方面的报道相对较少，视频网站 YouTube 与 Vimeo 上发布的视频内容主要是关于《每日观点》的宣传片、相关活动及极个别主题的采访报道视频。《每日观点》以多途并进的方式传播解决之道新闻，一方面发挥各媒体的优势，使得新闻报道更具立体感与层次感，另一方面则利用社交媒体的互动性与社交性等特点延展话题，增强新闻传播力与影响力。

（2）以"内容"连接群体与以"关系"构建群体并重

鉴于熟谙网络媒体与社交媒体的传播规律与特点，《每日观点》在媒体融合时代既关注内容又重视用户，因此采用双管齐下的方式来传播信息。《每日观点》官方网站信息显示，受众对于内容的关注则在于内容本身，开通"评论"渠道吸引具有相同阅读兴趣的读者加入会员构建讨论社区，讨论内容可以反哺新闻内容；而《每日观点》在社交媒体发布内容则更注重社交关系，通过内容关注度来吸引受众，用户通过朋友的转发与推荐来关注新闻内容，他们也会将内容推送给其他朋友，《每日观点》在发布内容后与读者及时就内容进行互动，通过强化与用户的关系来实现解决之道新闻的二次及多次传播，本质在于构建人际关系网。

3. 用户反馈褒贬不一

新事物的诞生总是会引发争议，《每日观点》亦是如此，它是德国建设性新闻的典型代表，对于这种新的新闻形式行业内外的态度褒贬不一。一方面，人们认为《每日观点》是以问题与解决方案为导向的新闻媒体，能更真实反映现实世界，为人们树立具有建设性意义的世界观，尤其是基于科学研究方法的新闻能更深入地揭示问题的本质，有利于对症下药找到解决方案。截至 2018 年底，《每日观点》的会员量逾 14 000 名，截至 2019 年 7 月，《每日观点》的 Facebook 账号点赞量为 47 451 次[①]。如用户 @ Wolfgang Karle 也评价道：“《每日观点》的团队很年轻，这也是新闻内容独具创新的重要原因，不同年龄的作家看待的视角不一样，年轻作家的意识超前，具有敏捷、好奇心及开放等特点”，有用户 @ AndréKoepff 为《每日观点》打满分并认为：“《每日观点》的文章是我近年来读过的最好的文章，既有严谨的研究，又通俗易懂，最终以行动为导向的新闻来代替消极、耸人听闻的消息”。这些用户的积极反馈体现了《每日观点》新闻的独特性与优势所在。然而，另一方面，《每日观点》作为新兴媒体仍有很多不完善的地方，因此也遭受质疑，如在内容方面涉及的专业解释太多，因此对于没有相关背景的读者而言艰涩难懂，还有用户则认为《每日观点》在报道新闻时还有许多议题内容并未触及，建议探寻新闻真相时应注重其多样性以更接近事实本身。

---

① 资料来源于《每日观点》在 Facebook 上的相关内容，截至 2019 年 7 月。

（四）运营情况

除内容与渠道外，媒体的运营情况，即报道力量的配置与运作模式，也是《每日观点》能够标新立异的重要保障。《每日观点》成立的灵感来自荷兰《记者》新闻论坛与英国《积极新闻》，因此也就不难理解《每日观点》为何与这两家媒体的运营模式类似，但同时《每日观点》也不乏创新。

从人员结构来看，《每日观点》在人才招聘方面不拘一格并且学术特征明显。《每日观点》的编辑团队由两部分构成，分别为专业编辑团队和特邀作者。截至 2019 年，官方网站信息显示，专业编辑团队共有 25 人，团队成员的简历表明，该团队的学术特征凸显，团队成员分别来自神经学、物理学、政治学、经济学、计算机科学、心理学等领域，他们是这些领域的学者或科学家。该团队通常采用自然科学或社会科学的研究方法来报道新闻，因此在基于证据的新闻方面有丰富的经验，善于提高新闻内容质量，这有助于构建会员与媒体之间的信任关系。此外，客座作者共有 333 名，他们也来自不同领域，与专业编辑团队共同探讨解决方案，拓展建设性新闻的主题，涵盖各种社会问题，多元化的人员结构为创新方案的出现提供可能。

从运作模式来看，专业编辑团队制作与用户参与并重。一方面，在新闻制作的不同阶段，专业编辑团队的每位作者需要与其他 3～4 位作者进行讨论，因为社会重大问题会牵涉到各方面的知识，编辑之间需要头脑风暴，在不断的批判与质疑中寻找到最佳方案，因此每一篇文章都是编辑部集思广益的结果，从而确保新闻的真实性与权威性，以吸引更多的读者关注社会问题与解决方案。另一方面，《每日观点》注重用户的参与式体验，还注重与用户之间的线上线下互动。然而用户参与体验是以内容质量为前提的，《每日观点》实行会员制，通过支付费用成为会员，会员享有的权利包括：自由阅读、评论及转载网站上所有内容，可以与媒体专业编辑团队成员互动，对内容感兴趣的会员可以参与制作。但是，《每日观点》对参与制作新闻的用户高标准、严要求，通过审核的会员才可以参与创作，此外创始人兰格斯拉格也曾在采访中表示："2016 年一些读者在评论中发表不当信息，因此关闭了他们的评论通道"①，这些都充分体现了编辑团队担任"把关人"角色的重要性。除此之外，《每日观点》还重视维护与会员之间的关系，除了通过评论板块与会员建立线上联系外，该媒体还组织线下活动，向潜在会员介绍《每日观点》的情况，同时也全面了解他们对《每日观点》的期待，从而与其建立联系，如在网站成立之初为实现首次众筹，在德国举办了17 次活动。

从融资方式看，《每日观点》也是采用众筹方式来获得资金，推行会员制，因此其经济来源为会员，截至 2018 年已有 14 000 多名会员，每年60 欧元。这种筹资模式为该媒体做"无广告"的独立新闻奠定基础，这也是《每日观点》重构与读者信任关系的重要因素，原因来自两方面。一是为读者提供了良好的阅读体验，读者可以不用为了闪烁的广告标语而分心，更专注于内容本身，在这个信息泛滥的时代，一条新闻若能够长时间地留住受众的注意力，那它就具有成功的潜力；二是可以避免政府、企业及宗教团体等第三方的参与，没有广告的影响，新闻制作过程不会受到其他因素的干扰，媒体不用为了迎合某家企业而制订广告方案，只需要考虑内容能否促成有效的解决方案。未来，《每日观点》将深化与读者之间的关系，可能会考虑采用"原生广告"的方式留住读者的资金，原生广告是一种付费广告形式，其中广告形态取决于所处语境②，与新闻内容融为一体，然而仍面临新闻与广告边界模糊等挑战。

---

① Medium. 2017. "Offering A Daily Perspective to Members," Accessed June 14. https：//medium. com/the – graph/offering – a – daily – perspective – to – members – c2061dfe235e.

② Perspective Daily. 2016. "Warum Uns Werbefreier Online-Journalismus Wichtig Ist." Accessed January 20. https：//perspective – daily. de/konstruktiver _ journalismus/werbefreier _ onlinejournalismus.

（五）启示与思考

每一种新闻报道方式都有其自身的发展规律，建设性新闻也不例外，即新闻媒体不仅要承认和识别社会中存在的问题与冲突，而且要以积极的方式对其展开调查并提供解决方案[①]。德国《每日观点》的建设性新闻定位明确——以解决方案为导向，并逐渐摸索出一套独特的报道方式，但同时存在的问题也引人深思。

1. 启示

首先，与读者共同探讨解决之道，彰显人文关怀。《每日观点》的建设性新闻理念与 20 世纪 90 年代由美国自由记者苏珊·贝尼希（Susan Benesch）提出的"解决之道新闻"既相似，但又不完全相同。相同之处在于以解决方案为导向，鼓励人们可以尝试采纳；不同点则在于《每日观点》并不提供完整的解决方案模板，只提供一个可能方向，以开放的态度欢迎读者给予意见和建议，采用批判性思维对提出的方案进行核实，与读者共同讨论出合理的解决之道。该做法可供我国新闻媒体借鉴，我国的正面新闻虽然价值导向积极向上，但受众接受度仍不高，尤其许多传统新闻媒体也在尝试转型，但也流于形式，鲜有以问题和方案为导向，虽然可能存在国情及文化的差异，但我国媒体也可鼓励受众参与报道，以真正凸显新闻的人文关怀。

其次，大胆创新报道方式，专业互通有无。随着新技术的广泛应用，"融合"就成为传媒业的发展主题。融合不局限于技术、渠道等"硬件"方面，更体现于理念、人才等"软件"层面。《每日观点》创始人及记者编辑的科学专业背景使得整个团队学术化特征明显，以做科研的态度和方

[①] Gyldensted, Cathrine. 2015. *From Mirrors to Movers：Five Elements of Positive Psychology in Constructive Journalism*. Lexington：Ggroup Publishing.

法来做新闻，这在新闻领域独具创新。基于此，《每日观点》在人才方面坚持"兼容并蓄、互通有无"的招聘理念，构建多元化的人才团队，这对于拓展新闻报道的广度与深度都产生重要影响。

最后，在多元化数字平台上实行差异化传播。我国传统媒体与新媒体始终未达到"融为一体、合而为一"的媒体融合状态，目前大部分媒体还停留在"＋互联网"的模式中，没有根据各新媒体的传播特点来制作内容。然而，《每日观点》则不同，充分利用各种媒体的传播规律，在门户网站全面致力于内容制作，以内容来构建社群，而在社交媒体中则利用记者与用户以及用户之间的互动关系，来扩大传播范围，各种媒体发挥其自身优势，媒体之间又优势互补，以实现内容与传播双丰收。

2. 思考

其一，应采用多元化视频报道方式。在全媒体环境中，新闻报道的视频化成为一种主流方式，尤其是短视频的异军突起，引起用户的广泛关注。然而，《每日观点》主要以图片与文字的方式来进行报道，有时也会采用音频方式，但是在视频方面却相对欠缺，从《每日观点》YouTube 账号上零星可以看到数条短视频，与图文报道数量相比，显然不是主流呈现方式。视频在内容呈现方面具有直观明了的特点，在手机等移动端技术迭代升级的时代，短视频的制作剪辑已经趋于零门槛，《每日观点》应抓住这一风口来转型，丰富建设性新闻报道的呈现形式，以获得更多读者的青睐。

其二，丰富线下活动内容，以推进方案的实施，充当新闻与行动之间的桥梁。《每日观点》虽然也会开展线下活动，但其目的是鼓励会员加入，以筹集更多资金，根本在于维护与会员之间的关系，然而鲜有倡导潜在方案，这与丹麦媒体相比在行动力上还有差距，因此应发起社会行动并将方案落到实处，呼吁社会关注并实际参与到方案的实施过程中。《每日观点》也可以尝试增加线下活动，拓展活动的种类，而不局限于众筹活动。

其三，"无广告"的运营模式还有待观察。《每日观点》是具有新闻职业理想的媒体，以众筹方式来获取资金来源，与政府、企业及其他社会团体划清界限，仅为公民发声，鼓励民众参与制作新闻。虽然"内容付费"或许成为一种趋势，但是仍不成熟，有很多不完善之处，因此这种运作方式存在很大的风险，稍有不慎可能致使整个媒体关闭。目前，《每日观点》有鼓励会员制作原生新闻的计划，但是能否成功尚不可知。整体而言，《每日观点》这种"乌托邦式"的运营模式也不建议轻易去效仿，因为还在摸索阶段，仍存在很多不确定性。

八 │ 法国希望记者协会与火花新闻：
　　　鼓励参与

　　法国也是全球建设性新闻的实践者之一，开始倡导积极新闻与解决之道新闻，其中法国媒体人克里斯蒂安·德·布瓦斯雷东（Christian de Boisredon）创办的两个媒体机构是法国建设性新闻实践主体的最佳代表，分别为"希望记者协会"（Reporters d' Espoirs）与"火花新闻"（SparkNews），后者为前者的延伸版，它们以独特的报道方式为法国媒体的建设性新闻实践开创先河。

（一）希望记者协会（Reporters d' Espoirs）

　　"希望记者协会"是克里斯蒂安于2003年成立的一个法国志愿者机构，该媒体致力于报道建设性新闻，关注法国当地促进社会改变的人和事，秉承解决方案的新闻报道理念，还专门为媒体记者提供信息交流机会，旨在借由资讯的获取与生产，为媒体所关注问题带来解决之道，从新闻报道走向社会行动。

　　该协会主要从理论和实践层面来推行基于解决方案的新闻（Solutions-based Journalism）的理念。从理论方面，"希望记者协会"专门成立实验室来追踪和分析方案类新闻的报道方式及其对公众及媒体的影响。从实践方面，该组织从"由内到外"及"线上线下"两种思路来开展建设性新闻项目，主要体现在以下四个方面。一是鼓励新闻机构不仅要关注气候变化、贫困、失业及暴力等社会问题，更要探索这些问题的可能解决方案；二是持续关注社会、环境及商业动态，从而发现这些领域中可以复制推广的成功案例，鼓励媒体机构报道这些创新模式；三是"希望记者协会"重新制定编辑方针，与各媒体合作向公众推广解决措施，并联合推出相关特刊、专题栏目和节目内容；四是"希望记者协会"与世界各国致力于建设性新闻的媒体共同构建国际组织网络来开展建设性新闻实验，具体包括美国解决之道新闻网、荷兰温德斯海姆修道院大学、欧洲电视网、英国《积极新闻》及英国建设性新闻网络。

从新闻内容来看，"希望记者协会"与其他新闻媒体合作推出节目，节目内容涉及就业、制造业、生态、文化与艺术、科学与技术及团结等议题。报道形式以短视频、文字、图片、音频为主。从传播渠道来看，"希望记者协会"的新闻内容部分发布在其他广播或电视等传统媒体上，部分在"希望记者协会"网站，同时也在 Facebook 及 Twitter 等社交媒体及 YouTube 等视频网站上开设账号进行差异化传播。就用户反馈情况而言，这些节目赢得广大读者的口碑。2013 年，"希望记者协会"与法国 30 多家电视、广播、报纸以及网络媒体联合推出《法国解决方案》（La France des solutions）媒体周刊，这是关于公众推动法国发展举措的特刊，为公众提供数百种创新解决方案，该刊 2017 年的阅读量达到 2 400 万次。其次，与《法国西部报》合作推行的《法国西部解决方案》（Ouest France des solutions）以特刊形式在 15 个地区发行，阅读量达 250 万次。此外，与法国电视台第一频道合作制作午间新闻节目《建设性新闻特别版》，吸引 600 万名观众，收视率为 50%①。"希望记者协会"建设性新闻得到读者一致好评的原因在于：一方面此类新闻为读者的社会参与行动提供方向；另一方面，也满足读者广泛、深入了解信息的需求。

---

① Reporters d'Espoirs. 2018. "13 Years of Action for Journalism That Makes You Act." Retrieved January 24. http：//www. reportersdespoirs. org/reporters - of - hope/.

（二）火花新闻（SparkNews）

法国"火花新闻"是一个致力于发现、分享及传播当下重大问题的积极解决方案的社会企业，与创新生态机构、媒体、企业家及企业建立联系，专注于三个方面的内容：发现和评估具有社会影响的创新；与主流媒体机构合作制作基于解决方案的新闻报道；通过围绕经济的社会与环境创新来发展商业网络。简言之，"火花新闻"联合世界主流媒体，专注于报道实施积极举措的个人与组织，提升解决方案的影响力，从而鼓励读者参与解决全球重大问题。

1. 建设性新闻缘起与发展历程

继"希望记者协会"在解决之道新闻崭露头角后，克里斯蒂安于2012年创办"火花新闻"，全面探索建设性新闻的发展，汇聚世界各国主流媒体分享全球议题的创新解决方案，扩大媒体的影响力与积极效应。一方面，媒体通过公布与推广解决方案的形式来寻找更多积极举措，鼓励大量读者采取行动，以提升世界的包容性与可持续性。另一方面，还将建设性新闻的方案理念进一步推广到全球，集结各国最独立、最权威的传统新闻媒体[①]，建立了一个国际性报纸网络，法国《费加罗报》、日本《朝日新闻》、新加坡《海峡时报》、黎巴嫩《东方日报》、墨西哥《至上报》、印度《印度时报》、阿拉伯《生活日报》、乌干达《每日箴言报》及美国的《今日美国》与《赫芬顿邮报》纷纷加入，将全世界的媒体汇聚起来报道和分享积极新闻。为此，"火花新闻"发起一系列国际性的编辑项目。

自2012年"火花新闻"发起"影响力新闻日"（Impact Journalism Day）项目以来，致力于提高国际社会对可持续发展目标的认识，并为实

[①] HuffPost. 2017. "50 Newspapers Looking for Stories of Positive Change." Accessed December 6. https：//www.huffingtonpost.com/sparknews/50 - newspapers - looking - for - positive - change_ b_ 9244582. html.

现这些目标而制定解决方案。该项目采用国际化的编辑运营模式,与全球主流日报合作,每年大概有 50 家日报加入,这些媒体同日发布电子版与印刷版,为具体问题提供 60 多个鼓舞人心的可行解决方案。

随着"影响力新闻日"项目的影响力倍增,"火花新闻"的实践探索得到社会认可,根据需要,"火花新闻"相继发起一系列议题相关项目,如"解决方案 & 企业"(Solutions&Co)、"女性在行动"(Women in action)、"商界女性"(Women in Business for Good)等项目。尤其是 2015年"第 21 届联合国气候大会"召开后,"火花新闻"开启第二个编辑项目"解决方案 & 企业",有 20 家知名商业报纸纷纷加入,专注于气候业务解决方案,报道 50 名先驱找到以商业为导向的气候变化问题解决方案的故事,他们当中有工程师、设计师、政府官员及企业家。为了加强解决之道新闻的影响力和传播力,2016 年"火花新闻"成立"积极创新俱乐部"(Positive Innovation Club),该俱乐部旨在鼓励、培养及联络具有责任感的领导者,为他们提供工具与方案,激励他们对企业内部进行变革,从而创造更为包容的企业氛围。该俱乐部每两个月召集 100 多名企业领导开一次会,分享媒体报道提供的一手资料。

2. 新闻产制特色

"火花新闻"与法国主流媒体不同,其特色在于专门报道基于解决方案的建设性新闻(Solutions-based Journalism),新闻内容聚焦于问题解决方案中的成功案例及相关个人或组织的成功经验,旨在增强方案的正面效应,从而鼓励更多的读者发起行动,创造一个充满"正能量"的世界。"火花新闻"主要通过两个国际性编辑项目来实践建设性新闻理念,分别为"影响力新闻日"项目与"解决方案 & 企业"项目,本文以 2018 年这两个项目中的建设性新闻内容为案例来分析"火花新闻"新闻报道的特点与规律。

(1)议题构成特点

新闻报道题材是吸引受众浏览新闻的关键。通过梳理"影响力新闻日"项目中2018～2019年49篇新闻报道发现"火花新闻"建设性新闻议题呈现以下特点。

一方面，新闻报道题材广泛且多元化，话题都贴近民众生活并为国际社会所关注热点，具体涉及经济、教育、就业、能源、环境、金融、食品与农业、卫生保健、社会、技术、城市化与流动性及水资源等领域。例如2018～2019年"影响力新闻日"新闻报道（见图8-1）最多的为社会类话题，占比42.9%；其次为食品与农业类，占比14.2%，次之为环境，占比8.1%。因此，"火花新闻"的建设性新闻报道在选择题材时将民众需求考虑在内，切实关注公民周围发生的问题并推出解决方案。

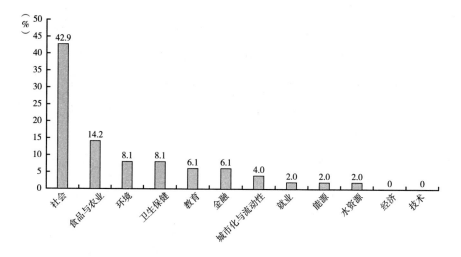

图8-1　2018～2019年"影响力新闻日"新闻话题类型

资料来源：根据"火花新闻"网站内容分析结果统计（更新于2019年6月）。

另一方面，话题更具国际视野。"火花新闻"与"希望记者协会"最主要的区别在于，后者局限于报道法国当地话题，而前者的话题选择则立足国际视野，汇聚全球亟待解决的社会问题。"影响力新闻日"具有很强的国际化背景，如《瑞士家庭接待寻求庇护者》主要关注难民问题，讲述瑞士家庭与难民和谐相处的成功案例；《英国的跨性别问题》聚焦英国的跨性别歧视问题，探讨慈善组织提出应对方案来解决歧视问题的成功案例；《在沙漠种植大麦》则讲述联合国世界粮食计划署采纳一位工程师独具创新的方案，在阿尔及利亚难民营建立依赖于水耕农业的饲料生产单位来解决粮食问题的成功案例。由此可见，这些话题并不局限于法国本地，还涉及全球共同关注的问题。此外，在"影响力新闻日"2018～2019年的49篇新闻报道中（见图8-2），国际性话题新闻占90%，而法国当地话题新闻为10%。

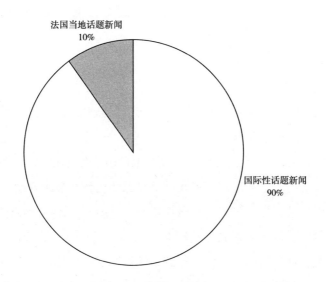

图8-2　2018～2019年"影响力新闻日"新闻报道话题构成

资料来源：根据"火花新闻"网站内容分析结果统计（更新于2019年7月）。

（2）报道方式

除新闻报道话题外，"火花新闻"的报道方式也与主流媒体有所区别，我们基于2018～2019年"影响力新闻日"的49篇新闻报道对其报道方式及策略进行分析并发现，其具有以下特色。

①以解决方案思维为导向

基于解决之道新闻报道理念，"影响力新闻日"的新闻报道内容以问题的解决方案为主，主要报道各种解决方案与创新的成功案例，该理念渗透到新闻内容制作的各方面。新闻在编排方面有清晰的问题解决思维：描述现状并提出问题（有时候会省略或一笔带过）—提出解决方案—阐释方案—描述方案实施效果或提出未来目标。"影响力新闻日"中的一篇报道《季节性》（LaSaisonnière）就是基于方案解决路径的典型报道，详细描述了非洲女性在土地所有权方面遭受不公正待遇，到接受非洲布基纳法索的非营利机构 LaSaisonnière 提供的有机园艺技术，再被重新赋权的整个过程，同时对非营利机构的无土栽培与地下种植技术的具体方案技术进行阐释，以妇女通过掌握技术获取收入为家庭做出贡献而提升自身地位作为结尾，充分表明解决方案奏效。

② "1 + 1 + 1" 创新报道手法

在上述方案思维指导下，"火花新闻"在新闻内容的报道手法上也独具匠心。还是以"影响力新闻日"为例，通过梳理发现，该新闻报道采用具有创意的"1 + 1 + 1"组合形式，即一个问题、一个解决方案、一个核心组织（核心人物）。在此内容组合形式下，新闻报道还综合运用图片 + 文字 + 短视频的内容呈现方式，多层次、多角度地纵深阐述新闻解决方案，图文版是该项目新闻的基本报道形式，部分报道除图文版外，还在 YouTube 上发布相应的视频版，以多种形式来呈现解决方案。从标题来看，以方案内容、实施机构名称或项目名称来拟定标题，简洁明了概括整篇文章内容，起到点睛作用。从具体内容编排来看，"影响力新闻日"的每篇报道围绕一个问题全面阐述相应解决方案，以方案运营机构信息为背景资料，借助于对方案提出者或者机构负责人的访谈内容来阐释方案细节，引导读者注意力，对整个案例的详细解剖可以为存在同样问题的其他国家或地区提供借鉴经验。而相应的视频版则更直观、形象地展现问题解决方案，如《构建美好世界学生的 30 个故事》（见图 8 - 3）就是采用视频形式来报道，聚焦于德国青年难民的教育问题，以非洲四名难民学生和三名德国老师的访谈为主线，四名学生以积极正面的态度来陈述他们目前在德国的教育情况，而其中一名德国老师则以建设性视角为难民学生融入德国校园学习提供指导并提出详尽解决方案，师生双方有力地向世界和其他难民传递了德国在难民接纳和安置方面的积极态度，也为其他国家应对难民问题提供了借鉴作用。

图 8 - 3　《构建美好世界学生的 30 个故事》报道截图

③媒介联动式传播 + 跨国媒体协作式报道

随着网络技术的迅猛发展，全媒体报道已经成为一种常态，多种媒体形成联动，媒体之间实现资源共享、优势互补，强化传播效果[①]。以"影响力新闻日"项目为例，主要采用同类媒体异地联动，即就相同议题汇聚不同国家与地区媒体的报道内容，这符合其国际化视野，其中新闻《Ensemble Zohra》就是一篇环球报道，它讲述了阿富汗女性打破传统禁忌参与音乐演奏的故事，这篇文章在 15 个国家共发布 29 次[②]。此外，2018 年 21 篇"社会"议题的新闻报道分别来自新加坡《海峡时报》、日本《朝日新闻》、爱尔兰《爱尔兰时报》、美国《基督教科学箴言报》等各国主流媒体，这种国内外联动式报道使得社会议题新闻报道更为立体化，为国际社会问题的解决提供选择。与此同时，还具有协作式报道特点，"火花新闻"的编辑与记者识别已得到社会认可的可复制创新项目，从寻找方案到发布一篇新闻报道需要近 4 个月时间，工作量庞大，仅依赖于"火花新闻"的编辑与记者无法达到目标传播效果。鉴于此，媒体之

---

① 吴玉兰：《新闻报道专题研究》，中国社会科学出版社，2015。

② SparkNews. 2017. " IJD2017 - 5th Edition Impact Study：Measuring the Power of Stories of Change. " Retrieved September 30. http：//impactjournalismday. com/wp - content/uploads/2018/05/IJD2017_ etudeimpact_ 06. pdf.

间需要进行协作报道，即每个报纸媒体需要针对各自国家的创新举措提供三篇报道，所有文章在联盟媒体成员之间共享。这种报道方式加强了各国媒体编辑与记者之间的协作，最终实现跨国交换经验与方案的目的。

3. 传播方式

虽然媒体在新闻制作过程中仍秉承"内容为王"的信条，但是在数字化浪潮冲击下，优质内容能否在第一时间引起受众关注？传播方式是否符合新媒体时代受众的阅读习惯？这些都是新闻媒体需要思考的问题，因此"渠道为王"或"产品为王"的理念也至关重要。"火花新闻"同样也注重传播方式创新，以下主要从平台选择、传播手段、传播效果这三个传播要素出发，以"影响力新闻日"与"解决方案 & 企业"项目中的新闻报道为案例来研究"火花新闻"在建设性新闻方面的传播规律与特点。

（1）平台选择

我们对"影响力新闻日"与"解决方案 & 企业"新闻报道运用的媒介技术和平台信息进行整理分析（见表 8-1）。

表 8-1 "影响力新闻日"与"解决方案 & 企业"平台选择一览表

平台选择	"影响力新闻日"	"解决方案 & 企业"
网站	http://impactjournalismday.com/	http://www.solutionsandco.org/
各国纸媒	55 家媒体（2019 年）	19 家媒体（2019 年）
社交媒体	Facebook：@ Sparknews # Impact Journalism # Twitter：@ Sparknews LinkedIn：Sparknews YouTube： SparknewsTV/ Impact Journalism Day 2018	Facebook：@ Sparknews Twitter：@ SolutionsAndCo LinkedIn：Sparknews YouTube：SparknewsTV/ Solutions&Co - Business solutions to switch to Circular Economy
手机客户端	无	无

资料来源："火花新闻"网站内容与社交媒体运营情况（更新于 2019 年 6 月）。

分析发现，"火花新闻"的两个国际编辑项目中的新闻报道遵循媒体融合时代的传播规律，运用多元化媒介技术发布新闻报道，具体包括网站、各国报纸、社交媒体及手机客户端，总体实现国内外媒体联动互播，以及传统媒体、网络媒体及社交媒体的互动融合，从而扩大创新与解决方案的影响力与传播力。

（2）传播手段

全媒体平台的选择已经成为新闻传播的必然趋势，但这并非是提升新闻传播力的唯一途径，还需要其他多元化传播手段来辅助，以符合新媒体时代受众的需求。我们基于"影响力新闻日"与"解决方案＆企业"两个编辑项目的新闻报道来分析其在发布新闻时采用的具体传播手段。

表 8-2   "影响力新闻日"与"解决方案＆企业"传播手段概览

传播手段	影响力新闻日	解决方案＆企业
媒体合作	(1) 与《赫芬顿邮报》《海峡时报》《朝日新闻》等全球 55 家主流媒体建立合作关系，共享资源 (2) 与社交媒体合作发布解决方案及方案进展	(1) 与《金融时报》《回声报》《非洲商业》等全球 19 家经济报纸合作，为气候变化提供可持续的商业解决方案 (2) 与社交媒体合作发布内容并鼓励读者参与评论，在 Twitter 上开通相应渠道
组织合作	支持者＋合作伙伴（非营利组织）＋生态系统合作伙伴	赞助商＋合作伙伴（非营利组织）＋相关领域专家
媒体活动	发布影响评估报告，如 2019 年 9 月将发布《2018 年影响力新闻日第 6 版影响力研究》	通过多种渠道发布解决方案机构的相关信息及方案的具体进展
线下活动	参与国际节日扩大项目影响力，如 2018 年 3 月参与波恩可持续发展行动节并讨论"影响新闻日"分享"正能量"故事	组织论坛汇聚各国企业领袖共同探讨企业在应对气候变化问题时的解决方案

资料来源：通过梳理"火花新闻"官方网站及社交媒体相关内容得出（更新于 2019 年 6月）。

从表 8-2 可以看出，"火花新闻"在两个建设性新闻项目的媒体融合并非局限于媒介技术层面，而是通过多种传播渠道或手段的深度融合来提升新闻影响力与传播力，如将媒体平台的地域范围拓展至全球；将线上内容拓展到线下，与以非营利机构为主的多个组织合作并参与各种国际活动，从而增加内容影响力，加强内容品牌建设；同时组织相关论坛来汇聚问题解决方案并在社交媒体中开设相应渠道来倾听受众的声音，从而也强化了受众对新闻内容的品牌印象。由此可见，"火花新闻"的传播核心为解决方案，通过多种视角和渠道与受众建立直接或间接联系，从而加深受众对新闻内容的印象，甚至参与到解决方案中，如"解决方案 & 企业"鼓励读者参与解决气候变化问题，在 Twitter 上开通渠道，读者可以分享鼓舞人心的创新项目，或推荐商业方案为新闻报道提供素材。

（3）传播效果

"火花新闻"的建设性新闻传播效果立竿见影，得到用户积极反馈，通过分享激励人心的故事来推动社会变革及解决实际问题。《2017 年影响力新闻日第 5 版影响力研究》数据显示，30% 的方案项目与新合作伙伴或客户建立联系，15% 的方案项目则在其他国家或地区成为可复制方案①。本文主要从对现实社会影响及用户反馈两个层面来阐述"火花新闻"栏目新闻的传播效果。对于现实社会影响，我们以 2017 年"影响力新闻日"最具新闻影响力的三篇新闻报道为例来分析（见表 8 – 3），结果显示，通过建设性新闻报道，创新方案的实际影响力倍增，主要体现在荣获奖项、增加合作伙伴、解决方案的可复制性等方面，其中有数据表明 81% 的项目在"影响力新闻日"中发布后被推广到其他地区。对于用户反馈，75% 的项目负责人认为"影响力新闻日"的新闻报道对于其项目产生积极影响，如印度尼西亚新视野项目负责人艾菲·乔诺（Efi Jono）表示："这是我们获得的最佳国际宣传"，瑞士 Pristem 项目负责人波特兰·克莱伯也认为："我收到来自供应商的各种反馈，他们都希望与我合作"，另外，Impact Water 负责人指出，"纸媒有很强的影响力，尤其得到

---

① SparkNews. 2017. "IJD2017 – 5th Edition Impact Study：Measuring the Power of Stories of Change." Retrieved September30. http：//impactjournalismday. com/wp – content/uploads/2018/05/IJD2017_ etudeimpact_ 06. pdf.

乌干达当地民众的信任和重视，而乌干达《每日箴言报》明确表示我们
值得商业客户信赖"。①

表 8 - 3　2017 ~ 2018 年 "火花新闻" 新闻影响力与传播力情况

新闻标题	发布媒体	次数	问题	解决方案	影响力
Feelif	斯洛文尼亚《劳动报》	22	盲人无法使用数字技术	赋予盲人在触摸屏设备上感知形状的能力，使其能够学习、接受教育、娱乐和交流	在奥地利、法国、德国、斯洛文尼亚、俄罗斯、美国及英国，关于 Feelif 公司技术的新闻传播效果显著。该企业在 2017 年的欧洲社会创新大赛中荣获最佳社会创新奖，这为其赢得了信誉，并于 2018 年 3 月 15 日起正式发售
Bio Phyto Collines	贝宁《非洲新闻社》	10	高污染、高成本的有毒化肥农药	推出由当地芳香植物制成的有机农药和肥料，有益于环境与健康	德国的一个投资机构"绿色技术资本伙伴"已经与 Bio Phyto Collines 公司取得联系。Bio Phyto Collines 公司已荣获非洲最佳创新企业奖、2017ARA 农业技术奖以及国际法语国家组织最佳法语企业家奖。企业负责人还与贝宁总统帕特里斯·塔隆会面
Impact Water	乌干达《每日箴言报》	9	污水导致水传播疾病	在学校安装饮用水过滤系统以确保可持续安全用水	新闻发布后，饮用水过滤系统引起各方关注，纷纷来探索投资机会。国际媒体报道与社会认可帮助构建本地品牌与服务信誉。Impact Water 将业务拓展到肯尼亚以复制其成功方案

资料来源：《2017 年影响力新闻日第 5 版影响力研究》及相关资料（更新于 2019 年 7 月）。

---

① SparkNews. 2018. "Impact Journalism Day." Accessed February 12. https：//impactjournalmday.com/event/a - global - call - for - projects - to - build - a - new - narrative - for - our - world - together/.

4. 运营状况

"火花新闻"为社会企业性质，并非完全意义的媒体，因此其运作模式也与常规媒体有所差异，新闻报道是其业务中的一部分。"火花新闻"为信息传播与社会活动建立连接，从发布新闻到促进社会变革，新闻的实用价值凸显。媒体运作流程也更具公共性①。其一，发布宣传活动，即与主流媒体、机构、影响者、创新者及企业建立国际联盟，并将"火花新闻"关注的问题变为国际联盟成员的头条新闻，具体步骤为：首先，召集项目，主要针对亟待解决的社会问题众筹创新项目；其次，54 家媒体各自选择一项创新项目以解决他们关注的紧迫问题；记者将新闻报道在媒体联盟平台上发布，联盟成员可以共享资源。其二，生产内容并举办活动，即为公司或公众量身定制内容，以互动性强且引人入胜的活动形式展示内容，旨在突出有积极影响的项目，以加强人们对全球问题的关注。其三，建立社区与生态系统，与致力于企业创新的商业领袖合作并制定合作战略，为这些企业提供建议并创新企业之间的合作模式；最后，提供创新服务，为企业寻找创新机会提供专业服务。截至 2018 年，"火花新闻"运营拥有 4500 项计划的数据库及 150 个社会企业家网络，为世界紧迫问题的解决方案提供支持。

基于从新闻到行动的运营模式，"火花新闻"的人员结构也呈现多元化特点，由四个领域的专家构成。社会创新小组在世界各地寻找并联络鼓舞人心的创新者，在社会创新领域建立国际参与者网络，帮助发现和收集积极创新项目的相关数据，同时也得到研究全球重大议题专家的支持；媒体小组负责更新与发布全球媒体关于热点话题的新闻动态，协调并指导国际媒体网络，运营编辑项目，报道解决方案与积极举措；企业小组就商业问题提供专业意见，涉及组织、广泛目标与视野或影响力，该小组分析

① SparkNews. 2018. "Discover an inspiring #storyofchange：the story of SparkNews!" Retrieved September 30. https：//www.sparknews.com/en/about - us/.

"火花新闻"积极转型的商业需求；联络小组积极寻求有关信息推广和参与的最新最佳实践，提供创造性的设备、活动与工具，以提高受众关注度。

整体来看，"火花新闻"的人员构成中，除媒体专业人员外，还设有由企业、政府、非营利组织及个人创新者等组成的社会成员团队，媒体专业人员与社会团队分工明确且相互协作。鉴于此，"火花新闻"的资金也主要来自政府、企业与基金会赞助，如法国兴业银行、苏伊士环境集团、法国环境与能源管理署、法国石油公司道达尔①，由此可见，企业与社会组织是"火花新闻"主要的支持者。

（三）启示与思考

在负面新闻充斥媒体的时代，新闻报道与现实社会脱节，致使媒体公信力下降引发国际社会担忧，法国也不例外，为了挽回公众信任，法国媒体的建设性新闻实践已经起航，并引起世界各国媒体的关注，这并非偶然，而是得益于法国媒体的一些成功探索，这些做法值得我们借鉴与学习，同时也引人深思。

1. 解决之道理念为魂，从新闻走向行动

虽然全球各主流媒体也在探索积极新闻报道之路，均以开启相关项目或设置专栏作为实践方式，但是并没有完全摒弃负面新闻，而是在新闻报道中添加积极元素。然而，与此不同，法国媒体则专门设立网站来做建设性新闻，注重建设性新闻的整体策划与报道，最大限度地发挥新闻的正面效应与建设性功能，以寻找解决之道为新闻报道理念。在实践过程中，采用从新闻到行动的方式，媒体不仅是信息传播平台，而且还是发起项目与

---

① Impact Journalism. 2018. "Partner." Retrieved September 30. http：//impactjournalismday. com/ partners－4/.

交流解决方案的平台，为记者、组织、企业与受众建立社会联系，围绕创新项目开展头脑风暴，通过全面宣传促使方案变为现实。与此相比，我国虽然不乏正面新闻，但还是停留在信息传播层面，社会价值效应的释放仍有余力，媒体的解决方案意识淡薄，媒介技术虽然为媒体之间的对话及资源共享提供保障，但根本还是在于人，理念与思维的融合才是媒体融合的核心，而深化注重人本精神的建设性新闻理念将会成为新闻发展的新方向。

2. 以话题为着眼点，拓展多元化议题方向

法国媒体在建设性新闻报道中选择的议题多为国际社会重要议题，贴近民众生活，如教育、就业、能源、环境、食品与农业。一方面从传播学视角来看，为满足受众需求，不再局限于 24 小时的热点时政类新闻，切换视角，从方案角度来关注受众所关切的问题，为其答疑解惑，重塑受众的积极心态；另一方面从社会学视角来看，借助于媒介深化具体问题方案与现实社会之间的联系，从而推动社会的进步与发展，如"火花新闻"则是在"希望记者协会"的基础上将议题拓展到世界范围，为全球紧迫的社会问题提供解决方案交流的平台，就同一个议题从不同国家的角度来报道，各国解决之道新闻之间形成互补与交流，从而使得议题相关内容更为立体。反观我国目前现状，随着算法推荐技术的广泛应用，虽符合受众的个性化需求，但同时也形成信息茧房，窄化受众认知视角，技术与受众相互作用来生产议题，因此新闻议题趋于同质化也是必然，虽然融媒体为议题共享提供渠道，但是国际化理念与视野还有待于进一步拓展。

3. 传播渠道为声，联动式报道拓展多元化传播方式

媒体融合已经成为传媒业发展的常态，"火花新闻"与"希望记者协会"也顺应这一发展潮流，因此积极与各种传统媒体和新媒体合作，从而摸索适合建设性新闻发展的联动式报道模式，以增强新闻的传播力与影响力，如"希望记者协会"集结法国当地电视、广播、报纸、杂志及网络媒体等所有媒体，就某一议题同时报道，在"希望记者协会"官方网

站或当地媒体开设专栏播出。又如"火花新闻"为世界各地主流媒体建立渠道，汇集各国创新方案，媒体联盟成员可以共享新闻报道，进行多次发布，每条新闻的平均发布次数为 15 次。这种"牵一发而动全身"的报道模式使解决之道新闻"正能量"的传递效果倍增，引发受众广泛关注与热议，再利用社交媒体将信息多次传播扩散，大大提升了创新方案的关注度和影响力，最后促使成功解决方案在线下的复制与推广，这种从新闻到行动的联动方式有利于社会问题的解决。这也为我国媒体融合的深化发展提供新方向，我国传统媒体虽然布局于各渠道，集各种信息于同一平台，但是互联网思维与融合理念并不强，随着媒体市场的竞争日趋激烈，各媒体为了争抢话题，相互之间并不透明，形聚而神散，"各自为阵"的现象仍比较频繁，因此未来要提升正面消息的传播影响力，仍需要深化媒体融合。

　　然而，法国媒体虽然在建设性新闻实践中成效显著，但仍有改善空间。一方面，媒体在建设性新闻的立场有待考究，新闻内容更像是企业宣传稿。这主要在于：其一，"希望记者协会"与"火花新闻"仅强调创新项目与问题的解决方案，而对问题基本避而不谈，有淡化负面新闻的意味，尤其还提供为企业量身定制方案宣传内容的服务，这对于客观与全面的新闻报道是个挑战；其二，这两个媒体接受各企业与组织的资助，但也不排除它们受利益驱使的可能性，这在新闻内容中也有所体现，新闻报道围绕方案的提出者或实施组织来阐述，显然是站在项目实施企业的立场来报道新闻，而缺乏对受众反馈的关注；其三，通过传递信息为企业之间的合作牵线搭桥，虽然发挥了新闻的社会效应，但更像是充当企业的公关或代理角色。另一方面，在手机媒体渠道的布局还相对欠缺，以"火花新闻"为例，该媒体虽然与各传统媒体建立合作关系，却没有开通建设性新闻项目相关的手机应用程序，而随着网民在手机端的汇聚，可能会产生受众分流现象。总而言之，建设性新闻理念的推行与落地任重而道远，法国媒体还在摸索前进，探索更适合本国发展的新闻报道方式，以增强"正能量"新闻的传播效果。

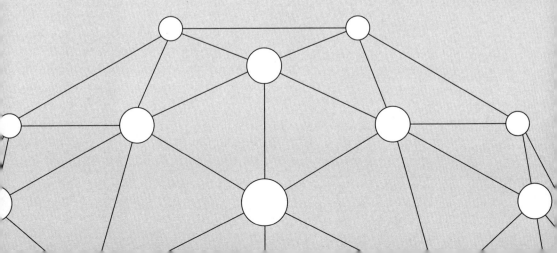

九 | 《赫芬顿邮报》：
从"好新闻"出发

《赫芬顿邮报》（HuffPost）于 2005 年由奥利安娜·赫芬顿（Arianna Huffington）创办，该媒体自成立之初就开始反思新闻的定义，有着丰富经验的媒体人赫芬顿在《赫芬顿邮报》发展过程中坚持"内容为王"的原则，而建设性新闻就是该原则指导下的重要成果之一。其发展路径可以概括为：由跳出"坏新闻才是新闻"定式思维的"好新闻"（Good News）为始延伸至以解决问题为导向的"解决之道新闻"（Solutions Journalism），乃至于"行动新闻"（Action Journalism）。

（一）建设性新闻发展历程及现状

《赫芬顿邮报》的建设性新闻实践最早可以追溯到 2012 年的"好新闻"实践，当时设立"好新闻"（Good News）栏目，将其作为单独栏目与其他传统新闻栏目并置于网站，这是《赫芬顿邮报》建设性新闻的雏形，其报道内容和题材一改以往新闻的严肃刻板，而更贴近民众生活并且具有鼓舞性，吸引了很多年轻受众的注意力，但同时宠物和儿童类的分享视频占据绝大部分页面，缺乏一定的建设性和行动影响力，显然与建设性新闻的初衷有所偏离，《赫芬顿邮报》负责人也承认确实存在该问题。鉴于此，2015 年初，《赫芬顿邮报》前负责人赫芬顿在达沃斯论坛上宣布改变编辑方针：要大幅增加具有积极意义的新闻报道，致力于关注普通人和社区的故事，报道民众如何面对挑战、如何克服困难、如何解决问题。具体实施方案包括在网站首页开设"好办法"（What's Working）专栏，并与美国南加州大学安纳堡传播与新闻学院（University of Southern California Annenberg School for Communication and Journalism）合作推出"好办法大挑战"项目（What's Working Challenge），以鼓励编辑采用"正能量方针"的报道原则，并将其严格且富有创造性地运用到采访写作的训练中。

然而，《赫芬顿邮报》也加入了原生数字媒体集体崩盘的大潮，博客自媒体撰稿平台的终止运行成为压垮《赫芬顿邮报》的最后一根稻草，逐渐由一个内容生产与分发平台沦为一个封闭的内容供应商。《赫芬顿邮报》的建设性新闻倡导者已经离职，其建设性新闻项目也日渐没落，而莉迪娅－博格林（Lydia Polgreen）成为新任总编后，更关注社会的分裂现状，期望媒体探究问题本质。鉴于此，目前《赫芬顿邮报》网站显示的建设性栏目仅剩下"好新闻"（Good News）、"影响力：项目零和"（Impact Project Zero）、"影响力：这个新世界"（Impact This New World）及"好办法：目标＋利益"（What's working：Purpose Profit）等。尽管如此，但曾经被热捧的建设性新闻实践仍有可以借鉴之处，我们以上述栏目内容及《赫芬顿邮报》建设性新闻盛行时的实践为案例来分析该媒体建设性新闻的新闻产制、传播模式及运营状况，并尝试对其衰落原因进行探析，以为我国新闻业的发展提供启示。

（二）建设性新闻产制特色

《赫芬顿邮报》在网站上设有"好新闻"、"影响力：项目零和"、"影响力：这个新世界""好办法：目标＋利益"等栏目，基于这些栏目的文本内容，我们从报道理念、报道方式、议题构成、制作技巧等层面来探讨建设性新闻的产制特色。

1. 报道理念：坚持正能量

建设性新闻（Constructive Journalism）是立足于公共生活的一种新闻实践或新闻理念，聚焦于社会问题的解决，促使民众参与到社会治理过程中来，因此根据建设性新闻的定义并结合《赫芬顿邮报》建设性新闻内容发现，其媒体工作人员在报道过程中秉承"正能量方针"，主要体现在以下两个方面。

一方面是唤醒受众的积极情绪。有研究表明，在新闻报道中增加积极元素有助于改善受众情绪[①]。因此，《赫芬顿邮报》的建设性新闻致力于唤醒受众的积极情绪以给予其希望。"好新闻"栏目的推出就是最好的例证，曾与其他传统栏目并置于网页中，关注人们身边的"正能量"故事。英国南安普顿大学（University of Southampton）发现，积极的新闻报道有助于推动人们采取行动，如表达意见、向慈善机构捐赠及保护环境等。然而，通过对"好新闻"栏目内容分析发现，宠物和儿童的相关视频占据绝大部分页面，这些新闻故事更侧重于"情感和娱乐"，甚至有些内容为"心灵鸡汤"，缺乏有意义的信息，对于解决问题没有实质性的帮助，也缺乏冲突性、影响力等主流新闻的核心要素。意识到这一问题后，《赫芬顿邮报》编辑部在"好新闻"栏目内容上实施转型，广泛拓展各种议题，立足于积极视角来看待不同的新闻报道。

另一方面是以解决问题为导向。建设性新闻不仅能唤醒受众的积极情绪并给予其希望，而且为其所遇到的问题提供解决方案。《赫芬顿邮报》的建设性新闻正由简单的观察性报道向以解决问题为导向的参与式报道转变，通过建设性新闻来围绕某议题发起对话并引发读者关注，进而尝试提供解决方案。"好办法大挑战"项目中推出许多建设性新闻栏目，如"影响力"与"好办法：目标＋利益"等，这些新闻内容已经突破"流血新

---

① HuffPost. 2016. "'If It Succeeds, It Leads'：Why the News is Changing for Good?" Accessed Jun 19. https：//www. huffingtonpost. com/entry/if－it－succeeds－it－leads－w_b_7623534. html.

闻肯定上头条"的思维定式，因此一些创新类与同情类新闻也就呼之欲出，为国家与人们所遇到的困境寻找解决方案，并将这种积极力量通过媒体来扩散和传递，以感染更多的人。如"影响力"栏目中的一篇文章《挪威对塑料污染采取积极措施且颇有成效》，通过详细介绍挪威对塑料污染实施"瓶子存款计划"[1]，为美国的塑料污染的治理提供了借鉴。在"正能量"理念指导下，《赫芬顿邮报》新闻记者不仅提供冲突的信息，更关注潜在方案及其对受众积极情绪的影响。

2. 报道方式：放弃中立原则

建设性新闻本身就是一种报道方式，在"正能量方针"的指导下，《赫芬顿邮报》建设性新闻报道方式呈现新特点，突破传统的中立原则，即媒体可以有态度。本部分基于传统新闻的分析框架来探析建设性新闻的报道方式，具体从报道题材的选择、事实呈现时所持立场、新闻叙事策略与手段三个方面来探讨。

从新闻选材来看，题材本身没有立场，然而报道题材的选择标准则构建于报道者的主观倾向及受众需求两个层面。《赫芬顿邮报》编辑认为，仅仅呈现灾难、暴力及混乱，即聚焦于破坏性及不作为事件，可能会错过周围发生的有意义的事情[2]。也就是说，只关注社会的阴暗面是新闻工作者的失职，因此他们认为应关注给予人积极向上力量的新闻故事，关注人们解决困难的方案，以及他们在暴力、贫困及迷失中如何团结一致。如"影响力"栏目的子栏目"影响力：项目零和"，其报道主要聚焦于非洲热带病现状及患者，并呼吁社会关注这一问题，同时也追踪报道相应解决方案。从受众需求来看，《赫芬顿邮报》曾是 Facebook 上转发量最高的媒

---

① HuffPost. 2018. "Norway has A Radical Approach to Plastic Pollution, and It's Working." Accessed August 22. https：//www. huffingtonpost. com/entry/norway - plastic - pollution _ us_ 5b7c07e0e4b05906b41779ee.

② HuffPost. 2018. "What's Working：All the News That's Fit to Print." Accessed April 8. https：//www. huffingtonpost. com/arianna - huffington/whats - working - all - the - news_ b_ 6603924. html.

体，有结果显示：积极的新闻故事是读者最愿意浏览和分享的内容①。在传播者与受众的主观倾向作用下，"好办法"等建设性新闻栏目内容也一目了然，即聚焦"正能量"和"解决问题"的新闻报道，围绕以往媒体忽略的且富有创意和同情心的故事，以及具有改变世界影响力的个人和组织进行报道，通过传播"正能量"让更多人参与社会活动，利用线上新闻报道来扩大线下活动的影响力，从而实现线上线下互通互融。

从报道者所持立场来看，以何种视角来向受众呈现所选题材新闻是新闻报道的基点，这对于传播效果的影响至关重要，究其根本在于报道者的立场与认识。而基于《赫芬顿邮报》的报道理念，其报道者所选的新闻内容既有人文关怀的"软新闻"也不乏作为传统新闻主力的"硬新闻"，全面再现社会百态。尤其在负面新闻报道中，不再将笔墨放到问题本身，也不再放大事件的负面效应，而是更多地探寻事件背后的原因以及关注新闻事件所涉及主体对问题的应对方式。比如在叙利亚问题的报道上，与其他主流媒体从各国利益视角来关注叙利亚问题不同，《赫芬顿邮报》从社会发展视角切入，以小见大，将关注点落在人的发展问题上，进而聚焦于叙利亚难民身上，因此《如何帮助叙利亚难民》这篇报道呼之欲出，同时还引发强烈反响。又如，环保议题已经不是一个新议题，然而《赫芬顿邮报》的视频报道《21 岁男孩发起史无前例的"清理海洋"项目》（This 21 - Year Old is Cleaning Up Our Oceans）② （见图 9 - 1） 则别出心裁，将视角立足于一个 21 岁男孩，通过该男孩讲述自身发起"清理海洋"项目处理海上垃圾的故事来为环保治理拓展思路，凸显个人在环保中能动性的发挥。

---

① HuffPost. 2018. "What's Working: All the News That's Fit to Print. " Accessed April 8. https: //www. huffingtonpost. com/arianna - huffington/whats - working - all - the - news_b_ 6603924. html.

② DIGIDAY. 2016. "Huffington Post Finds Feel Good Videos Perform Best on Facebook. " Accessed March 23. https: //digiday. com/media/huffington - post - finds - solution - oriented - videos - outperform - others - facebook/.

图 9 – 1　《21 岁男孩发起史无前例的"清理海洋"项目》报道截图

从新闻叙事策略与手段来看，《赫芬顿邮报》建设性新闻叙事策略呈现三个特点：一是叙事方式以通讯、新闻特写及新闻访谈为主，突出对人的关注；二是叙事视角基于对社会产生影响力的个人与组织，如"好办法：目标＋利益"栏目内容则由先进机构及领导者针对世界难题成功找到解决方案的故事构成，通常以第一视角和第三视角来叙述故事，给予有相同经历的读者以希望和指导；三是叙事手段呈现全媒体化和视觉化趋势。通过梳理《赫芬顿邮报》的"影响力"栏目内容[1]发现，大多数报道以文字与图片相结合的方式呈现，然而随着媒体技术的蓬勃发展，短视频成为传统新闻转型的新着力点，因此《赫芬顿邮报》的建设性新闻逐渐以文字与短视频相结合的方式来传递"正能量"，直观、形象地再现新闻场景，具有视觉冲击力与感染力，提高了信息传播的易读性与"悦读性"。

3. 议题构成：聚焦社会问题

建设性新闻聚焦于解决社会问题，关注普通人及社区的故事，报道民

---

① HuffPost. 2018. "What's Working：Purpose ＋ Profit. " Retrieved September 2. https：//www. huffingtonpost. com/topic/purpose – profit.

众如何面对挑战、克服困难及解决问题。基于此，根据 2018 年《赫芬顿邮报》在"影响力"与"好办法：目标＋利益"各板块主题词统计发现，涉及议题包括：妇女与儿童、同性恋、种族、难民、贫穷、环境与气候变化、教育、健康、经济、动物保护、个人生活、家庭生活等。从上述议题可以发现，前五个议题聚焦于弱势群体和边缘群体，《赫芬顿邮报》开辟"黑人之声"等栏目，给予这些群体以关注；环境与气候变化、教育、健康、经济等议题着重于公共空间问题的探讨，即社会生活中人们共同面临的问题，如《治疗癌症的八种方法》（见图 9－2）；个人生活与家庭生活等议题则更侧重于个人空间，即从微观层面关注人的内心世界及人与人之间的关系，如《常用的五种爱的语言》（见图 9－3）。《赫芬顿邮报》的建设性新闻议题构建基于"以人为中心"的发展本质，无论是公共空间还是个人空间最终都殊途同归，汇聚于人的发展问题。此外，与以往媒体新闻报道相比，上述议题的报道或是基于原有议题的创新视角，抑或是关注以往疏忽的议题。

图 9－2　《治疗癌症的八种方法》报道截图

图 9 - 3　《常用的五种爱的语言》报道截图

4. 制作技巧：以方案为导向 + UGC + 大数据

"以解决方案为导向"的制作理念成为《赫芬顿邮报》新闻编辑的指导原则并融入记者日常报道实践中，尤其"好办法"栏目在报道社会问题时表现不凡。《赫芬顿邮报》编辑部从问题入手的内容制作路径为：精准定位问题—探寻正面解决方案—用户生产内容—大数据分析，以下主要围绕这四个方面来对"好办法"项目在商业中的实践——"好办法：目标 + 利益"栏目新闻内容中涉及的具体制作技巧进行探讨和分析。

（1）精准定位问题

精准定位问题是《赫芬顿邮报》解决之道新闻价值的关键所在。"好办法：目标 + 利益"栏目主要为全球商业界的领袖以及致力于改变的思想家的专题报道、观点及建议，强调了企业及创业公司的解决之道，即一些企业借助于《赫芬顿邮报》这一平台努力对社会产生积极影响，也加强企业的责任意识。因此，"好办法：目标 + 利益"栏目所关注的问题主要围绕企业责任，如性别平等、工作环境多元化、就业歧视、社交媒体使用等，这些问题的解决有利于企业的积极社会形象建构，也让读者从社会视角来了解企业除利益之外的其他形象，而《赫芬顿邮报》为展示这些问题的解决方案提供了平台与渠道。

（2）强化解决方案思维

《赫芬顿邮报》将解决方案思维融入新闻报道中，即主要关注公共问题的正向解决之道，关键在于寻找问题解决的成功案例，聚焦有"正能量"的个人与组织。其价值主要在于这些个人与组织本身具有的优势以及在问题解决方面具有普适性。以"好办法：目标＋利益"栏目报道为例，新闻报道主要关注为企业带来正面社会影响的组织与个人，其中包括全球顶尖公司领袖及一些非正式组织的成功案例分享，以及挖掘问题中的"正能量"。比如对于企业中女性员工性别歧视问题，一篇名为《不平等投诉后耐克为 7000 多名员工涨薪》（Nike Hikes Pay For Over 7，000 Following Complaints Over Inequality）的文章并没有在性别不平等问题方面过多描述，而将焦点转移到耐克公司针对该问题所做出的调整，即为7000 多名涉案员工涨薪，从而缓解了耐克对社会发展的负面影响。

（3）用户生产内容

《赫芬顿邮报》采用用户生产内容（UGC）的方式，以最大限度地吸引受众注意力。《赫芬顿邮报》的新闻报道基本为编辑部原创，但也开通网络渠道，向世界各地读者征集令人振奋的故事，如在"好办法：目标＋利益"栏目右侧设有邮箱地址，读者可以向媒体发邮件提供自己的思路。这与《赫芬顿邮报》本身的用户生产内容模式密切相关，《赫芬顿邮报》曾是数字媒体 UGC 模式的最佳代表，这也表明新媒体时代《赫芬顿邮报》更加注重遵循"受众即媒体"与"受众即传播"等传播规律，鼓励受众积极参与到新闻制作和传播中；此外，《赫芬顿邮报》还注重"大 V"队伍的培养，邀请美国的政治家、明星、科学家来撰写原创文章或评论。然而，随着数字媒体转型浪潮的掀起，无偿让受众撰写高质量内容的模式已日渐式微，尤其随着博客自媒体撰稿平台运行的终止，《赫芬顿邮报》也逐渐从用户生产内容沦为内容供应商，这对于建设性新闻的实践也是一个不幸的消息。

（4）利用大数据技术制作新闻

《赫芬顿邮报》首席执行官贾里德·格鲁斯（Jared Grusd）认为，《赫芬顿邮报》借助于大数据技术来提供信息，这有助于增强编辑对新闻的判断力[①]。目前《赫芬顿邮报》建立"实时流量分析系统"，通过实时测试用户反馈数据来选择头条内容。此外，《赫芬顿邮报》利用大数据技术来选择标题，记者与编辑通常会为一则建设性新闻提供两个及以上标题，并将其随机分配到各 IP 地址，以五分钟为时间段截止，点击率最高的标题为最终标题；除这种方式外，还通过在社交媒体上征集用户意见来确定标题。

（三）建设性新闻传播模式

在传媒技术不断迭代创新的当下，融合已经成为传媒业发展的常态，在此大背景下，《赫芬顿邮报》建设性新闻内容的传播模式到底如何？是否达到预期效果？这些都是需要关注的问题，为此我们从平台选择、传播模式、线下活动及用户反馈等方面对于《赫芬顿邮报》建设性新闻的传播模式与态势进行探析和预判。

1. 平台选择多元化

随着媒介形态的衍变，尤其是社交媒体等新媒体的蓬勃发展，信息传播渠道汇聚于手机等移动端与 PC 端，新闻传播的平台选择更趋于多元化，《赫芬顿邮报》这个传统数字媒体也不例外，也在媒体融合的浪潮中不断借助社交媒体求存求变。《赫芬顿邮报》基于各个国家的官方网站，同时还在 Facebook、Twitter、Instagram 等社交媒体上均设有账号，其中 Facebook 上的粉丝量与发帖量都远超过 Twitter 和 Instagram，由此也可以

---

① DIGIDAY. 2017. "Aditi Sangal：Post-Arianna, The Huffington Post's Rebranding as HuffPost." Aceessed April 25. https：//digiday. com/podcast/huffposts－ceo－jared－grusddigiday－podcast－rebranding－post－arianna－huffington/.

看出 Facebook 对于《赫芬顿邮报》的重要性。其中"好新闻"栏目在 Facebook 和 Twitter 上的账号名为"For Good's Sake"，截至 2019 年 7 月 1 日，在 Facebook 上有 239 万名粉丝，Twitter 上粉丝达 6.9 万人[①]，而该栏目并没有在 Instagram 上单独开设账户，显然 Facebook 是《赫芬顿邮报》建设性新闻发布的主要社交媒体。

2. 基于技术创新的传播模式

在"用户为王"的时代，《赫芬顿邮报》对社交媒体的应用也在逐渐改变其原有的新闻传播模式，尤其是对于"以人为本"的建设性新闻而言，在传播模式上呈现新特点。

（1）跨平台内容差异化

在传播方式上，《赫芬顿邮报》建设性新闻传播呈现社交化趋势，在其内容的发布和传播上，《赫芬顿邮报》主要以官方网站为传播平台，并同步在社交媒体账号上发布新闻，但是就传播形式而言，各社交媒体平台根据自身特点以及算法推荐将内容差异化传播，最大限度地覆盖不同需求的受众。

（2）设置一键分享

在官方网站和社交媒体设置"一键分享"，借助于用户和媒体之间的互动以及在社交媒体平台上的分享，拓展新闻的传播渠道，从而积极传递人与人之间的"正能量"。在传播主体与受众方面，《赫芬顿邮报》编辑部依然是建设性新闻的传播主体，但仅仅是首次传播的主体，在二次传播甚至多次传播中，社交媒体用户才是传播主体，他们的分享与评论强化了建设性新闻及解决之道新闻等"正能量"信息的传递和扩散。

（3）应用"搜索引擎优化"技术

在传播内容上，《赫芬顿邮报》本身作为内容聚合类网站，在建设性新闻内容方面也呈现聚合特性，尤其基于"搜索引擎优化"技术，对受

---

① 源自《赫芬顿邮报》在 Facebook、Twitter 上账户的数据统计（截至 2019 年 7 月 1 日）。

众关注的关键词和新闻实践进行词频统计分析，然后再利用关注度较高的主题来聚合新闻或者以此来撰写新闻稿件，因此建设性新闻来自受众而又回归受众。

3. 线上内容带动线下活动

但无论传播形式如何创新，建设性新闻都在以受众的需求来服务受众，传播的目的最终都是为了鼓励人们积极地面对生活并主动参与到社会问题的治理过程中。"新影响力和创新部"的执行编辑乔·康菲诺（Jo Confino）表示，他会花费大量时间来思考《赫芬顿邮报》的新闻报道如何才能说服读者实际参与解决社会问题[①]。如在 2016 年，《赫芬顿邮报》发起"回收再利用"（Reclaim）项目，这是一个多媒体报道项目，揭露了很多食物浪费等社会问题，鼓励读者发起或参与行动以解决问题。30 多名记者、编辑、视频制作者与摄影师参与该项目，将新闻与行动主义结合起来并且颇为奏效，读者在阅读了《赫芬顿邮报》记者的 50 多篇相关新闻报道后，颇受鼓舞，签署了请愿网站"Change. org"的一份请愿要求，请愿内容为"零售商巨头沃尔玛应开始售卖那些品相不好的水果和蔬菜"，因为这些食物通常会被浪费掉。除此之外，社交媒体在线下活动的宣传效果不可小觑，同年在奥兰多枪击事件后，《赫芬顿邮报》通过"好新闻"栏目为受难者筹集到 14.1 万美元的捐款。这些实践案例都表明，《赫芬顿邮报》的建设性新闻最终指向行动新闻（Action Journalism），另一方面也可以窥见建设性新闻的选择标准：新闻选题不仅限于对当地产生影响，更要着眼于国际，涉及全球贫穷、气候变化、性别、同性恋等问题，尽可能在一个项目中涉及多个社会问题；同时也要有视觉效果，而且适合于跨媒体传播的叙事方式。

[①] Poynter. 2016. "How The Huffington Post is Mobilizing Its Newsroom to Take on Social Issues." Accessed June 28. https: //www. poynter. org/news/how – huffington – post – mobilizing – its – newsroom – take – social – issues.

4. 用户反馈不一

《赫芬顿邮报》的建设性新闻栏目效果如何？其背后原因是什么？这些都是值得深思的问题。基于《赫芬顿邮报》建设性新闻栏目在Facebook上用户的反馈情况研究发现，用户对建设性新闻的态度不一。

《赫芬顿邮报》"好新闻"栏目搭载社交媒体这趟快车，传播效果叠加。目前"好新闻"（社交媒体账号名称为 For Good's Sake）是除《赫芬顿邮报》主账户外的头号 Facebook 页面，得到读者与用户的广泛关注（见表 9 - 1）。有研究显示，一条振奋人心的"好新闻"在 Facebook 上的转载量和评论数均是《赫芬顿邮报》其他文章的两倍[1]，这也侧面反映"好新闻"能唤醒读者的积极情绪，使其产生接近心理倾向，读者会对新闻主动点赞和分享，增强新闻的传播效果。"好新闻"传播效果喜人的主要原因在于：一方面，利用社交媒体"病毒式"传播的特点加强视频的影响力，维持稳定的受众群体；另一方面，相比"负面新闻"，传播"正能量"视频的出现让读者感受到力量和存在感，因而更愿意分享和转载。

表 9 - 1 2019 年 6 月《赫芬顿邮报》Facebook 账户的用户反馈情况一览表

名称	粉丝数	点赞数	排名
HuffPost	9,447,180	9,928,598	1
For Good's Sake	2,393,167	2,433,063	2
HuffPost Politics	2,027,867	2,113,921	3
HuffPost Women	1,841,639	1,921,989	4
HuffPost Life	1,630,725	1,686,847	5
HuffPost Parents	1,464,948	1,538,408	6
HuffPost Black Voices	1,199,465	1,199,876	7
HuffPost Entertainment	1,056,199	1,129,565	8
HuffPost Queer Voices	416,323	425,365	9

---

[1] ADWEEK. 2016. "Arianna Huffington Highlights the Power of HuffPost Good News." Accessed July 25. http：//www. adweek. com/digital/arianna – huffington – sings – the – praises – of – huffpost – good – news/.

续表

名称	粉丝数	点赞数	排名
HuffPost Relationship	309,761	294,878	10
HuffPost Asian Voices	47,293	44,649	11
HuffPost What's working	5,681	5,593	12

资料来源：《赫芬顿邮报》Facebook 数据（更新至 2019 年 6 月 28 日）。

与之相比，"好办法"新闻在社交媒体的传播效果却远不如"好新闻"，粉丝数与点赞数寥寥无几，从其 Facebook 账户发帖情况可以看出，2016 年 6 月 28 日后，该账户再无更新，现在基本是僵尸账号，而用户对 2016 年之前发帖内容的反馈情况也并不乐观。究其原因主要在于：一是受《赫芬顿邮报》急剧转型大趋势的影响，其中创始人赫芬顿离职为重要因素，而且"好办法"项目耗费成本大，入不敷出，因此兴起一年后逐渐趋于没落，同时也停止对账户的运营；二是"好办法"在内容方面基本以图片为主，视频形式的内容较少，相比之下，2016 年 1 月至 2 月发布到 Facebook 的"崛起"栏目视频和其发布到 Facebook 主页上的所有视频相比在播放量和参与度上都更胜一筹；三是"好办法"与"好新闻"相比，媒体在新闻报道中的态度更为明确，不仅鼓励用户传递"正能量"，而且还意在改变用户态度及认知，从而促使其发起行动，这在一定程度上可能会让用户产生一种"压迫感"。

（四）建设性新闻项目运营状况

关于《赫芬顿邮报》建设性新闻项目的运营情况，还需放到该媒体的整体运营现状下来分析。

从人员构成来看，《赫芬顿邮报》曾是一个由采编记者、博客作者和普通用户构成的循环新闻社区，然而随着传统数字媒体浪潮的掀起，《赫芬顿邮报》对人员进行大刀阔斧的改革，加之博客作者流失，目前其内容生产能力来源于自有的编辑记者以及有偿的编外作者，这与传统媒体或者以传统媒体为蓝本的数字媒体在商业模式上无异；同时，为了适应先进技术的升级与应用，编辑部主要由两类记者构成，一类记者基于"搜索引擎优化"技术致力于新闻采编业务，另一类记者则通过"实时流量分析系统"技术 24 小时搜索并统计谷歌等网站的热搜词，从而围绕这些关键词来编辑新闻，以吸引用户注意力。

从资金来源看，《赫芬顿邮报》建设性新闻收入来源于两方面：一方面是用户流量带来的广告收入，利用搜索平台的算法推荐技术与社交媒体的人际交互模式传递"正能量"新闻也成为《赫芬顿邮报》的未来发展方向之一。有研究表明，《赫芬顿邮报》在推出名为"影响力""好新闻""好办法"等新闻栏目时，其流量大幅增加，因为这些内容能够唤起用户积极情绪，增加新闻的点击量与转发量，用户资源成为广告收入来源①；另一方面为组织机构赞助，包括企业赞助以及非政府组织的资金支持，由于建设性新闻本质在于解决社会问题，通过问题方案将读者与社会机构连接在一起。如在"影响力"栏目中，许多文章的末尾都会对资助机构予以说明，"影响力：这个新世界"子栏目的新闻内容制作就是由新经济（New Economy）与肯德达基金（Kendeda Fund）两个机构支持，后者是美国的一家私人捐赠基金会，致力于为美国及其他国家的社区制订解决方案②。此外，各大商业巨头也热衷于与"好新闻"栏目进行商业合作，这也为《赫芬顿邮报》带来可观收益。

从组织结构来看，除美国本部外，《赫芬顿邮报》还将业务拓展至全球，在世界各地设立分支编辑部，目前在官网上推出 15 个国际版本，具体包括英国、加拿大、墨西哥、韩国、日本、意大利、印度、希腊、法国、西班牙、德国、加拿大、巴西、澳大利亚及阿拉伯语国家，具体特征为：一方面，除英国、澳大利亚都单独设立"好新闻"专栏来践行建设

① ADWEEK. 2016. "Arianna Huffington Highlights the Power of HuffPost Good News. " Accessed July 25. http：//www. adweek. com/digital/arianna－huffington－sings－the－praises－of－huffpost－good－news/.

② The Kendeda Fund. 2018. Retrieved September 4. https：//kendedafund. org/.

性新闻理念外，一些国际版本采用与当地媒体合作的模式，如日语版本《赫芬顿邮报》与日本媒体《朝日新闻》合作，法语版本与法国媒体《世界报》合作，印度版本与印度媒体《印度时报》合作；另一方面，聘请美国总部的编辑担任国际编辑总监对各国际版本进行管理，国际总监定期开会来汇聚全球的建设性新闻资源，从而促使世界各国就"正能量"的编辑理念达成共识，也希望世界各国就全球社会问题的解决方案进行对话。

从运营模式来看，在社交平台取代门户网站的当下，《赫芬顿邮报》的运营模式却逐渐向门户网站靠拢。社交媒体的蓬勃发展对《赫芬顿邮报》的博客平台运营产生巨大冲击，使其每况愈下：一方面，无偿让用户来写高质量稿件的模式已经过时，他们可以选择更大、更有效的内容分发平台来写作，尤其是博客自媒体撰稿平台关闭后，《赫芬顿邮报》利用博客平台赢得流量可能成为历史；另一方面，在社交媒体时代，《赫芬顿邮报》在拼流量与传播速度中均不占优势，因此开始转向内容，其定位也越来越趋向于内容供应商，即转向生产由职业编辑主导的封闭内容产品。在此运营大环境下，建设性新闻项目的运营情况也发生嬗变，将运营的重点放在新闻内容的生产上，与"解决之道新闻网"等建设性新闻媒体合作对编辑人员进行培训，自 2015 年春季学期起，《赫芬顿邮报》编辑与大学生们一起参与"好办法大挑战"项目，探讨各种社会问题的解决办法。该项目鼓励编辑采用"正能量方针"的报道原则，并将其严格而富有创造性地运用到采访写作的训练中，加强传播效果，同时也帮助学生辨识以及构建这样的故事，培养学生报道"建设性新闻"的专业意识①。此外，《赫芬顿邮报》与一些 NGO 组织合作，以鼓励读者切实参与社会问题的解决过程，旨在推动社会发展。如与全球公民（Global Citizen）合作，希望借助于所刊载的"正能量"报道促使读者关注从贫困

---

① 唐绪军、殷乐：《西方媒体"好新闻"的实践、理论及借鉴》，《对外传播》2015 年第 11 期。

到教育等一系列社会议题并鼓励他们对此采取实际行动。

　　总体而言，《赫芬顿邮报》的建设性新闻实践兴起于该媒体发展的鼎盛时期，然而伴随着媒体的快速转型，虽然在官方网站上仍有"影响力"与"好办法：目标＋利益"等栏目，但是对该新闻项目的宣传较前为弱，其中既有主编风格因素，也有媒体应用因素，值得我们持续观察和思考。

十 | Upworthy：聚焦视频分享

在社交媒体时代，分享既是一种社会认同的表现，也充分体现了基于人际关系与社会关系的媒体社交属性。而美国 Upworthy 就是一个与社交媒体有千丝万缕联系的互联网信息传播平台，借助于社交媒体的社交属性，以"病毒式"传播方式来传递积极情绪。Upworthy 的发展之快有目共睹，在成立第二年月活跃人数达 9000 万①，刷新了新媒体网站的纪录，为新媒体探索建设性新闻报道方式开辟新路径。Upworthy 的建设性新闻实践发展如何？在新闻报道及传播过程中有何特色？从中能得到什么启发和思考？这些都是值得研究的问题，对此我们主要从纵向与横向两个层面来探寻 Upworthy 的建设性新闻实践路径，从新闻特色、传播模式及运营情况来展开，以探寻其建设性新闻发展中值得借鉴的做法及存在的问题并从中获得启示。

（一）发展缘起与脉络

Upworthy 成立于 2012 年，是一个致力于快速传播有意义的信息、图片及视频的美国资讯网站。虽然成立时间不长，但经历却颇为丰富，从最

---

① NPR. 2017. "Upworthy was One of the Hottest Sites Ever. You Won't Believe What Happened Next." Accessed June 20. https：//www. npr. org/sections/alltechconsidered/2017/06/20/533529538/upworthy – was – one – of – the – hottest – sites – ever – you – wont – believe – what – happened – next.

初成立时以"用户为中心"的互联网思维，以情绪化标题吸引用户点击量并被誉为"美国发展最快的媒体网站"①，到后来转向以"内容为中心"，专注于原创内容，以留住用户注意力，这一转折与媒体负责人的更迭及其运营理念的改变不无关系，以下围绕两个媒体负责人及其对Upworthy 所做贡献来梳理媒体建设性新闻实践发展起源与脉络。

1. 美国发展最快的媒体网站

Upworthy 是由创始人伊莱・帕里泽（Eli Pariser）与彼得・科奇利（Peter Koechley）于 2012 年成立，二者为美国非营利组织"前进网"（MoveOn）② 的领导人，其中科奇利还是"洋葱新闻网"的总编辑，他们筹集资金重构新闻要素，尝试改变"恐惧与愤怒成为媒体领域的主题词"这一观点，不会过多关注问题是什么，而更注重什么是正确的。在这一理念下，Upworthy 借助于网络平台以及算法技术来吸引读者眼球，这一做法与帕里泽曾在 2011 年出版的著作《过滤泡沫》（The Filter Bubble）中首次阐述的"过滤泡沫"概念不无关系，他明确指出互联网用户受网络内容算法编辑的影响，其信息环境越来越趋于个人化③。该阶段的新闻内容均非原创，主要源自 Twitter 和 Facebook 等社交媒体的热门话题，利用算法并根据用户的关注量与点击量来寻找值得深挖的新闻点来拟定符合受众需求的标题，用视频和图片形式来分享较受关注的话题。然而，随着 Facebook 算法技术的迭代升级，这种做法饱受争议，Upworthy 的新闻内容得到质

---

① Fast Company. 2013. "How Upworthy Used Emotional Data to Become the Fastest Growing Media Site of All Time." Accessed July 6. https：//www. fastcompany. com/3012649/how－upworthy－used－emotional－data－to－become－the－fastest－growing－media－site－of－all－time.

② MoveOn 成立于 1998 年，是一个独立的公共政策倡导和活动组织，该网站通过各种新兴的网络技术发起政治运动和宣传诉求，试图与传统的大财团游说组织对抗，其特色在于将网络上的虚拟社群转化成社会力量，他们通过网络来自下而上动员、讨论和募款并执行决策。

③ 网易公开课，2018，《伊莱・帕里泽：当心网上"过滤气泡"》，http：//open. 163. com/movie/2011/7/4/3/M7797SRIV_ M779IPK43. html，最后访问日期：2018 年 7 月 10 日。

疑，有人指责 Upworthy 的新闻标题有误导读者之嫌①，利用读者的注意力来影响和操作读者，也就是所谓的"标题党"，即利用煽情的言辞来获取流量，而非促进实质性讨论。尤其是 Facebook 计划改变其新闻推送算法，优先推荐"有意义"的内容至人们的信息流中②，随之带来的负面效应就是 Upworthy 的点击量暴跌。Upworthy 从中吸取教训并认清事实：在更新迭代的算法推荐技术面前 Upworthy 并没有优势，只能给人们留下"擅长于聚合新闻却缺乏实质内容"的印象，内容依旧是留住用户注意力的关键因素。

2. 最佳品牌视频发布者

鉴于此，Upworthy 开始反思其发展之路，于 2016 年开始转变报道方式，宣布转向制作原创内容，特别专注于短视频形式，尤其重视在 YouTube 上发力，同时依旧青睐于"分享式"传播模式。这与《纽约时报》前主编艾米·奥利里（Amy O Leary）于 2015 年加入 Upworthy 有很大关系，她担任主编后放弃聚合新闻内容，坚持采用原创新闻，并强调 Upworthy 并非寻找单纯刺激受众感官的故事，而是关注有影响力的故事，同时故事中所蕴含信息会激发行动。但同时也认为 Facebook 依然是强大的发布平台，Facebook 用户对于 Upworthy 意义重大，期望新闻报道能够长时间留住用户注意力。然而，为了寻求更为稳定的资金来源作为传递积极思想的重要保障，Upworthy 于 2017 年开始与全球媒体品牌和咨询公司 GOOD Worldwide Inc.③ 合并，成为其旗下品牌，转向原创故事和品牌故事，构建同理心，改变人们看世界的视角并鼓励其分享。经过调整转型之

---

① HuffPost. 2015. "How the Other Half Works: News Goes Constructive." Accessed Aprril 26. https://www.huffingtonpost.com/cathrine – gyldensted/how – the – other – half – works – _b_ 6746658. html.

② 中国网，2018，《"震惊体"已是过去式，有深度的长篇文章越来越容易火了》，http://china. 36kr. com/p/5144100? colu，最后访问日期：2018 年 7 月 26 日。

③ 该公司是一个社会影响咨询公司，善于在社会科学、社会媒体和社会变革中提供专业知识，专注于制订计划和呼吁强有力行动。

后，一方面，Upworthy 以短视频为新突破口，传递有意义、有价值的"正能量"信息，目前已经初见成效，Upworthy 内部工作团队在 2017 年 Digiday 奖中被评为最佳品牌视频发布者①；另一方面，转型也带来了 Upworthy 大规模裁员，尤其是创始人帕里泽及其他高层领导的离职，改变了原有的人才结构，也加速了 Upworthy 的转型之路。

目前，Upworthy 推出"视频"（Videos）、"幸福"（Being Well）、"文化"（Culture）、"突破"（Breakthroughs）、"现实生活"（Real Life）、"对话"（The Conversation）等原创新闻栏目，此外还与商业伙伴合作推出"女性价值"（Women of Worth）、"美丽与超越"（Beauty & Beyond）、"责任之美"（Beauty Responsibly）等一系列关注女性议题的栏目。尤其是转向视频后，Upworthy 开设 YouTube 账户发布相关视频。

数字媒体转型浪潮已经掀起，Upworthy 作为转型先驱，也在探索其建设性新闻实践之路。通过上述发展路径的梳理发现，Upworthy 之所以能迅速崛起并转型，原因在于对关键节点的把控精准到位，以"内容为王"为原则、遵循"分享式"传播规律及"合作化"运营模式，以下主要围绕这几个方面进行深入剖析。

（二）以"内容为王"为原则

Upworthy 成立之初迎来短暂狂欢后，质疑与批判之声不断，这促使 Upworthy 反思，对于之前的新闻产制方式取其精华去其糟粕，转向深耕原创内容，但同时也保留原有的特色，以确保生产和传播高质量的新闻内容。缘何制作优质内容？这是我们关注的焦点，本部分主要对 Upworthy 新闻内容及产制特点进行分析以发现其可借鉴之处。

---

① GOOD Worldwide Inc..2017."Upworthy and GOOD Announce Merger, Join Forces to Become the Leader in Social Good Media." Accessed January 27. http：//www. goodinc. com/news/blog/upworthy－and－good－announce－merger－join－forces－to－become－the－leader－in－social－good－media.

1. 报道理念：正面报道＋有价值话题

Upworthy 是解决之道新闻的积极实践者：一方面，坚持激发人性、鼓舞人心的编辑方针，发布有趣、有阅读价值的新闻，具体以积极正面的报道手法展示事件的生动细节，重视通过具体案例引发公众情感共鸣并构建同理心，从而唤起公众广泛参与社会行动，以呈现世界积极美好的一面；另一方面，不追求时效性但更注重新闻内容的深度与价值，在信息洪流中，Upworthy 认为第一时间报道新闻并不是最重要的，而关注鲜为人知的有价值话题才是关键。创始人帕里泽认为："我们在抢新闻方面没有任何优势，网站上的高点击量新闻都并非第一时间发布，核心在于话题，我们在正确的时间发布正确的内容就够了[①]"。

2. 以短视频为突破口

网络视频呈现崛起之势，尤其是短视频作为内容的新载体，相较于文字与图片而言优势凸显，因此 Upworthy 也在"标题党"风潮过后，迅速将"原创短视频"作为其内容转型的一个新突破口，在各社交媒体布局短视频，特别是发力于 YouTube 视频网站。目前，Upworthy 有四个短视频栏目，分别为"设身处地"（Another Person's Shoes）、"值得称赞的人们"（Humanity for the Win）、"改变思想的时刻"及"突破"（Breakthrough）。鉴于此，我们围绕 Upworthy 在 YouTube 上的四个栏目内容进行分析。

表 10-1　Upworthy YouTube 栏目情况一览

栏目名称	报道内容	报道形式	设立时间
设身处地	边缘群体生活状态	纪录片、人物访谈	2016 年
值得称赞的人们	组织或企业有意义的变革活动	人物访谈	2015 年
改变思想的时刻	个体思想转变	人物访谈	2016 年
突破	利用技术实现人们的愿望	人物访谈	2016 年

资料来源：2019 年 6 月 Upworthy 的 YouTube 账号信息。

---

① 搜狐网，2012，《11 条真理 教你如何从零开始做成长最快的媒体》，http://it.sohu.com/20121106/n356796811.shtml，最后访问日期：2018 年 8 月 10 日。

根据表 10 - 1 内容，Upworthy 的原创短视频新闻主要有以下特点。

其一，以人道主义议题新闻为主，折射人性之光辉，聚焦于女性、儿童、LGBT 群体①及第三世界国家等弱势群体，挖掘那些被人们忽视群体的故事，一方面呼吁社会对这些群体给予关注，另一方面也从积极视角报道了这些群体如何在逆境中乐观、自信地生活，为其他有类似困惑的群体树立了信心，以"改变思想的时刻"栏目为例，其中报道《缘何从一名死刑执行者成为一名"废除死刑"的支持者》关注人性和人权议题，以美国一名死刑执行人员自述为主，分享自己在执行死刑过程中的真实感触，讲述自己如何改变对"死刑"的态度和看法，以及到最后如何通过行动来反对"死刑"制度的过程，呼吁人们要从人性和人权的视角来重新审视"死刑"到底是一种"正义"还是"复仇"，从而宣传美国"人权自由"的主流价值观，让人们从人性的视角来重审国家制度的合理性，也呼吁更多的人关注该问题，为废除死刑的支持者提供力量。

其二，报道形式以纪录片为主，具体为人物访谈，每个视频内容的主体都有一个核心人物，即被采访对象，主持人大多数隐于镜头背后，以被采访对象自述为主，大多数短视频采取欲扬先抑的表达手法，从个人所面临的问题谈起，之后具体阐述其解决方案。以 Upworthy 的 Facebook 账号上点击量过亿的一则短视频新闻《应确保寄养机构孩子免受虐待》为例（见图 10 - 1），该短视频不到 6 分钟，议题为儿童与同性恋主题，在视频开头受访对象 Rob Scheer 仅用 1 分钟的时间讲述了自己在童年时遭受父母虐待的悲惨经历，没有过度渲染负面情绪，而是话锋一转，讲述自己与爱人（同性恋）组建家庭并抚养四个孤儿，为他们度过欢乐的童年提供了良好的环境，他以阳光、积极的心态为有同样遭遇的孩子提供帮助，而非深陷童年阴影而不能自拔，这既引起了社会同理心，同时达到呼吁社会关爱受虐儿童的效果。

---

① LGBT 为女同性恋者（Lesbians）、男同性恋者（Gays）、双性恋者（Bisexuals）与跨性别者（Transgender）的英文首字母缩略字。在现代用语中，"LGBT"一词十分重视性倾向与性别认同文化的多元化，除了狭义地指同性恋、双性恋或跨性别族群，也可广泛代表所有非异性恋者。

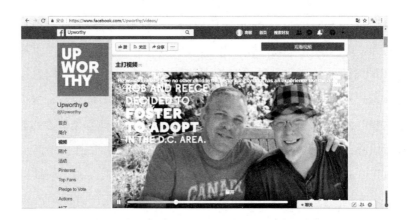

图 10 - 1　Facebook 新闻报道《应确保寄养机构孩子免受虐待》截图

3. 利用互联网思维制作新闻

Upworthy 从诞生以来就与技术和数据密切相关。首先，在新闻议题的选择上，利用算法推荐技术从以 Facebook 为主的社交网络中寻找热门且有价值的新闻话题，而搜索数据的关键在于人的情绪，这已经成为 Upworthy 新闻制作的特色，该网站新闻内容和话题大多都关注美国民众所遇到的社会发展问题，涉及健康、文化、科学发现、生活等议题，分享与民众利益切实相关的科学观点与直击心灵的情感故事。其次，在拟定标题上精益求精，独具创新地采用传统的 A/B 测试法①，将用户的喜好与需求量化为转发量与点击量，然后根据这些指标选出最受欢迎的标题来吸引用户的注意力，根据调查结果再进一步优化新闻标题，这也表明建设性新闻具有广泛的受众基础。最后，在制作新闻时坚持"以用户为中心"的互联网思维，正如 Upworthy 主编奥利里曾在接受采访时表示："我们每制作一篇新闻报道时都会扪心自问，如果 100 万个人看到这个报道，会让世界变得更

---

① Business Insider. 2012. "How to Create the Fastest Growing Media Company in the World." Accessed November 7. http：//www. businessinsider. com/upworthy - how - to - create - a - fast - growing - media - company - 2012 - 11#only - write - something - 1000000 - people - would - be - happy - to - learn - about - 11.

加美好吗？能否更广泛触达受众？"这些问题的提出充分体现了 Upworthy 更注重用户对幸福的感知与行动，从用户视角出发来制作新闻，利用相关技术或数据测量用户需求，从而更加精准地满足受众需求和构建美好世界。

（三）遵循社交媒体的"分享式"传播规律

"分享式"传播是 Upworthy 迅速崛起的主要原因之一。Upworthy 网站的批评者认为，它是一个新闻聚合网站，没有实质内容。然而，主编奥利里则认为，这些观点忽视了网站在吸引大量受众方面的优势。Upworthy 的特色就在于利用社交媒体来传播振奋人心的新闻，以"分享式"传播方式传递积极情绪，进而激发人们的行动机制，具体体现在以下方面。

在传播平台上，Upworthy 除本身的主页开设"视频"栏目外，还广泛布局社交媒体，在 Facebook 上开设账号，还在 Facebook 上专门开设"Upworthy Video"发布短视频，截至 2019 年 7 月 2 日，Facebook 上共有 1106 万用户关注，1178 万用户点赞，这也是 Upworthy 官方网站主页流量的主要来源。相比之下，Upworthy 在 YouTube 的流量逊色于 Facebook，仅有 16 万订阅者，但在发布内容方面与 Facebook 存在差异：一方面，从内容排列顺序来看，Facebook 按照时间顺序呈现海量视频，而 YouTube 将视频按照栏目归类并形成系列（见图 10 - 2），避免短视频的碎片化、无序性等问题的存在，方便用户浏览；另一方面，发布在 Facebook 上的视频大多数为非原创视频，体现了 Upworthy 的聚合特性，而 YouTube 则侧重发布原创视频，又呈现 Upworthy 由聚合向原创的转型。

从传播模式来看，Upworthy 打通网页平台与社交平台之间的渠道，将两个平台的内容融为一体，做到"你中有我，我中有你"。从 Upworthy 网页版看，在其新闻报道中，内容主要围绕 Facebook 上发布的视频或者帖子中的故事展开，同时还配有相关 Facebook 或 Twitter 的网页链接，用户通过社交媒体可以了解其他用户对新闻的反馈情况，直接点击可以参与讨论并为其点赞（见图 10 - 3）。此外，还在报道上方设置"一键分享"按

图 10 - 2　Upworthy 在 YouTube 的播放列表一览

钮，可以将新闻资讯随时分享并发布在社交平台上，依赖社交平台与用户之间的"强连接"，用户发布感兴趣的内容并分享，进而实现"病毒式"扩散，因此看似生活中的普通事件，通过人与人之间的相互转发，也会取得"爆炸式"的传播效应。从社交平台来看，以 Upworthy 的 Facebook 账号新闻传播内容为例，每条帖子都有 Upworthy 网站的链接，读者可以直接点击来阅读原文，同时也可以就相关内容在 Facebook 上进行讨论，形成对话空间，而且每条评论下又有很多延续性评论，从而将对话空间无限扩大，此外媒体专业人员也可以参与其中，近距离接触用户与其形成互动关系，以了解其需求及其关注点，从而调整报道内容以凸显受众的个性化

图 10 - 3　《15 岁的活动家激励成千上万的人为地球而战》报道截图

特征。综上所述，Upworthy 突破了一般网络媒体仅在社交媒体上以设立账号的方式来推动媒体融合，而是通过将两个平台的内容互动，尤其在网页平台将 Facebook 内容内嵌，从而增强新闻的话题性及用户黏性。

从传播效果及用户反馈来看，Upworthy 借助于技术对受众精准画像，精确定位用户所关注内容，从而及时了解用户的心理需求。对此，Upworthy 会定期举行主编会议，基于用户阅读新闻内容的数据，同时专业团队中的社会心理学家会开展相关调查，如在发布新闻报道后，会询问受众看报道前后的态度，从而观察新闻报道是否已经改变人们的思想与观念，因为 Upworthy 不仅关注好的新闻故事更注重其传播效果，全方位与用户建立深度连接。以"爆款"视频《应确保寄养机构孩子免受虐待》为例，该视频已经成为 Upworthy 在 Facebook 上人气最高的短视频，截至 2019 年 6 月 28 日，该视频已斩获 1 亿次播放量，评论数为 5.6 万①。根据用户的评论内容发现，之所以成为"现象级"短视频主要有以下原因：首先，产生共情元素，新闻内容引发与采访对象具有同样经历人们的共鸣，在唤醒悲惨记忆的同时，也激发了他们积极面对生活的态度，产生正面效应。如用户@ Marlene McDaniel 发表评论"我也是一个'垃圾袋'孩子，18 岁时流浪，没有人供养，放任自由，但是经过几年的时间，我进入大学并获得教育学硕士学位，已经有二十年的特殊教育经验"。显然，这与采访对象的经历相仿，而这条评论又激荡起新的情感共鸣，衍生的 61 条回复内容均体现了对评论者经历的支持和认可。其次，融入积极元素，激发起人们的积极情绪，从而将正面传播效果叠加。视频中虽然有不幸的一面呈现给受众，但更多的是展示采访对象如何坚强面对困境，摆脱阴影走向阳光，这为更多面临困境的人提供情感支持。如用户@ Lautel Okhio 在评论中提道："我对此有很强烈的情感反应，这体现了人性的魅力，这是我们所期待成为的榜样人物。"由此可见，Upworthy 新闻报道得到受众的积极反馈，将建设性新闻的正面效应发挥到最大。

---

① 资料来源于 Facebook 账户资料统计，更新至 2019 年 6 月 28 日。

总而言之，Upworthy 充分利用社交媒体的社交属性特征，借助于用户的"分享"与"转发"行为来传播具有"正能量"的建设性新闻，并呈现"病毒式"传播特征，为何出现这种传播方式？根据目前对于信息转发与分享行为影响因素的探讨[①]，主要分为外部因素与内部因素两个层面，我们主要侧重于探讨外部因素。外部因素包括信息内容、信息呈现形式及用户间形成的关系网。首先，从信息内容来看，Upworthy 新闻报道中体现出鲜明的情感对比，采用欲扬先抑的手法，促使用户产生强烈的情感反应，从而激发其正面情绪。其次，从信息呈现形式来看，Upworthy 以短视频为突破口，同时也伴随图片、文字等形式，以多元化媒介形式来刺激用户感官。最后，从用户间形成的关系网来看，Upworthy 在 Facebook、Twitter 等社交媒体上的粉丝数与关注数在网络媒体中遥遥领先，截至 2019 年 6 月 28 日，Upworthy 在 Facebook 上的关注数达 1106 万[②]。由此可见，Upworthy 遵循社交媒体传播规律，以爆炸式的方式来传播"正能量"信息，从而强化新闻的正面效应。

（四）运营情况

除内容制作及传播方式外，Upworthy 的建设性新闻实践项目与该媒体的运营模式密切相关。Upworthy 与北欧国家一些媒体的职业化理念不同，而是以与其他企业合作的形式来运营，具体体现在以下三方面。

1. 组织结构

通过梳理 Upworthy 的发展历程发现，2017 年初 Upworthy 与 GOOD Worldwide Inc. 合并，之后更名为好媒体集团（Good Media Group），Upworthy 成为好媒体集团的一个品牌，并由后者运营管理。然而，目前双

---

① 李静、杨晓冬：《社交媒体中"医疗众筹"信息分享行为研究：转发还是不转发？》，《新闻与传播研究》2018 年第 2 期。

② 资料来源于 Upworthy 在 Facebook 的账户资料统计，更新至 2019 年 6 月 28 日。

方处于磨合阶段，在人员整合方面仍存在争议，好媒体集团大刀阔斧调整人员，2018 年 8 月解雇公司 40% 的员工，而这些员工主要来自 Upworthy，同时 Upworthy 创始人兼总裁伊莱·帕里泽与总编辑利兹·赫龙（Liz Heron）离职，Upworthy 的人才发展结构也随之发生嬗变。基于资料分析发现，双方的编辑风格和理念不同，在业务方面存在较大分歧，可能是人员频繁变动的主要原因。尽管如此，好媒体集团在引进人才时兼容并蓄，不局限于传媒领域，而采用跨学科方式，专业团队中包括社科研究人员、策略家、设计师、传播者。但整体而言，在组织管理方面，Upworthy 与好媒体集团的融合还是任重道远。

2. 运作模式

Upworthy 在合并之前将目光放到用户身上且更专注于内容，寻找有力量的新闻故事，随后推出品牌工作室 "Upworthy Collaborations"，增强新闻报道的品牌效应。在合并之后，借助于 GOOD Worldwide Inc. 丰富的营销经验，深入商业领域，将企业品牌与社会发展建立直接联系，旨在促使世界发生改变，从而也伴随形成独特的品牌经营模式。截至 2018 年，Upworthy 与超过 475 家广告商开展业务，同比增长近 200%[①]，好媒体集团已经拥有 3100 万在线用户，每月视频观看次数超过 12 亿。Upworthy 在营销方面之所以颇有成就，离不开好媒体集团独特的运作模式（见图 10－4）。基于 GOOD Worldwide Inc. 之前的咨询经验，好媒体集团与各企业合作，从策划到实施行动，提供全面的解决方案，利用激励人心的故事为企业与社会议题建立连接，也为用户与企业在社会问题中找到交叉点。因此，我们主要对好媒体集团的运营模式进行阐释。

根据图 10－4，首先制定研究计划与战略解决方案，好媒体集团为各企业提供各方面的咨询类研究、观点及战略方案，从品牌意识以及购买

[①] DIGIDAY. 2018. "'Corporate Drama Almost Every Day': Behind Strong Sales, Deep Discontent at Good and Upworthy." Accessed August 6. https://digiday.com/media/corporate－drama－almost－every－day－behind－strong－sales－deep－discontent－good－upworthy/.

图 10 – 4　Good Media Group 运作模式

意向到捐赠都有涉及；其次提供故事与品牌创意，为企业制定内训，将品牌目标与故事和受众体验联系起来，从而引发用户产生共鸣，从品牌的树立到多媒体内容的制作与发布都遵循这一原则；再次激活与拓展，为受众带来难忘的体验，创办论坛并呼吁影响者行动，举办用户生成内容的活动，以及提供能够产生文化影响的产品；最后为传播品牌价值，通过广泛的受众群体及由有影响力且参与社会活动的人构成的关系网络来传播故事和经历。

　　在此运作模式下，凭借聚合和创作"正能量"好故事的内容优势，Upworthy 也开始向商业媒体转型，资料显示呈现两个方向。其一，专门开辟"特别伙伴系列"专栏来发布合作企业品牌相关的新闻报道，当前合作伙伴包括巴黎欧莱雅、美宝莲及卡尼尔，开设栏目分别为"女性魅力"（Women of Worth）、"美丽与超越"（Beauty & Beyond）及"责任之美"（Beauty Responsibly）。以巴黎欧莱雅为例，在"女性魅力"栏目中Upworthy 致力于制作真实、积极及可分享的品牌内容，帮助欧莱雅挖掘新用户，同时也向新用户传递最新品牌动态，相关内容覆盖广泛女性议题，包括职场中的性别歧视、女性参与政治、涉及女性的校园欺凌问题等，鼓励所有女性参与到性别议题的对话中，这已经将品牌价值升华到社会层面。其二，与谷歌等科技公司就内容方面进行合作，2018 年 8 月谷歌为其语音助手发布名为"告诉我一些好消息"（tell me something good）的新功能，用户给予智能助手"嗨谷歌，告诉我好消息"的语音命令来获取近期的正能量信息①，Upworthy 为该功能的内容供应商，与解决之道新闻网共同构建反映社会问题的数据库。

综上所述，Upworthy 在企业与用户之间发挥桥梁作用，在利用企业提供资金的同时也为社会问题提供有效的解决方案，采用"病毒式"传播方式将正面效应呈指数级放大，企业品牌得到更多用户的关注，尤其是那些边缘群体，鼓励其参与解决社会问题。

除此之外，Upworthy 还采用不同于常规的广告形式。Upworthy 网站上不发布广告，但是却为用户设有广告渠道，用户可以注册并提交自身需求，以参与制作广告。而对于广告形式，Upworthy 没有以信息的形式发布图文或视频广告，而是尝试让用户参与赞助商举行的相关活动。

3. 资金情况

Upworthy 与各企业伙伴之间形成合作关系已经不言而喻，因此该媒体的资金来源呈现多元化及社会化特征，以道德责任的方式来追求商业收益。其一，Upworthy 的资金源自企业伙伴的赞助，即广告费用，如设立"特别伙伴系列"就是典型案例，新闻制作与传播的费用均由企业伙伴来承担，在每篇报道中都标注"该报道由某某企业赞助"。其二，Upworthy 的资金主要来源于其服务性收益（见图 10－5），2018 年资料显示，其中 60% 的收入来自品牌内容，25% 来自企业责任与运营等方面解决方案咨询所产生的收益，另外 15% 则来自其他途径②。其中关于品牌内容，好媒体集团与社会印象/记忆（Social Imprint）共同推出公共服务服装供应公司（PSA Supply Co.），该公司主营服装品牌，好媒体集团为品牌提供创意，

① Medium. 2018. "Google Good News … Brought to You by GOOD, Upworthy Insider." Accessed September 10. https：//blog. upworthy. com/google － good － news － brought － to － you － by － good － 96ecca9c8ff6.

② DIGIDAY. 2018. "Good and Upworthy are Getting into the Commerce Business." Accessed June 19. https：//digiday. com/media/good － upworthy － getting － commerce － business/.

而社会印象/记忆组织则负责品牌推广，该品牌服装及相关配饰附有社会意义，好媒体集团的首席战略和营销官 Jenn Lindenauer 曾表示："穿着 T 恤或佩戴胸针就像在 Facebook 或 Twitter 上分享新闻故事一样，都是促进共同价值的机会"。该品牌也在好媒体集团的两个品牌网站中进行宣传和销售，以打通产品的网络销售渠道，其中品牌收入的 10% 则捐给"社区变革行动中心"。

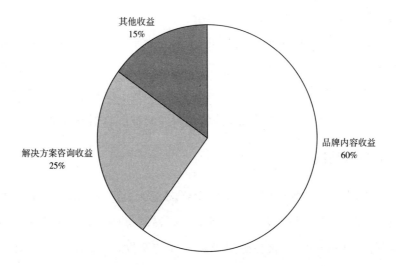

图 10 – 5　Upworthy 资金来源中的服务性收益结构

（五）问题与反思

Upworthy 利用社交媒体推广新闻，曾一度成为发展最快的媒体，但是 Upworthy 的标题测试法则从诞生之日起就争议不断，虽然 Upworthy 已经从聚合媒体成功转型为原创媒体，但是其中的一些问题仍然引人深思。

随着 2016 年短视频元年的到来，Upworthy 也搭乘这趟快车，在内容呈现形式上转向视频，虽然取得一些成绩，但是与 Buzzfeed 等媒体相比，Upworthy 在短视频方面的表现并不突出，仍面临挑战。首先，关于短视频发布数量，与每月生产 400 ~ 500 篇原创文章相比，迄今为止 Upworthy 在

YouTube 上发布的视频数量较少，视频的发布并非以月为周期。由此可见，无论从速度还是数量上，Upworthy 都没有明显的竞争优势。其次，如果说 Upworthy 短视频不是拼数量，那么从视频内容来看，Upworthy 短视频的传播效果也并不稳定，有的短视频可能突然引爆话题，呈现"病毒式"传播，然而有的短视频则关注量很少，传播效果的极端化特征表明 Upworthy 在制作短视频时既存在缺陷同时也发挥其优势。一方面，短视频关注量堪忧的原因在于，Upworthy 的短视频在报道有突出贡献个人的事迹时以受访对象叙述个人经历的方式为主，情节较为单一，缺少冲突性，新闻报道趋于平淡，同时说教意味浓厚，因而故事的代入感不强，无法引发受众共鸣。然而，另一方面，Upworthy 却有转载量过亿的短视频，短视频内容能够引起受众关注的主要原因在于：一是受访者在讲述自身经历时还穿插其他纪实类视频片段，这让故事更加立体，深化了受众的感官体验；二是受访者采用欲扬先抑的手法，先讲述不幸的童年遭遇，这与之后受访者积极阳光地面对生活形成鲜明对比，让整个故事呈现波澜，引发有更多同样遭遇受众的关注与评论。最后，从传播方式来看，Upworthy 在制作新闻内容时利用技术与跨学科知识来测量用户反馈指标，最大限度地制作满足用户需求的内容，这看似是从用户视角出发，然而却是在用户不知情的情况下利用其信息来吸引用户，有煽动用户情绪的倾向。

此外，Upworthy 的运营模式与新闻专业性之间的平衡也是值得考虑的一个问题，这里涉及 Upworthy 在新闻报道中的立场问题。通过上述资金来源梳理发现，Upworthy 与企业和其他非营利组织存在合作关系，后者是 Upworthy 的赞助方，虽然新闻报道涉及社会问题，但 Upworthy 仍然围绕这些合作伙伴制订解决方案并讲述故事，利用激励人心的故事来调动用户情绪，从独特的视角为合作伙伴挖掘潜在消费者，由此可见，Upworthy 是站在商业伙伴的立场来生产和传播内容，因此其新闻报道更像是隐性广告宣传，宣传企业品牌的价值理念，而不能算作纯粹意义上的新闻报道。因为，同样是借助于建设性新闻来激发受众的积极情绪，Upworthy 的商业目的凸显，尤其是与 GOOD Worldwide Inc. 合并后更加明显，未来如何发展值得持续关注。

十一 | 《纽约时报》：在报道中
探求"解决之道"

解决之道新闻与传统新闻相比，有两大特点：其一，不仅报道事实，而且于报道过程中提供解决方案；其二，反对消极叙事，以唤起、激发受众积极的情感与情绪体验为手段，将积极情绪嵌入新闻报道的高潮及结尾等处，营造问题解决的积极情绪氛围，最终促成社会问题的解决。《纽约时报》专栏《解决》作为美国解决之道新闻项目的重要实践者，致力于探寻社会问题的解决方案及奏效的原因，促进读者产生积极情绪并采取行动，最终促成社会现实问题的解决。

（一）发展历程及现状

1998 年，美国记者苏珊·贝内施发表《解决之道新闻的兴起》一文指出，自 20 世纪 90 年代中期开始，一些美国媒体已经开始尝试解决之道新闻（Solutions Journalism）[①]。创刊于 1851 年的《纽约时报》，作为美国严肃报刊的代表，享有"档案记录报"的美称，在美国乃至全球颇具影响力。2010 年起，《纽约时报》开设专栏《解决》（FIXES）开始解决之

[①]　Susan Benesch. 1998. "The Rise of Solutions Journalism." *Columbia Journalism Review* 36：36 – 39.

道新闻项目的探索。

《解决》栏目由《纽约时报》记者、解决之道新闻网（SJN）的联合创始人大卫·伯恩斯坦（David Bornstein）及普利策奖的获奖记者兼作家蒂娜·罗森伯格（Tina Rosenberg）创办并联合执笔。最初是一个评论栏目下属的"博客"频道，栏目口号是致力于社会问题的解决，探求方案奏效的原因。如今，《解决》已是一个常设栏目，每周定期更新。栏目《解决》的图标是一个蓝色的正方形，方块内一把扳手及一支铅笔交叉构成"X"形。自2010年10月19日起，几乎每周一次更新，每篇报道以音视频及文字、图片报道为主，形式多样。截至2019年6月28日，网页显示结果为481个，所关注的议题多元，涉及政治、经济、社会问题及发展、创新、职业发展、健康、社会服务等各个方面，聚焦于解决主要社会问题的人和组织，其主要体裁是深度报道和评论。

（二）新闻产制探究

正如新闻社会学学者赫伯特·甘斯所言，我们平常所接触的新闻都是新闻机构通过复杂的程序生产出来的产品，是一种社会性生产，并非记者或编辑个人所能决定的，受媒体所有者、新闻从业人员、消息来源、市场权力等多元权力的制约，这势必影响到所生产出的新闻产品的报道理念、手法、议题等方面。

1. 报道理念

《解决》联合创始人大卫·伯恩斯坦在《纽约时报》"Opinionator"章节中，列举了三个趋势，说明了为何解决之道新闻已经成熟，"首先，企业、非营利组织和其他机构的激增，缓解了社会弊病的发生；其次，网络信息的爆炸式增长，使得厌倦了负面新闻的人们，有了避开主流媒体的出路；最后，记者们希望报道积极的社会变革，吸引更多的读者"。

正是在解决之道新闻渐进成熟的社会环境氛围的浸染下，《纽约时报》专栏《解决》开展了解决之道新闻的媒体实践。

诚如伯恩斯坦所言，"就新闻业而言，需要帮助社会自我纠正，但是仅仅作为一个监督机构，通过增加人们对问题的关注，或者激起人们对问题的愤怒是不够的。我们需要新颖且更优质的解决方案。要想繁荣社会和新闻业，需要时常突出报道一些针对当下最迫切需要解决的问题已有成效的新观念和典型"。因此，以解决方案为导向，并使受众产生积极正向情绪是该专栏的报道理念。这一报道理念是对西方新闻界一味强调冲突与负面的新闻价值框架的修正，也是对伯恩斯坦自 2008 年提出"解决之道新闻学"以来的一次新闻实践。而判定是否为解决之道新闻的标准有三点：第一，它们需要明确社会弊端以及对应的解决方案；第二，解决方案需要为基层人民考虑，反映出他们的心声；第三，解困性新闻必须说出支撑解决方案的理据，并列举出相关的警告和限制①。因此，以"解困"为理念的新闻报道，倾向于报道那些对社会问题做出了成功或失败回应的事件②，相比于"为什么"更注重"如何做"，能调动读者的积极性，参与到事件处理的进程中来，共同"敦促"负面事件的解决，且解决的路径并非依靠口号式的"呐喊"，而是求真务实，不赞同简单粗暴地呼吁读者采取行动，而是诉诸理性，注重数据、案例并严谨论证，保证新闻的客观、全面，同时援引专业人士的意见，最终在现实中运作所提出的解决方案，并以事实验证方案的可行性，为下一步修缮方案提供实证资料。

2. 主要议题及构成

为获悉专栏《解决》的主要议题及其构成，本文对该专栏 2015 ~

---

① 全媒派，2015，《美国热推"解困新闻学"概念：舆论监督的另一种路径》，https://news.qq.com/original/quanmeipai/solutionjournalism.htmlNA = = &mid = 214163685&idx = 1&sn = 758da141acdfa447cd1a3383a0dd6a48#rd，最后访问日期：2015 年 7 月 2 日。

② 大卫·伯恩斯坦：《新闻人的未来变革——从发现问题到解决问题》，《社会创业家》2014 年第 1/2 期。

2018 年近三年 163 篇新闻报道①主题进行内容分析，归纳整理后发现，在这 163 篇报道中，绝大多数报道出自大卫·伯恩斯坦与蒂娜·罗森伯格之手，共计 116 篇；其中，署名为大卫·伯恩斯坦的为 43 篇，署名蒂娜·罗森伯格的为 72 篇，并有 1 篇由两人共同撰写。有这两位"重量级"调查记者的坐镇与影响力背书，保证了栏目质量，提高了栏目知名度。同时，正是大卫·伯恩斯坦与蒂娜·罗森伯格自 2011 年起在《解决》的栏目写作与实践，为解决之道新闻网（SJN）2013 年成立提供了人才储备及经验，如《解决》专栏常用撰稿人、作者、演讲者、博客写手卡特尼·马丁（Courtney Martin）成为 SJN 的主要合伙人。该专栏的核心议题及报道主题主要为"个人社会问题""社会平等问题""社会机制问题""生活质量问题""发展中国家与社会发展""建设性新闻"，具体篇数及比例见附表 11－1。

关于"社会机制问题"的报道篇数最多，为 66 篇，占总数的 40.5%，其中"医疗"篇数最多，共 31 篇，话题为以下几个方面："医疗改革""药品定价与专利""医生权利""疟疾、丙型肝炎、结核病等关乎公共卫生流行病抗击办法""治疗与性别偏见""器官捐赠""医疗保健与健康""剖腹产""临终关怀"等。对应的代表作品如《保存"奥巴马医改"两党认可的理由》（2017.1.4）、《通过旅行医疗向加纳农村地区送健康》（2017.8.1）、《用无专利药逃避大型制药公司定价》（2017.7.18）、《如何打击高昂药价：创新》（2017.2.28）、《帮助医生认识化学暴露》（2017.11.21）、《丙型肝炎通用药，买家俱乐部》（2017.7.25）、《推行结核病测试技术到最需要的地方》（2015.6.12）、《在医疗检查时解决性别偏见》（2017.1.11）、《让隐藏的器官捐赠者一览无余》（2016.5.17）、《使用推文、帖子加速器官捐赠》（2016.5.10）、《是时候补偿捐肾者了》（2015.8.7）、《需要肾？不是伊朗人，你需要等

---

①　从 2015 年 1 月 8 日开始算起，截至 2018 年 8 月 15 日，FIXES 共提供 164 篇文字新闻报道，其中 1 篇重复，故本文研究对象为 163 篇报道。

待》（2015.7.31）、《想说糖无害：证明它》（2016.1.25）、《医疗保健方案出台》（2016.4.12）、《治疗结束后保持清醒》（2016.2.9）、《减少不必要的剖宫产》（2016.1.19）、《早一些讨论生命如何结束》（2015.10.27）。"其他各类社会问题"次之共20篇，内容涵盖社会问题的各个方面，包括"焦虑、抑郁、自杀与药物滥用""城市问题""监禁与管理""宗教冲突""难民问题""警务实践改革""青少年早孕""社会阶层流动""弱势群体""吸毒合法化""人权问题""护理人员待遇""法律问题"等。与此同时，专栏对一些社会问题报道，形成系列，保持持续关注。例如对于监禁问题，一共有三篇报道，分别是2015年3月27日的《以法律作为武器，（帮助）负债人走出监狱》、2015年12月8日的《吸毒合法化，当治疗代替监狱》、2017年2月14日的《即使在得克萨斯州，大规模监禁也正在过时》，从不同层面探讨监禁这种强制社会管理方式的利弊与更优的解决方案。关于青少年问题，也同样形成系列报道，一共有4篇，分别是《对于危机青少年，短信是救命稻草》（2015.9.4）、《对弱势青少年形成支持网络》（2016.3.8）、《"第二家庭"帮助青少年渡过难关》（2016.3.15）、《遏制青少年怀孕》（2016.7.19）。关于"教育"问题有10篇报道，内容涉及"学龄前教育""家庭教育""贫困生救助""大学教育""旷课问题""如何提高成绩"等诸多方面，覆盖了每个教育阶段，并针对各个阶段教育问题提出解决方案。例如针对旷课问题的2篇报道《同情濒于退学边缘的学龄前儿童，而不是开除他们》（2015.2.20）、《从5岁时避免旷课》（2015.10.16）从不同角度对儿童的旷课问题进行深入剖析，并给出解决方案。关于"社会机制问题"最后一个细分议题是"社区建设"，共有5篇报道，内容涵盖"无家可归者安置""现代住房""邻居互助""家庭法庭与参与式防御""人际交往"等方面。

关于"生活质量问题"篇数为31篇，其中科技助推生活及问题解决的篇数最多，为19篇，以数字化与科技为手段解决现实问题，涉及"机器人与飞行安全""算法与食品分配""太空探索与饥荒""健康城市建设""科技与法律援助""被捕记录查询""科学捕捞""智能动物庇护所""社交网络与捐赠""临终关怀""社交应用与抑郁治疗""大数据与公共卫生""数字程序助力一对一教育""科学与犯罪"等诸多方面。"环境"问题的报道，作为该专栏的常设项目，共计 7 篇，对当下环境保护方面的热点问题进行跟踪报道，涉及"回收利用""全球变暖""森林野火""碳税""低碳排放""能源投资"等方面。如 2017 年 12 月 19 日《是的，对于自然火灾我们可以做这些事》由记者格雷戈里（Gregory Scruggs）报道（Gregory 是位于西雅图市汤森路透基金会的记者，也是解决新闻网络的普吉特湾的协调员），该报道就如何解决森林野火提出方案，如努力消除破旧房屋附近隐患，像易燃材料，并保持住房和着火点有足够的距离，使得火花尽可能地不点燃其他建筑物，最终降低损失。"自我提升与发展"类议题，主要关注人民日常生活与工作，对诸如"事业发展""职业规划""自我认知""大学生引导""使命感培养"等方面进行报道。

"社会平等问题"类议题占比排第三位，其中"政治权利"议题篇数最多，为 11 篇，接着是"贫困"（6 篇）、"妇女权利"（6 篇）和"儿童"（4 篇）。"政治权利"方面报道围绕"学生权力与投票""异议者与非暴力""公平投票""公民与政治制度""公民权利手册与公民建设""抗议与和平示威""非洲政治""和平推翻独裁者"等方面展开。"贫困"问题的报道从"城乡社区贫困""穷人保释金问题""食品包装与浪费""世界赤贫者的向上流动""学习克服困难""回收未使用药物"等方面提出解决方案。"妇女权利"方面报道以妇女的权利保障作为目标，从"受孕""赋权""堕胎权利""抗议""财产权""两性平等"方面展开报道。最后一个分议题是"儿童"，从"特殊儿童""受伤老兵孩子""社交网络与童年创伤"等方面入手，论述相关成功经验，为儿童的健康成长及权益保护提出建议。

"发展中国家与社会发展"议题占比排第四位，单独成一大板块，主要介绍发展中国家及地区，如非洲、南亚等地区的社会发展议题，如 2018 年 7 月 17 日由瑞切尔·卡曼斯基（Rachel Cernansky）报道的《需要咨询一个村庄（的意见）》介绍外国援助项目失败的原因在于未关切到真正需要援助群体的利益诉求；在其中，信息传播技术与社会发展议题是核心议题，相关的报道有《在肯尼亚，电话取代银行出纳员》（2017.5.9）、《在孟加拉国农村，太阳能电力减少贫困》（2016.9.13）、《孟加拉国数据拯救半个世纪的生命》（2015.11.17）等；此外，公共卫生议题如艾滋病、流行病等疾病预防与治疗也是其主要议题，相关报道有《在乌拉圭有使堕胎更安全的模式》（2016.6.28）、《印度，死亡之神到来之前提供镇痛疗法》（2016.1.12）、《埃博拉病毒疫苗来了》（2015.11.24）、《非洲母亲帮母亲与艾滋并存，防止婴儿感染》（2015.7.16）、《用汽车影院的电影和测试来抗击结核病》（2015.4.3）；剩余其他议题包括"黎巴嫩的难民问题""印度竞选与道路安全""利比里亚教育问题""肯尼亚野生动物保护""肯尼亚食品健康""印度农民工权利""非洲绿色革命""非洲及印度农业"等方面，涵盖范围较为宽广。

"个人社会问题"的报道占比排第五，"暴力与犯罪"议题篇数在其中占较大比例，共计12篇，议题主要为"街头枪支暴力""枪战""毒品管制与戒毒""监禁与隔离"等；"性侵"问题，共有3篇报道，分别从"反性侵项目""调查取证""校园性侵"入手展开系列报道。

"建设性新闻"议题位居最后，篇数为7篇，也是单独成一板块，由新闻报道与评论构成，论述解决之道新闻的优点及对现实生活的建设性意义，代表作品如蒂娜·罗森伯格的新闻评论《今日的电视给记者们上了一课》（2018.8.7）、大卫·伯恩斯坦与蒂娜·罗森伯格的《当报告文学变得玩世不恭》（2016.11.14）、大卫·伯恩斯坦的《我们需要听到的新闻》（2015.1.8）等。

总之，从专栏《解决》的议题构成来看，涵盖面十分广泛，从宏观视角的社会机制问题到微观视角的生活质量问题；从个人视角的"暴力与犯罪""性侵"到社会视角的妇女、儿童等弱势群体以及"贫困""政治权利"等社会"平等"问题；并从国内到国外，关注发展中国家的社会发展经验及问题，颇具国际视野；此外，对建设性新闻本身也进行了相关论述，为栏目指明发展方向。与此同时，不论哪个主题的报道侧重点都在社会问题的解决上，关注整个体系，对比权衡各个系统的不同之处，以成功或是失败的经验教训为参考，找出较优的解决方案。

3. 报道结构及风格

《解决》作为《纽约时报》评论栏目"观点"下的子栏目，以深度报道及评论见长。

以 2018 年 8 月 15 日大卫·伯恩斯坦的报道《利益冲突正在扼杀回收利用》为例，分析该栏目新闻报道的谋篇布局安排及风格。首先，该报道标题主旨突出，简明扼要地说明报道主题"回收利用"遇到的困境即利益冲突问题，标题下的导语对其进行补充说明"一些最大的回收公司是由垃圾填埋场公司拥有，当回收工作进展不顺利时，这些公司的利润就会提高"，而对于回收工作不顺利与"利润提高"因果关系的叙述按下不表，设置了悬念，吊足读者胃口，勾起阅读下去的欲望。并在文字下方配有一张图，图下方写着"纽约市用于废物回收的彩色废物篮"，映衬主题。

其次，该文开头便点明回收利用目前面临的困难与问题，"数百市县缩减回收"，以及关于"回收利用已不再值得"的观点甚是流行。紧接着下一段通过设置悬念的结构模式，设置一个个疑问，层层递进，以自问自答的方式驳斥了该观点，吸引读者对报道的关注。如"这是真的吗？回收利用是否得到了公平的对待？几十年后，（只有）不到三分之一城市固体废物被回收，其中大部分被垃圾污染，这样会降低或破坏（回收利用的）价值"，倘若如此，"在近 50 年后的第一个地球日，我们是否真的做好准备承认失败，倒退回'广告狂人'时代精神'抛弃一切'？"之后以"全美循环利用"这个非营利组织为例，提出解决的希望及可能性，作者六年前对该组织的报道已经"证明了如同交通安全教育、戒烟和戒酒一样，让人们正确地循环利用是很有可能的"。但是，问题在于"回收行业从来没有采取必要合理的步骤来树立一个全社会接受的回收惯例，而今天树立这种习惯可能不符合一些大型回收公司的经济利益"。

接下来该文进入了"一问一答"环节，记者大卫·伯恩斯坦以访谈方式，与美国回收公司的创始人米奇·赫德伦德展开对话，以解决这一两难处境及探讨如何避免回收行业面临崩溃的现实。作者共问了八个问题，第一个问题是"如今回收业遇到了哪些问题"，带领读者面对现实问题及困境。通过被访者的回答，层层递进，深入问题本质。如对于该问题，被访者说明当前回收业面临的严重危机，列举了事实依据"仅加州就有1000 个回收中心和加工厂倒闭"，"危机源于人们在回收箱里扔垃圾，这污染了可回收的垃圾"，为了加深对该问题的认识，举例论证"正是由于污染如此严重，中国这个美国回收利用的最大买家之一，十多年来一直警告美国着手清理我们的回收材料。但是回收业没有注意到这一警告，现在中国今年已经停止购买大部分美国的回收材料"，"中国最近决定不再从美国购买可回收材料，非常有必要重申的是这并非引起美国回收危机的原因"，这种既遵从事实，又有丰富细节的论述，践行了西方新闻业一贯的理念——兼顾客观与平衡。

在粗略展现出回收业面临的现状基础上，作者问了第二个问题，"是什么导致了这种情况的发生"。对此，被访者回答"危机的根源在于向公众展示回收的方式（出了问题），混乱的回收标识不仅误导了消费者，导致数百万吨垃圾被扔进回收箱，污染了回收品，极大地加大了回收的难度与成本，打击了回收企业的积极性，并且传达出错误的信号，即回收不重要，造成人们普遍漠视"。然后被访者给出了解决方案及利益相关方对该方案的回应，"在全社会推行标准化标签系统的回收箱可以消除大部分的污染。但是一些影响回收行业的组织团体并没有动机去解决这个问题"。接着作者提出第三个问题"为何不这么做呢"，对上述回应进行追问。而被访者的回答印证了该文的主题"利益冲突扼杀了回收业"，"美国一些最大和最具实力的回收公司是由垃圾填埋公司所拥有。因此，当回收运作不良时，即受到高度污染和处理成本过高时，垃圾填埋场的业务就变得更有利可图。同时，原始材料工业也能出售更多的原始材料，人们对建造能产生能源的焚化炉有更强烈的兴趣"，与此同时，以幽默的口吻将此状况做了类比，"这就好比是促进美国道路安全的团体也拥有大部分汽车商店、医院和停尸房一样"。

作者紧接着问出第四个问题"如果再循环工业真的崩溃了，会有什么影响"，探究回收业对社会的巨大作用。被访者从经济、环境角度做出较为全面的回答，"从经济层面看，回收产业在全球是一个超过2000亿美元的产业。在垃圾填埋场行业的每一份工作，都有5～10份工作项目与回收有关"，"就环境而言，当今社会没有任何其他行动可以同时改善我们对环境、制造业的影响。当回收运作不良时，就会使用更多有限而原始的资源：钻探更多的石油，砍伐更多的树木，使用更多的淡水和能源，造成更多的材料散落，产生更多的海洋废物，排放更多的二氧化碳以及其他有价值的可回收商品被埋在垃圾填埋场或被焚烧"，如此一来造成严重的浪费。随后采访者以具体的研究成果论证，"泰勒斯研究所研究成果表明，如果美国的回收水平达到75%，相当于美国公路每年减少5000万辆汽车的碳排放，并将创造230万个净国内就业机会"，以具体而又直观的方式，显示出回收的益处，引发读者对回收的关注。

随后，作者深入问题的核心，逐渐逼近解决方案，提出第五个问题"你认为（人们）应该怎么做"。被访者对此以类比的方式，形象地予以解答，"正如只需一次驾驶教育，我们就可以安全驾驶的原因在于全美路标都是标准化的，应在全社会的回收箱上推行统一、标准化的标签"，与此同时，预估到可能存在的问题"每个社区的回收计划不同"，并同样以类比的方式化解了该问题"诚如在不同的公路上速度限制是不同的，但是标准化的标志允许我们在任何地方相应地改变我们的速度。对于回收而言，各分类系统可有各自标准化的标签"。

在回答了怎么做之后，作者趁热打铁，进一步询问被访者第六个问题"当信息呈现得更趋向一致时，您的体验是什么"，引导被访者谈及标准化回收标识带来的益处，以激励读者采取行动。被访者从具体的事例出发做了回应"美国银行为奥兰多公立学校的所有垃圾箱捐赠标准化标签后，该学区的回收水平提高了90%，仅在第一年，该地区就节省了39.9万美元的垃圾运输费"，"尽管有来自世界各地的数百万游客，约塞米蒂国家公园（Yosemite National Park）的垃圾回收箱污染程度已经下降到了8%以下，因为他们在垃圾箱上展示了标准化的标签"等。

接着作者询问了第七个问题，"个人能做什么"，以将该解决方案具体落实到个人。被访者对此给出具体切实的建议，"减少、再利用"，保持收纳的习惯以备回收，同时告知禁忌事项，为公民投身回收业提供细则指导。最后作者提出第八个问题，"政策制定者或其他关心回收利用的领导人能做些什么来拯救这个行业"，为政府及管理方采取行动提供建议。被访者对此也给予了细致回答及实施步骤，"首先，市、县、州、企业、学校、机场、体育场馆等应开始在回收箱上使用标准化标签，使人们能够开始循环再造。企业和市政当局应坚持要求回收运输者开始使用标准化标签。政策制定者应该考虑取缔回收行业的利益冲突，如果这种冲突阻碍了进展"。

总之，通过该报道我们不仅了解到回收业面临的困境与利益冲突扼杀回收业的原因，还了解到更多内容，诸如如何解决问题，重点解决哪种问题，个人如何行动，政府部门如何配合，回收的积极影响及如果崩溃给社会的消极影响等，体现的是对社会问题抽丝剥茧的层层分析及对方案的具体实施的动态论证的整体过程。

除了深度报道外，该栏目的评论也颇具深度，其评论大多由普利策奖获奖记者和作家蒂娜·罗森伯格所撰写，她与大卫·伯恩斯坦作为《解决》专栏联合执笔人共同编辑了《纽约时报》的"Opinionator"部分。蒂娜·罗森伯格是一个多产的作家，她撰写的书籍有《凯恩的孩子们：暴力和拉丁美洲的暴行》以及《幽灵之地：共产主义之后直面欧洲的幽灵》，这两本书赢得普利策奖和全国图书奖。她为几十本杂志撰稿，其中包括《纽约客》《滚石》《外交政策》《大西洋》。她的新作是《加入俱乐部：同辈压力如何改变世界》。在蒂娜·罗森伯格的"坐镇"下，《解决》的评论也颇具特色，围绕当下社会热点议题展开评说，寓解决方案于评论之中，兼顾情理，有较强的说服力。

我们以 2018 年 8 月 7 日蒂娜·罗森伯格最新一期新闻评论《今日的电视给记者们上了一课》为例，管窥该栏目评论的结构及写作风格。首先，该标题语言简洁明了，结构紧凑并点明主旨，高效地概括该篇评论的论点，即新闻记者需要汲取、借鉴电视制作方面的成功经验。接下来导语部分对标题论点进一步展开论述，"电视剧和喜剧皆因（其内容的）曲折复杂而兴盛。（与之相比）新闻业对美国社会的简约化描绘进一步加深了极化的程度并助长了极端主义"，并在该段文字下配有一张老式电视图片，电视屏幕图像上是一位向左张望的女郎，眼神带有一丝疑惑与好奇。图片下配有一小行文字，"观众不只是默许复杂性，而是需要复杂性，就像阿雅·卡什（Aya Cash）在影视剧《你是最糟糕的》（You're the Worst）中饰演格雷琴·卡特勒（Gretchen Cutler）表现出来的一样"。

其次，从评论结构来看，包括开头、正文、结尾。开头便用疑问句的方式向读者点明论点，"为何虚构的电视节目比真实的新闻节目更能让观众对这个复杂的世界有一个更真实的认识"，所谓开门见山，为引出下一步的论证做铺垫。进入正文部分后，采用并列与递进结构，从不同角度，由表及里，由浅入深地对总论点进行多方位论证。其一，针对开头提出的问题，做出解答与阐述。电视之所以比新闻节目在展示真实全景方面更优，在于电视剧编剧明白观众有处理细微差别和矛盾的能力。即使影视剧中的角色有艺术夸张的成分，但是观众看到的是一个个复杂立体鲜明的个体。而新闻记者却轻视了读者处理复杂性的能力，认为引用双方观点能体现复杂性，并倾向于在激烈的冲突情节中寻找复杂性，而非在传达重要真理的细微差别中去体现（复杂性），结果造成对现实世界卡通化、简约化的描述，最终造成极化的后果。在此该文援引了 Ripley 女士的报告《叙事需要复杂化》及哥伦比亚大学困难对话实验室的研究情况，来说明单维度的简单叙事使人们思维极端化，具有攻击性，对新信息免疫，以至于无法倾听对方声音，拒绝对话，而表达多方声音、体现更多细微差别且尝试去展现双方信仰根源的复杂叙事，使人们更愿意继续倾听和交谈。在以上证据支持下，再次强调总论点：不要将新闻业卡通化，复杂化的新闻叙事不仅可能而且必要，即使是最短的新闻也要展现（复杂性），它使新闻更引人注目，更有影响力且更真实。如此一来，与开头首尾呼应，深化了论点。

其二，正文部分对新闻记者提出向电视编剧学习的建议与方向。接着每一段提出分论点，"统率"相应段落。第一个分论点（建议）是"不要走极端"。接着以奥普拉·温弗瑞在新闻节目《60分钟》主持的"探索政治分歧"讨论为事实论据，揭示记者报道中常犯的毛病，即简化和减少了对政治的报道，未用"是什么分裂我们"这样深化的问题来扩大辩论范围，而是采用封闭式问答，只询问"是"或"否"，并让人们用一个词来回答，当有人展示出特别有趣或复杂的想法时，她未去深入探索，而有人主动提出建议时，她却对此置之不理。随后，作者在"破"的过程中又间接"立"了分论点，"简单化的新闻叙事不仅发生在政治新闻及街头采访中，特稿中也经常脸谱化叙事，其中人物要么是个超级英雄要么十恶不赦。我们常常夸大其词，使一个问题听起来完全难以解决或对此做出仿佛能解决一切的回应，这些皆不能让人信服，我们需要认识到新闻消费者可以处理好这些灰色地带"。

第二个分论点（建议）是"更进一步"。号召新闻业更进一步地挖掘与阐述新闻背后的故事及相关人物的动机，而不是响亮地"喊"出观点，并且以国际公共电台"世界"对叙利亚难民的报道及对分歧寻求对话的"宇航媒体"（Spaceship Media）为例，论证深化对话与复杂叙事的良好效果。

第三个分论点（建议）是"新闻故事要超越刻板印象的藩篱"。作者建议记者在报道某一群体时，如穷人、边缘群体，不要只盯着城市的贫困和犯罪问题或是一些吸引眼球的奇闻逸事，而应该向电视编剧那样展示鲜活的个体，他们的喜怒哀乐，他们的挣扎、彷徨与乐趣。之后做出简短评论，"基于刻板印象的报道不一定不准确，但肯定不全面"，呼应了该分论点。

第四个分论点（建议）是"对组织有所了解"。"正如剧中展现人物不可能是被动的，因为如果那样就无人观看了，记者叙述新闻人物时要深入探寻其背后的组织，是谁在做公众应该知道的事情"，为了深化阐述该论点，作者揭露了当下新闻业的"潜规则"，"越富有、肤色越白的人，越有可能被人看到你在做一些事情"，"越贫穷、肤色越暗的人，在媒体上常以受害者或被富有的白人服务的人出现，这些人所做的事情需要花些功夫才能发现"。

第五个分论点（建议）是"展示全景"。作者指出新闻业的工作是镜像反映社会。然而，对于社会问题的报道往往是静态的引用，而不是向人们展示其生活中面临的挑战。这些新闻通常无聊且简单化，虽基于事实，但听起来不真实。随后，作者建议记者去学习《查塔努加时报》自由新闻系列"贫困之谜"的成功报道经验，全面地报道社会问题。该篇评论没有正式的结尾，以上五个分论点（建议）作为文章主体，语言风格集幽默讽刺于一身，敢言而又富有个性化，延续了《纽约时报》专栏一贯的评论风格。

总之，专栏《解决》的新闻报道及评论，无论是主题、报道结构还是报道风格皆体现了建设性新闻的写作技巧，即以解决方案作为文章的重点与中心，明确阐述社会问题的重要性与根源，在原因及意义阐释基础上，探寻可能的解决方案，随后以例证或数据等有力地叙述，论证方案的可行性，与此同时，综合权衡各方因素，对比几种处理方法的利弊以及现有方案的局限性、人们相关的经验与教训，最后再以强有力的叙事和论据吸引受众的注意，给出具体的实施方案并关注其效果。

4. 新闻报道来源与制作技巧

《解决》栏目的新闻报道的一大特色是坚守客观与平衡，以具体事例、数据、科学研究成果为依据，在此基础上提出解决方案。而为了做到客观与平衡，需要多元化且有权威性、可信度及专业功底的新闻来源，不仅仅包括事件的利益攸关方，如方案提出者、实施者、受影响者、公民、政府、专家学者、竞争者等。如 2018 年 7 月 24 日记者桑德拉·拉森报道的《父母共同促进孩子的早期学习》一文，信源不仅有受早期教育项目影响的父母，还有项目的发起人，即方案的提出者；2018 年 6 月 12 日与 27 日由蒂娜·罗森伯格报道的两篇文章《制止强奸的全球教学计划》《强奸受害者的支持者和警察一起扮演一个角色》中，信源较为多元，除教学计划创始人及受影响贫民窟的女性及男性外，还包括公益事业的参与者，如艺术家 Lee Paiva，还有专家学者，如精神病学和行为科学临床副教授、斯坦福大学儿科高级研究学者，妇女法律项目的负责人等。

如果说消息来源决定新闻报道的视角的话，那么新闻制作技巧则决定其呈现方式及传播效果。专栏《解决》界面简洁明了，栏目图标下方左侧列有最新文章列表，包括文章标题、导语、记者姓名、日期，按日期先后排列，右侧配上一张与主题相符的方形图片；读者可根据兴趣点击查看具体信息，并配有搜索框，自主检索新闻。具体每篇新闻的界面风格与专栏首页相统一，大号黑体的标题上方是"观点"（Opinionator）及"解决"（FIXES）的栏目字体标识，标题下方及文章末尾均放有作者姓名、日期、作者介绍以及社交网络及相关转发按钮，以供读者分享或标识。每篇文章皆有一张与主题相符的配图，或是后期制作的图片或是摄影照片，正文报道也是图文并茂，平均每篇报道至少有 2～3 张图片，以写实照片为主，图片下方配有说明文字，阐述图片来源、制作者及主题。图片选取不仅与主题贴合，而且与报道内容相辅相成，较形象地阐述了报道主题，弥补了文字描述不够生动形象的空白。例如在《利益冲突正在扼杀回收利用》一文中，为形象说明标准化回收标识，配有一张印有不同类型回收品投放的垃圾桶标识图，第一个蓝色的垃圾桶标有循环箭头，表明是回收箱，筒身正面印有大号字体"纸张"，其下方是一小段投放说明与一沓文件的图示，第二个蓝色垃圾桶同样标有循环箭头，明确回收箱的"身份"，筒身正面印有大号字体"玻璃"、"罐子"与"塑料瓶"，其下方是一小段投放说明与画有玻璃瓶、易拉罐、塑料瓶的图标，第三个绿色的垃圾桶，没有循环利用的标识，而是圆圈标识，正面印有大号字体"堆肥"，下方是一小段投放说明与苹果、面包等食物的图标，表明易腐烂的物品应投向该处，第四个黑色垃圾桶，标有象征垃圾桶的图标，筒身正面印有大号字体"垃圾堆"，表明没有用处的废物。通过该图片，读者便可对如何投放回收品一目了然，大大增强传播效果，有利于标识的推广与执行。除了说明性图片外，该专栏的新闻配图也同样出彩。例如在《制止强奸的全球教学计划》一文中，有一张照片非常震撼人心，该照片主人公是一位 64 岁的非洲妇女，叫 Flora Masista，她在练习自卫技术时高喊"不"，Masista 眼皮上翻，嘴巴大张，面带恐惧，该图对其双手给予特写，除对向前摊开显示着"不"手势的双手聚焦外，图片其他部分都予以虚化处理，将女性对性骚扰、性侵犯的挣扎、拒绝、厌恶、反抗表现得淋漓尽致。

（三）传播策略与用户反馈

在信息过剩的时代，如何尽可能地吸引受众注意，不仅是新闻媒体竞相追逐的目标，也是传播效果实现的前提。《解决》专栏在这场追逐赛中，以《纽约时报》评论栏目为主场，以记者及专栏的社交媒体平台为客场，线上与线下活动相串联，扩大信息传播覆盖面。

1. 传播策略与平台

作为解决之道新闻的翘楚，专栏《解决》以切实解决现实问题为依归，在报道过程中将信息服务化是该专栏的一大传播策略，例如 2018 年 1 月 23 日由蒂娜·罗森伯格所撰写的《让选民负责任地公平投票》，该报道采用视频、图片、文字等多媒体形式，聚焦选举过程中的弄虚作假行为——对为政党利益改划选区进行深入报道，以 2 分钟的视频记录了一个密歇根州与"重划选区"斗争的妇女 Fahey（Katie Fahey）的故事，并以"驴象之争"的动漫方式生动形象地展示何谓"重划选区"（Gerrymander）。视频结尾 Fahey 谈到希望通过行动为密歇根州的选区规划提供解决方案。如创办"非政客选民网站"（voters not politician.com）及在 2018 年 11 月选举修订了《密歇根州宪法》，并在最后陈述了目前"重划选区"在全国的状况，号召选民行动起来，使用手中的"权力"，不要让共和党人操控整个系统。且在文字报道中配了宾夕法尼亚州"重划选区"后的地图。如此一来，寓信息服务于报道之中，为读者对策做出参考。专栏《解决》第二个策略是充分调动用户参与热情，形成联动传播之势。这一点在专栏每篇文章右上角及末尾左下角所显示的 4 个图标上有集中体现，它们分别是"Facebook""Twitter""邮件""分享与拓展"，满足读者信息分享、管理或评论的需要。

此外，该专栏还与"扶贫行动创新"（Innovations for Poverty Action，IPA）等非营利组织合作，连同各社交媒体平台形成整合传播之势。例如该专栏 2014 年 11 月 27 日发表了一篇名为《以非洲为首的包容性新兴经济体》，论述了"乡村储蓄与贷款协会"这个巨大的非正规经济体系的形成现状与影响。IPA 于 2014 年 12 月 2 日在其 Facebook 的官方账号里对《纽约时报》该篇报道做了转载与评论，"《纽约时报》的《解决》专栏讨论了'乡村储蓄与贷款协会'，IPA 对此事项正进行评估，IPA 创始人 Dean Karlan 解释了为何小额贷款成为一个有吸引力的选择"。

2. 线下活动与用户反馈

《解决》专栏连同各社会组织、NGO 团体共同推进社会问题解决。例如"全球人权革命中的妇女"（Women in Revolution for Global Human Rights）于 2015 年 5 月 27 日在其 Facebook 的官方账号里发文"《纽约时报》的《解决》专栏探寻帮助世界上最贫困的'毕业生'摆脱贫困的计划。了解'斯科尔基金会'（Skoll Foundation）解决极端贫困人群需要的创新办法"，并附有该基金会主页链接，"'斯科尔基金会'通过投资、联系和奖励那些帮助解决世界上最紧迫问题的社会企业家及创新者来推动大规模的变革"，如此一来，媒体组织与各社会组织机构充分对接，为方案提供资金及社会力量支持，共同推动问题更好解决。除了 NGO 外，一些科研机构，如斯坦福大学社会心理学现实世界问题解答中心（Stanford SPARQ，Social Psychological Answers to Real-world Questions）也于 2016 年

12 月 14 日在 Facebook 的官方账号上表达了对于《解决》的喜爱，"我们喜欢《纽约时报》的《解决》专栏。对于我们每日阅读新闻所反映的社会问题，它分享基于社会科学研究成果的解决方案"，并转发了《纽约时报》记者大卫·伯恩斯坦的新闻报道《在世界的各个角落寻求解决方案的新闻业》（2016.12.13）。

对于专栏《解决》这种以解决问题为宗旨的新闻报道，大多数社交媒体用户给予了正面的评价。《解决》栏目在 Facebook 上没有直接的官方账号，《纽约时报》的 Facebook 子账号"《纽约时报》评论板块"（The New York Times Opinion Section）上有些许转发。例如该账号转发了 2018 年 8 月 15 日的报道《利益冲突正在扼杀回收利用》，Facebook 页面显示共有 125 人阅读，77 人分享，19 人评论。总之，该专栏报道引发读者对相关问题的关注与评论，调动了读者参与社会事务的热情并为此献言献策。在其中，有正面评价，如用户名为 Amy Kchos 评论道，"所以，现在是时候对外部性征税了。如果你生产的产品明明可以用可回收材料制造，但你使用新材料，则需要对其征税，直到再生材料成为更便宜的选择。是的，成本会传递给消费者，但生活在垃圾中的社会成本以及我们不断拖延的终极清理（费用）最终也会传递给我们"；同时也有批评建议，如用户名为 Tim Troxler 评论道，"让我们回到问题的根源。在阿姆斯特丹，一家'无塑料'超市刚刚开业。带上你自己的可再装容器，如你自己的包。正是由于太多东西都是过度包装的。其实你真的不需要那么多包装"。还有的质疑回收利用实施的现实可行性，如用户名为 J McLane 的用户评论道，"居民回收是一大败笔且浪费金钱，（只是）让人们感觉更好而已。如果您想在高密度使用区域进行回收，您可以在那里有效地分离垃圾，然后再罚款。你总不能让每个家庭保留 5 个垃圾箱，并将 5 个垃圾箱推到路边去吧，这太蠢了"。

除了"《纽约时报》评论板块"外，在 Facebook 页面上搜索"fixes column"亦可看到各行业的专业人员及社会组织机构对该专栏报道的转发与评论。例如对于《解决》2018 年 7 月 24 日《父母一起促进孩子的早期学习》一文，撰写了《最重要的一年：预幼班和我们孩子的未来》的作者 Suzanne Bouffard 评论道，"很高兴看到《纽约时报》的《解决》专栏的'第一老师'的文章。在我研究最重要的一年，我拜访了一些非常棒的母亲，我很荣幸能见到她们和她们可爱的孩子，并听到她们诚实，令人钦佩，艰苦而有趣的旅程，继续加油，妈妈们"。同时，该栏目也获得一些媒体人的关注，如撰写了《弹跳向前：培养韧性的艺术和科学》（Bouncing Forward：The Art and Science of Cultivating Resilience）、《空行母力量：十二位将藏传佛教在西方传播的非凡女性》（Dakini Power：Twelve Extraordinary Women Shaping the Transmission of Tibetan Buddhism in the West）、《疯狂的美国》（Crazy America）的知名作者、国际记者、加州大学圣巴巴拉分校讲师米凯拉·哈斯（Michaela Haas）博士，对《解决》2017 年 11 月 21 日报道的《帮助医生认识化学暴露》一文，评论道，"今天《纽约时报》的《解决》专栏文章讲述了医生对环境毒素的了解。我们有超过 80000 种未经测试的化学品，现在是医生考虑到这些物质的时候了"，并附有该文链接。此外，一些专业人士与组织机构也对该栏目投以赞扬的目光。如哈佛医学院的 Garrett Wilkinson 于 2017 年 8 月 21 日在 Facebook 上发文介绍《解决》专栏"解决世界上最具挑战性的问题。他们采访了世界各地的科学家、商界领袖和决策者，了解他们的见解和观点"，并转发了该专栏于 2017 年 7 月 4 日的报道《把公民送回国会》。社会组织"博根项目"（Borgen Project）也于 2015 年 12 月 5 日发文赞许了该专栏，"作为《纽约时报》的《解决》专栏的共同作者和 Dowser. org（一个涵盖社会创新成功的新闻网站）的创始人，大卫·伯恩斯坦在美国最负盛名的新闻编辑室里写出一篇篇社会问题的报道。日复一日，新闻媒体报道全球灾难、社会不平等和贫困的故事。所有这些都似乎没有任何解决方案的痕迹。而伯恩斯坦认为，记者，尤其是像《纽约时报》这样著名的报纸，可以做得更好"。

此外，在 Facebook 上搜索大卫·伯恩斯坦（David Bornstein）及蒂娜·罗森伯格（Tina Rosenberg）也可找到专栏《解决》的粉丝团。从其个人主页的反馈来看，以正面为主，也有质疑的评论，如有用户抱怨由于该栏目与"观点"频道页面的重合，使得订购该栏目用户不得不接收两次节目推送。就 Twitter 上对《解决》栏目的评论看，以正面为主，引起了较好的社会反响，如有网友评论"该栏目促使读者采取行动，而不是产生新闻倦怠及消极情绪"。

（四）运营状况

《解决》专栏作为《纽约时报》"评论"板块的子栏目，从人员构成、资金来源、经营模式来看，与该报经营理念既一以贯之，又有所不同。

1. 人员构成

《解决》栏目由《纽约时报》记者大卫·伯恩斯坦（David Bornstein）及普利策奖的获奖记者兼作家蒂娜·罗森伯格（Tina Rosenberg）创办并联合执笔，绝大多数稿件出自这两位创始人之手（如 2015 年 1 月 8 日截至 2018 年 8 月 15 日，《解决》专栏 163 篇文字新闻报道中有 116 篇是二人写就，占比 71.2%）。除他们之外，作者、演讲者、博客写手卡特尼·马丁（Courtney Martin）也是专栏的常用撰稿人。另外还有诸多博客写手、记者为该专栏撰稿，如花旗集团驻联合国记者、《西雅图环球报》撰稿人（The Seattle Globalist，独立的非营利组织，是一份每日在线出版物，涵盖西雅图当地和全球问题之间的联系，重点关注太平洋西北地区的国际联系）格雷格·斯克鲁格斯（Gregory Scruggs）以及自由撰稿人雷切尔·瑟南斯基（Rachel Cernansky），记者瑟南斯基擅长环境、卫生、贫困、可持续发展问题报道，同时也为《华盛顿邮报》《国家地理》《自然》《科学美国人》《VOX》《悉尼早报》《科学美国人》撰稿。与此同时，该专栏与全球各大媒体及记者合作，以充实栏目在相关领域的稿件，例如记者安德鲁·格林（Andrew Green）、索菲·库辛斯（Sophie Cousins）也为该专栏供稿，前者是英国《卫报》驻东非记者，主要报道卫生、人权和发展问题；后者是驻南亚的澳大利亚作家和记者，她的工作重点是加剧两性不平等的制度及其对妇女和女孩健康的影响，她同时也为《卫报》《柳叶刀》供稿。

因此，《解决》的人员构成是以两位主创人大卫·伯恩斯坦、蒂娜·罗森伯格以及卡特尼·马丁为核心成员〔他们三位 2013 年创办了解决之道新闻网（SJN）〕，与各大媒体组织及记者合作，为其栏目供稿，丰富其在不同领域的报道力量。

2. 运营模式与资金来源

《解决》隶属于《纽约时报》的评论栏目，与该报的运营模式一脉相承，即以"付费墙"数字订阅业务、页面广告为主要营收来源。自 2011年 3 月 28 日起，《纽约时报》便开始正式实行"付费墙"这种有偿阅读模式，印刷版订户可免费获取报纸所有信息及资料，电子版用户每月有 10 篇文章的免费"额度"，限免文章阅毕后，需要支付一定金额订阅方能继续浏览。与此同时，通过对用户数据的挖掘提供有价值的产品、合适价格、多渠道促销以及音视频等多媒体形式呈现①，吸引读者订阅。如建立读者数据资料库，以一些精选的专栏文章打造品牌，以每周 1 美元低价及在页面顶端与底端放置促销广告吸引读者注册成为该报会员。为了迎接数字化时代挑战，该报以"创新"为手段，拓展受众，重视对社交、搜索、社区交流工具②的相关战略部署。对此，《解决》通过制作专题合集，将热点与社会问题相结合，个性化推荐给各位读者。例如就"性侵"议题，该报分别于 2018 年 5 月 30 日、6 月 12 日和 6 月 27 日从"校园性侵""防性侵教学项目""性侵受害者支持"三个角度进行系列报道，并将社会问题与热点相匹配，激发读者阅读兴趣。在报道过程中，读者成为报道

---

① 孙志刚、吕尚彬：《〈纽约时报〉付费墙对中国报纸的启示》，《新闻大学》2013 年第 3 期。

② 晓白、田瑶：《〈纽约时报〉创新启示录》，《新疆新闻出版》2015 年第 1 期。

的重要组成部分。为与读者互动，该专栏在标题右下角的拓展按钮里设置了评论按钮，在文章的末尾也显示有"阅读 X 条评论"按钮，打开即是评论区并设置了"《纽约时报》精选""读者精选""全部"三个标签，供读者选择与按需浏览，每位读者的评论均显示其用户名、位置与时间，评论内容下方显示"赞同人数"，点击即可表达"赞同"，紧挨"赞同人数"右边是"分享"按钮，点击显示一串"永久链接"用于社交网站分享，在最右边是"旗帜"（Flag）按钮，用于表达反对意见，其中有"煽动性言论"（Inflammatory）、"离题"（Off Topic）、"个人攻击"（Personal Attack）、"言论粗俗"（Vulgar）、"垃圾信息"（Spam）等选项以供选择，并附有"提交"按钮反馈。而当读者评论被《纽约时报》官方"认证"后，便进入"《纽约时报》精选"板块，并配有"Times Picks"标签置顶。

除了"付费墙"外，页面广告是该专栏运营的主要来源。打开《解决》的每篇新闻报道页面，在其报道内容的页面顶端、中部上中下等区域、底端均有横幅广告。读者点击进去，即可浏览下单。此外，由于《纽约时报》规定禁止编辑记者接受任何形式的补助金，伯恩斯坦和蒂娜·罗森伯格作为比尔和梅琳达盖茨基金会（Bill & Melinda Gates Foundation）大挑战探索计划（Grand Challenges Explorations）的 90 个新赠款获奖者的一员（每笔赠款的起价都是 10 万美元），与美国马奎特大学（Marquette University）的杰夫·斯内尔（Jeff Snell）合作，创建一个互动数字平台。据该基金会"大挑战探索计划"的主页介绍，"该平台的特色是以具体案例为指导，特别是《纽约时报》的《解决》专栏为例，针对重大社会问题提出成功解决方案和进行创新。该网站将包括基于这些解决方案的课程计划，这些解决方案可供教育工作者上传和分享，其目标是用真实的故事来激励学生开发新的创新来应对社会挑战"①。

---

① Fixes U. 2012. "Embedding Social Innovation in Curriculum." Accessed October 5. https：//gcgh. grandchallenges. org/grant/fixes – u – embedding – social – innovation – curriculum.

（五）问题与思考

《纽约时报》的专栏《解决》作为解决之道新闻的早先实践者，在报道过程中注重"解惑"与"解难"。不仅将事件的来龙去脉予以厘清，而且较为充分报道了当事人对问题的回应。但是，仍有些问题值得思考，首先是报道主题分布的均匀性及优先次序排列，据对该专栏 2015～2018 年报道议题（共 163 篇）的整理显示，各个议题报道数量不均，例如医疗类报道（31 篇）占比最多，其次是各类社会问题（20 篇），然后是科技助力问题解决类议题（19 篇），其他议题如环境、贫困、妇女权利、儿童等报道篇数均只有个位数，究竟哪类社会议题该予以重点关注，哪些是"次要"议题，它们之间的优先顺序是按照"紧急性""重要性"抑或是"接近性""时效性"排列，这些皆该是专栏《解决》议程设置需要考量的因素，但目前来看，报道议题与记者本人的社会经验资历较为相关。通过对 2011 年 7 月 17 日至 2018 年 8 月 28 日该专栏主页检索"David Bornstein"与"Tina Rosenberg"，结果显示在总共 319 条记录中，有 110 条与伯恩斯坦相关，170 条与罗森伯格相关，两人共计 280 条，占比 87.8%（这里"相关"指报道由伯恩斯坦或罗森伯格撰写或是新闻页面中有其姓名），这使得该专栏报道风格较为统一，同时，两位创始人丰富的报道与社会工作经验以及对"建设性新闻"的深刻理解，也保证了报道的权威性、准确性，但是从报道的多样性角度看，报道人员的单一，不利于报道范围的拓展。例如二人各有其熟悉的报道领域，伯恩斯坦熟悉社会企业的运作，罗森伯格擅长国际问题，这使得议题更多围绕其熟悉领域展开，对于二人相对"陌生"的领域涉及较少且影响报道视角的多元化。

其次，从报道趋向来看，虽然大卫·伯恩斯坦声称该专栏报道的严肃性与客观性，与"倡导性新闻"的本质差别在于非一味"口号式"颂扬，而是对社会问题追根溯源并寻求各方回应与解决方案，但是在实际报道中如何做到不流于"个人崇拜""科技至上""方案堆积""回应滞后""激进主义"及厘清与商业利益的界限，仍有待考证。从新闻报道本身来看，新闻来源相对单一，较多涉及方案提出者、受影响者、实施者，而对于政府、普通公民、专家来源仍然较少，尤其是方案的竞争者更少谈及。因此，在具体内容方面，对于问题的回应，不仅要有方案提出者、实施者、受影响者的视角，还要丰富政府、专家、公民、竞争者视角；不仅要有具体的经验，还要深化对问题的理解与分析，进一步论证方案的成熟性、获益方、适用范围地区及可推广性，尽可能丰富失败的可能性及其他替代方案的可行性与利弊，做到既不盲目乐观地给出所谓"最佳"解决方案，又不轻易断言问题可"迎刃而解"。例如 2018 年 8 月 15 日《利益冲突正在扼杀回收利用》一文，整篇报道除了开头揭示当下回收利用的问题外，剩下皆是记者伯恩斯坦与回收公司的创始人米奇·赫德伦德的对话，通过对话引出回收利用行业面临的困境、原因、影响、解决方案、个人体验及个人与政策制定者行动的着力点。从方案新闻的基本要素来看，该篇报道解了公众之惑，即为何利益冲突会扼杀回收业，也部分解了难，如提出解决方案，即在全美国推行统一、标准化的回收标识，并从推行该方案的益处（体现在个人体验方面的论述）、个人与政策制定者该如何行动与配合方面做了阐述，但是对于解决方案篇幅比例不高，同时，对方案细节、相关证据、具体实施、执行情况及可行性与局限性未做详述，且未出现其他替代或竞争方案与失败可能的描述。从来源来看，只有方案提出者的一方之言，无实施者、受影响者、公民、专家、政策制定者、竞争者等方面的来源以供佐证。总体来看，该篇报道由于来源、视角的单一，削弱了整体论述力度。

再次，从新闻的制作技巧来看，该专栏大多数报道以文字报道为主，能做到图文并茂，但视频较少，《纽约时报》科技革新的手段如虚拟现实技术、数字化与可视化在此未予以充分利用。从页面设计与传播策略来看，该专栏主页智能化搜索与相关、个性化的推荐做得相对欠缺。"搜索"栏只能按关键字检索，无日期检索、高级检索等多样检索方式可供选择。无论读者阅读哪一篇报道，都无相关推荐或是按照读者兴趣的推荐，文末只有清一色的最新栏目文章推荐界面，同时，对于类似报道的专题策划做得不到位。如对于"性侵"问题的 3 篇报道（"校园性侵""防性侵教学项目""性侵受害者支持"），该专栏只是将其散落到日期较相近的每期栏目中，若将其按一定逻辑顺序整合到一个专题中，更有利于形成"集合效应"。此外，从读者角度看，该专栏在媒介对话与互动方面，仍有很大提升空间。在 Facebook 及 Twitter 上，无《解决》（FIXES）栏目的官方账号，目前只能通过《纽约时报》评论及两位创始人搜到相关信息，即便通过关键字"FIXES"也只能搜到一些非常零星的页面，这非常不利于与读者的沟通及粉丝群的维护。而创建官方账号是第一步，要进一步扩大栏目影响力，还需在推广方面下功夫，在栏目主页上设置"关键词"等文章标签，并设置外链到社交媒体平台的一键分享渠道；第二步是扩展发布渠道与平台，利用其他新闻媒体提高影响力，如可在解决之道新闻网（SJN）建立该栏目的相关链接与介绍；第三步是借助读者的力量，扩大发散网络，鼓励读者对文章评论与在社交网络平台分享，并建立相应的维护、奖励机制。

最后，从线下活动来看，该专栏与各社会组织虽联系紧密，但仍停留在报道呼吁阶段，若要使方案切实落实，需加强与各组织联系，开展一些线下活动，如对于回收利用问题报道是一方面，也可与一些环保组织等NGO 组织开展以方案解决为宗旨的主题活动或运筹工作坊，并对其提供信息支持。而对于运营方面，需充实报道人员及运营人员，吸纳新鲜力量加入，在不违背该报经营准则前提下，丰富盈利方式，确保栏目的可持续发展。

综上所述，确保报道主题的多元、均衡，拓宽信息来源，引入多方视角，对各种错误倾向有清醒认知并保持距离，利用新媒体科技丰富报道形式，注重并加强与读者对话、互动，拓展推广渠道，开展线下活动，充实报道队伍，丰富资金来源，方是《解决》长远发展之道。

附表 11-1 《解决》报道主题统计（2015～2018年）

社会问题类型	个人社会问题		社会平等问题				社会机制问题				生活质量问题			发展中国家与社会发展	建设性新闻
频数（篇）	15		27				66				31			17	7
比例（%）	9.2		16.6				40.5				19.0			10.4	4.3
细分主题	暴力与犯罪	性侵	贫困	政治权利	妇女权利	儿童	医疗	教育	社区建设	其他各类社会问题	环境	科技	自我提升与发展		
频数（篇）	12	3	6	11	6	4	31	10	5	20	7	19	5		
比例（%）	7.4	1.8	3.7	6.7	3.7	2.5	19.0	6.1	3.1	12.3	4.3	11.7	3.1		

资料来源：作者整理。

十二 ｜ 《西雅图时报》：合作共赢

　　《西雅图时报》副主编吉姆·西蒙（Jim Simon）称，"与其将镜头对准问题及做错事的人，不如将看门狗的镜头朝向那些有希望的事情上"。面对诸如教育、交通、流浪者安置等错综复杂的社会机制问题，非一己之力所能解决，由此，《西雅图时报》与解决之道新闻网（SJN）建立深度合作伙伴关系，共同成立专栏"教育实验室""交通实验室""无家可归者"，力图以切实的数据、深入的观察探寻出解决之道。

（一）发展历程及现状

　　创刊于1891年的日报《西雅图时报》（The Seattle Times）是美国华盛顿州和太平洋西北地区报纸发行量最大的报纸，在深度调查报道领域名声斐然，曾十次获得普利策奖，如2010年与2014年的普利策突发报道奖及2012年的普利策调查报告奖。《西雅图时报》的解决之道新闻项目主要表现为"教育实验室"（Education Lab）与"交通实验室"（Traffic Lab）具体位置在该报主页"当地新闻"下属的分页面，除此以外，"无家可归者"（Homeless）、"时代监督"（Times Watchdog）是"准解决之道新闻项目"，即具备方案新闻的形式，如提出解决对策、方案，但未形成一个常规栏目。

　　2013年10月，《西雅图时报》以解决方案的视角，推出了一系列教育题材的相关文章、纪录片和嘉宾观点系列报道，还制作了一个"教育实验室"博客，旨在报道与解决公共教育领域的突出问题，着重处理公共教育方面面临巨大挑战的 12 所学校和学院，并提供创新的解决方案。总部在纽约的非营利组织（NPO）解决之道新闻网（SJN）对该系列报道提供了支持，并指派两名记者全职参加这项计划，每月写一篇主要的专题文章，讨论长期存在的教育问题，比如辍学率、出勤率、家长参与等。"交通实验室"是《西雅图时报》2017 年效仿"教育实验室"启动的又一项目，与"教育实验室"类似，该项目围绕交通方面的重要议题展开，着眼于该地区棘手的交通问题，重在寻求缓解交通阻塞的方案，并帮助读者找到最佳途径。

（二）新闻产制探究

《西雅图时报》解决之道新闻项目的主要代表为"教育实验室"与"交通实验室"，从项目命名可以看出报道者对该项目的期许，即以"实验室"为基地，以科学的方法与严谨论证为手段，对教育与交通问题展开研究，发现和评估能解决该问题的创新方案，并且围绕该目标，展开对相关议题的报道与新闻制作。

1. 报道理念

正如《西雅图时报》记者克劳迪娅·罗威（Claudia Rowe）所言，"只表明积极的态度不是解决问题的好方法"。该报认为需要基于数据和探索研究，以了解一个特定的学校或地区如何克服障碍。换句话说，必须有确凿的证据证明改善的结果是值得关注的，并且逐渐促成受众对事件的参与度[①]。同时，由于该报与解决之道新闻网（SJN）合作，尤其是其教育方面的报道记者接受 SJN 的培训，因此该报报道理念与 SJN 的报道观相

---

① McIntyre, K. E., "Constructive Journalism: The Effects of Positive Emotions and Solution Information in News Stories." (Ph. D. Diss, The University of North Carolina atChapel Hill, 2015), pp. 3 - 4.

互渗透、融合。SJN 的新闻观如下：首先，SJN 认为大多数新闻报道都未能完成新闻业对社会进行准确镜像反映的使命。传统新闻认为记者的首要职责是揭露问题，但 SJN 认为，新闻媒体也应该以同样审慎的态度调查针对这些问题的社会反馈的范例。因为这些反馈与回应是世界上所发生事情的重要组成部分，而准确报道这些回应方能完整呈现事件全貌。与"快乐新闻""琐碎新闻"或"宣传"不同的是，解决之道新闻通过报道人们如何试图解决问题，为失败或成功之举提供客观依据，其目的在于为社会提供有价值信息。SJN 认为，这种报道方式强化了新闻媒体舆论监督职能：如果有人发现了对社会问题有新闻价值的回应，就使那些有恶劣行径之人无借口可找[1]。其次，SJN 指出，坚持以问题为重点的报道，使公民变得被动、冷漠和不愿参与。研究表明，单纯报道负面新闻，会与读者渐行渐远[2]。SJN 认为读者在了解了解决问题的办法时，更有可能参与其中。这些故事产生了与"快乐新闻"所不同的积极情绪：使读者感受到了被赋予权力的感觉，这是公民参与的一种产生性情感[3]。由此，《西雅图时报》在充分吸收了双方思想精髓后，确定了该报解决之道新闻项目的报道基调，即解决方案居于报道的核心位置，以切实的数据为依据，以故事为叙说手段，引发读者对该问题的关注与参与。

2. 主要议题及构成

《西雅图时报》的解决之道新闻项目"教育实验室"与"交通实验室"与准解决之道新闻项目"无家可归者"与"时代监督"的显著特点

---

[1]　Wikipedia. 2018. "Solutions _ Journalism _ Network. " Accessed September 13. https：// en. wikipedia. org/wiki/Solutions_ Journalism_ Network#cite_ note – 4.

[2]　The Associated Press and The Context-based Research Group. 2013. "A New Model for News： Studying the Deep Structure of Young-Adult News Consumption. " Accessed February. http： // rumble. me/wp – content/uploads/2013/02/A – New – model – for – news. pdf.

[3]　Berger, Jonah, Milkman, Katherine. 2014. "Social Transmission, Emotion, and the Virality of Online Content. " Accessed October. http：//solutionsjournalism. org/wp – content/uploads/ 2014/10/Virality. pdf.

是围绕特定议题，如"教育""交通""流浪者安置"等形成一个个专题系列，在其中，分别就各领域的热点、难点问题进行具体议题设置与深入报道。

（1）教育实验室

项目"教育实验室"的议题设置，主要围绕"公立教育"存在问题展开，涵盖基础教育、高等教育等各个阶段。点击进该项目主页，页面最上方列明本期关注主要议题[①]：教育平等与贫困学生资助问题，代表文章是《应（学生）需求高涨，校园集市为华盛顿州温哥华市（贫困学生）提供帮助，其他城市也注意到这一点》，并配以大图及大标题，同时在页面中段开辟专题"平等"，并分设具体议题，例如该部分有4篇文章，分别是《客座文章：如何运用正确的数学教学方法缩小成绩差距》《把你们关于华盛顿学校教师多样性的问题带到第二届年度教育研讨会上》《尽管存在法律问题，特许学校仍然吸引着他们希望录取的家庭》《华盛顿的三位教育工作者将如何改造公立学校以帮助所有学生？"平等不是公平"》。

此外，主页中段还设置了"最新文章""精彩内容别错过""资助""客座文章"专题。"最新文章"围绕当前教育热点展开，具体文章有7篇，其次序从上而下分别是《UW研究：想让训练有素的教师在深度贫困学校工作吗？试着给他们一万美元》、《西雅图的两个技术培训项目获得了数百万美元的联邦拨款，但只有一个项目获得了成功。原因如下》、《研究：UW的转学学生为其他学校提供了范例》、《华盛顿教育水平居中，整体上儿童福利较高》、《信仰与决赛：金郡学校适应日益增长的穆斯林人口》（视图）、《UW项目帮助处于劣势的学生在环境艰难的工程学院中逆势崛起》、《会见华盛顿的学生们，写关于教育和住房不安全的文章》。在这7篇新闻右方是2篇头条新闻，配以大字号的标题与导语。分别是《家长和纳税人，你有6天的时间告诉州政府官员你想从华盛顿的

---

① 本部分"教育实验室"议题于2018年8月30日在"Education lab"主页上选取。

公立学校得到什么》《研究发现，华盛顿州的大学在培养更多的有色人种教师方面处于全国领先地位》。"精彩内容别错过"是对"最新文章"的延伸补充，一共有 4 篇文章，分别是《高中如何打破"九年级瓶颈"帮助学生按时毕业》、《在麦克莱里修正计划中，立法者可能会让华盛顿学校的不平等现象重新抬头》、《只有 20% 的孩子拿到了 4 年的学位，所以 Chehalis 学校改变了一切》、《华盛顿各地的天才项目都把黑人和拉丁裔学生排除在外，但联邦方式是一种变革的典范》（视图）。"资助"专题的左方是该栏目的头条新闻配有大号字体的标题与导语，"肯特学区征税以五票通过；国王郡的其他大多数措施都通过了"；栏目中段是围绕头条的延伸报道，共有 4 篇文章，分别是《在新的预算计划中，一些富裕的华盛顿学校比更需要资金的学校得到更多（资金）原因如下》《就各州的学校资金问题，立法者（提议）投入 10 亿美元提高教师的薪资水平》《报告：富裕的学区将比贫穷的学区从华盛顿的预算中受益更多》《随着罢工的可能性迫近，在星期三的谈判会议之后，西雅图教育工作者仍然没有签订合同》。在栏目右方是名为"教育实验室有趣的问题"板块，在主页底端也同样设置了该板块，内容是对当前议题进行知识问答与深度解析。在"资助"专题处，"教育实验室有趣的问题"是"全面资助教育是什么意思"（2016.3.4）。"客座文章"专题与"资助"专题的文章布局大体相似，左方是该栏目的头条新闻，配有大号字体的标题与图片"学生心声：大学，请不要看大学一年级的成绩"。右方是延伸报道，共有 5 篇文章，分别是《客座文章：黑人生活教学手册提供增强边缘学生能力的想法》《我们在高中时约会 – 但当我上大学时，他无家可归了/学生之声》《让我们来认识一下在华盛顿写关于教育和住房不安全的文章的学生》《客座文章：如何运用正确的数学教学方法缩小成绩差距》《客座文章：我们什么时候才能停止教孩子们背数学呢》。

　　主页下方是围绕本期议题的争论和延伸阅读，设置了"高等教育""惩戒（纪律）"专题。其中"高等教育"专题，头条新闻是"美国人欠学生贷款的钱是十年前的三倍"，5 篇延伸阅读文章分别是《据报道，人文学科毕业生失业的神话破灭了》《孩子死后父母集体进行欺骗性的行为》《学生说，网络编码的趋势正在推高大学教科书的成本》《研究显示华盛顿大学近三分之一的学生有过抑郁症的体验》《非法居住在这里的学生将有资格根据新法案获得华盛顿州的援助》。"惩戒（纪律）"专题的头条是"学校统计数据：女同性恋、双性恋女孩面临更高的被停学或被开除的概率"，4篇延伸阅读文章自上往下依次是《奥林匹亚的新纪律计划说，学校必须更加公平，并与家长合作》、《当一所普通高中认定没有学生是注定要失败的，会发生什么》（视图）、《斯波坎州立法者要求禁止对年龄最小的学生实行"惊人"的违纪率》、《国王郡尝试为青少年提供心理咨询，自我反省，取代坐牢》。主页底端设置了"教育实验室有趣的问题"，与主页中段"资助"专题处的"教育实验室有趣的问题"内容设置不同，该处内容是最新更新的，如2018年7月4日更新的内容为"你可以为华盛顿州的残疾学生和特殊教育倡导三种方式"，4篇延伸阅读文章也是围绕特殊教育展开。

概而括之，"教育实验室"的议题设置立足地区华盛顿州的公共教育问题，以该地教育的热点与难点问题为报道对象，关注教育平等、教育均衡、贫困生教育、教师培养、教育政策、课业改善举措、教育基金、高等教育培养及问题、学生惩戒与纪律、特殊教育等议题。这些分议题各形成一个专题，每期专题设有头条新闻及延伸阅读，强化与深化对各分议题的报道。除了编辑部进行议题设置外，还邀请学生、社会人士自主发表议题，如"客座文章"专题，作为其发声的平台，发表了数篇学生关心的议题，如"成绩考核""教育歧视""提高成绩之法"等诸多方面。

（2）交通实验室

"交通实验室"的议题布局方式与"教育实验室"相类似，皆是围绕主议题，设置各个分议题，并形成各专题板块。本期主要议题是"交通拥堵问题"①，围绕该议题主页设有6个专题板块，由上而下依次分别是

———————————

① 本部分"交通实验室"议题于2018年8月31日在"Traffic lab"主页上选取。

"最新资讯""精彩内容别错过""中转（换乘）""道路""四处逛逛""技术"。"最新资讯"位于该项目主页正上方，配有大字号标题及图片的头条新闻，"我们能从自行车计数器数据中学到什么"，该条新闻下方是两篇延伸阅读文章《市议会呼吁到2020年在西雅图市中心建立一个完整的自行车道网络》《你是骑自行车的新手吗？我们想听听你的经历》；头条新闻的左侧是七篇关于交通拥堵方面的热点实时新闻，《西雅图交通部与不断上涨的成本做斗争，（却）没有兑现承诺》《期待已久的报告发现，第一大道有轨电车的建设成本上升到2.52亿美元》《摩托车手在西雅图的I–5匝道上撞上护栏后死亡》《面对"沉睡龙"（对抗演习），西雅图镇压阻碍交通的抗议者》《运河船桥上的洞已修补，但是从北门到索多的I–5交通仍然堵塞》《西雅图一名中学生在埃勒姆附近撞车身亡，另有三人受伤》《令人厌烦的"八点晚高峰"，西雅图的交通部正试图解决这个问题》。"精彩内容别错过"由4篇新闻及配图组成，它们分别是《如果您认为西雅图的交通现在很糟糕，请等到这些项目开始》《我们喜欢和讨厌阿拉斯加高架桥的哪些方面》《成千上万的轻轨（线路）可能是明年通过西雅图市中心的唯一途径》《过境旅游：通过轻轨开启西雅图探索之旅》。

主页中段的"中转（换乘）"专题文章中有2篇与"最新资讯"的实时新闻相同，头条为《期待已久的报告发现，第一大道有轨电车的建设成本上升到2.52亿美元》；栏目右侧是4篇延伸阅读文章，分别为《令人厌烦的"八点晚高峰"，西雅图的交通部正试图解决这个问题》、《读者问：如何选择公交车路线号码，为什么机动车道上有空车?》、《在麦迪逊快速线上推行电动无轨电车的艰难之旅》（视图）、《西雅图市9.3亿美元的移动征税缺口逐渐明晰，但解决方案并非如此》。"道路"专题文章中有两篇文章分别与"最新资讯"的一篇实时新闻及"中转（换乘）"专题的一篇文章相同。该专题头条为《运河船桥上的洞已修补，但是从北门到索多的I–5交通仍然堵塞》，延伸阅读文章有4篇，分别是《前99号公路隧道负责人任命临时西雅图交通主管》《9.3亿美元的西雅图移动征税缺口逐渐明晰，但解决方案并非如此》《在西雅图危险的雷尼尔大街上，两名女孩被一辆汽车撞倒。以下是这个城市正在做的事情》《为什么巴拉德桥及其钢铁邻居在夏季需要冷水浴》。

主页底端是"四处逛逛"与"技术"专题。前者的头条是"你是骑自行车的新手吗？我们想听听你的经历"（在"最新资讯"专题的延伸阅读页面里出现过），4篇延伸阅读文章中《我们能从自行车计数器数据中学到什么》与"最新资讯"头条相同，剩余3篇分别为《Uber，Lyft和Lime希望在西雅图经营自行车股票》、《期待已久的报告发现，第一大道有轨电车的建设成本上升到2.52亿美元》[在"最新资讯"专题的延伸阅读及"中转（换乘）"专题中出现过]、《摩托车手在西雅图的I-5匝道上撞上护栏后死亡》（在"最新资讯"专题的延伸阅读里出现过）。后者"技术"专题的头条为"电动汽车制造商采用新车型进入特斯拉的地盘"，延伸阅读有4篇文章，分别为《硅谷以（谨慎）的脚步迈向自动飞行》、《优步与丰田开辟了自动驾驶汽车的新方向》、《在麦迪逊快速线上推行电动无轨电车的艰难之旅》（视图）（在"中转"专题中出现过）、《（将来）不会再有走路不遵守交通规则的人！一些自动驾驶汽车倡导者希望重新编程行人》。

总而言之，"交通实验室"的议题紧紧环绕着"交通拥堵"展开，从交通领域的最新技术、交通建设、拥堵治理、征税、道路安全、自行车与电动无轨电车等公共交通、自动驾驶与编程等多个维度提出治理与解决方案。与"教育实验室"类似，采取总议题与分议题相结合的方式，在大的"交通拥堵"议题下环伺有"中转（换乘）""道路""四处逛逛""技术"等分议题，并且一些文章重复在各个小专题里出现，吸引读者注意。

（3）无家可归者

准解决之道新闻项目"无家可归者"与前两个常规项目"教育实验室"及"交通实验室"不同，并未就主要议题形成板块清晰的独立专题，而是以"头条新闻"的方式将每一期议题分别列出。项目主页由上下两部分组成，上半部分是配有大字标题与图片的本期头条，"波特兰想为所有无家可归的家庭提供住所。这个计划事与愿违，但它为西雅图提供了教训"①，并设置"更多"板块以便读者了解进一步的资讯，它们分别是《你想了解无家可归者的哪些方面？问我们》《缓解西雅图无家可归危机的更低成本的方法？从皮尔斯县看到了希望》《西雅图逐渐清除无家可归者的营地》《国王郡计划在两个地点为 170 名无家可归者提供单元住房》。下半部分则按日期从前到后排列项目"无家可归者"的历期头条新闻，自 2016 年 6 月 11 日起至 2018 年 8 月 31 日，剔除不相关的新闻，共计 196 条新闻。这些头条不定期更新，就西雅图市无家可归问题从社会、经济等层面展开探讨，并对其产生的社会问题与影响如妇女儿童被侵害、学生入学、公共卫生与疾病防治进行关注报道，广泛听取民众意见与借鉴别处相关问题的处理经验基础上，提出解决方案。

具体而言，从头条数量分布看，从 2016 年开始本项目至 2018 年 8 月 31 日，该项目头条保持不定期更新且分布不均衡，2016 年只有 3 篇文章，分别是《西雅图可能会尝试旧金山（的办法），对无家可归者"热情款待"》（2016. 6. 11）、《一个城市解决无家可归危机的方法：住房和许多住房》（2016. 6. 13）、《混乱，垃圾和眼泪：西雅图有缺陷的无家可归者清扫（街区）》（2016. 8. 19），初步探讨处理无家可归问题的经验、办法与困难。

2017 年共计 51 篇，议题围绕无家可归者的最新近况，如最新的无家可归者的人数、流落街头的原因、遇到的困难，收容所的配备，营地的搬迁，经济适用房的安置等方面展开。在此，国王郡（king county）由于"无家可归"问题尤为突出，作为分析的典型，被屡次提及；从 2018 年 1 月起截至 8 月 31 日共计 142 篇，对于无家可归问题的探讨也逐渐深入，对无家可归问题的解决方案成为报道的重心，例如《芝加哥郊区的图书馆致力于帮助无家可归者》（2018. 1. 8）、《为解决西雅图无家可归者危机

---

① 本部分"无家可归者"议题于 2018 年 9 月 1 日在"Homeless"主页上选取。

南湖联盟计划出售价值 1100 万美元的房产》（2018. 1. 17）、《互联网接入正在悄然改变西雅图的帐篷城市》（2018. 3. 19）、《缓解西雅图无家可归危机的更低成本的方法？从皮尔斯县看到了希望》（2018. 8. 12）、《国王郡计划在两个地点为 170 名无家可归者提供单元住房》（2018. 8. 23）、《波特兰想要庇护每个无家可归的家庭。这一计划适得其反，但它为西雅图提供了经验教训》（2018. 8. 24）等，这些文章从公民个人、社会组织直至政府层面探讨对于无家可归问题的解决之策；有具体的指导，如小册子；有现实层面的实施，如艾奥瓦州的集装箱收容所；有资金的支持，如南湖联盟；有技术层面的"协助"，如互联网与应用程序；有个人经验，如"西雅图冰棒店"的故事；有政府的规划与经验教训，如国王郡、皮尔斯县与波特兰。从关照群体来看，对于一些弱势群体，如学生、少数群体（如亚裔美国人）、妇女、儿童也有报道与关注。代表头条有《越来越多的爱达荷州学生无家可归》（2018. 8. 30）、《唐人街的长辈们正被赶出他们的传统社区》（2018. 8. 16）等。与此同时，对于无家可归成因、造成的社会问题及影响，如吸毒成瘾与流落街头的关系、公共卫生问题如流行病、环境问题如垃圾堆放也进行深入探讨，代表作为《大多数无家可归的人都是因为吸毒而住在外面吗?》（2018. 4. 26）、《卫生官员担心疫情暴发，调查了西雅图北部的艾滋病病毒群》（2018. 8. 30）、《42000 磅垃圾：西雅图悄然清理，为生活在车辆中的人们清除热点》（2018. 6. 4）。此外，对于西雅图企业人头税的报道占了 2018 年无家可归议题的很大篇幅，相关报道共有 7 篇，从不同角度报道了人头税对于无家可归问题解决的影响，并围绕人头税的社会反响展开讨论。

（4）时代监督

"时代监督"项目与准解决之道新闻项目"无家可归者"类似，没有独立专题，也是以"头条新闻"的方式将每一期议题分别列出。该项目本质上是一系列的调查报告，旨在于促进良好的政府，揭露可疑行为，并要求当局和权力机构对公众负责。因此，调查报道的本质决定了"时代监督"与以上三个项目不同，后者有特定议题（教育、交通、无家可归），而前者无固定议题，可围绕前三个特定议题展开，也可涉及其他议题，保持不定期地更新。截至 2018 年 9 月 5 日，最新的议题是关于企业人头税的，头条为《西雅图市政厅是否故意隐瞒记录？新的信息显示废除人头税的公开会议之前议会投票结果》（2018 年 8 月 23 日），该议题与"无家可归"项目有关。该项目自 2007 年 3 月 1 日登载了第一篇文章《你的法官对你隐瞒的案件》，时隔三年，2010 年 1 月 30 日，刊载第二篇及第三篇《国家所要求的对未来业主的培训存在严重缺陷》《华盛顿成年家庭如何剥削老年人和体弱多病者》，连同这两篇 2010 年共载 9 篇，主要议题为养老、业主培养、贫困、虐待与歧视问题；2011 年共计 3 篇，围绕健康问题，如处方止痛药美沙酮引发的死亡问题与贫困的勾连，以及州法律问题；2012 年有 2 篇，议题为止痛药与竞技场；2013 年有 1 篇，议题为精神病问题；2014 年有 7 篇，围绕网络犯罪、环境、运动、公众健康（铅中毒）议题展开；2015 年有 46 篇，议题是本地企业的网络安全、巴菲特帝国的移动家庭陷阱、奥斯陆滑坡、商业、铅中毒、地方新闻、地方政治、犯罪、体育、交通、教育、出生缺陷、微软避税跟踪等。2016年有 72 篇，议题是犯罪、移动家庭陷阱、地方政治、大主教性侵丑闻、药价、交通、贝尔维尤足球调查、地震防护教育、交通等；2017 年共计78 篇，议题围绕少年监狱禁闭、瑞典医院的手术工厂、重叠手术、前西雅图市长的性虐待丑闻、火车脱轨事件、无家可归等问题展开；2018 年 1月至 8 月 31 日共 31 篇，议题为房地产、地方政治、移民问题、交通、无家可归问题、移动家庭陷阱、地方政治、犯罪等。总体来看，"时代监督"项目议题深受深度调查报道影响，关注宏观层面上的重大事件，并给予持续报道，例如 2014～2015 年对枪支射程污染进行系列追踪报道，2015～2016 年关注巴菲特帝国的移动家庭陷阱，2018 年也对其进行后续报道，2016 年持续关注报道贝尔维尤足球事件，2016～2017 年追踪报道波音航空公司丑闻，2017 年对前西雅图市长埃德·默里的性虐待丑闻与瑞典手术工厂及其"重叠手术"（Overlapping Surgeries）引发的医学伦理问题进行了跟踪报道。

3. 报道结构与风格

《西雅图时报》的解决之道新闻项目以深度报道为主。以"教育实验室"主页头条新闻《应（学生）需求高涨，校园集市为华盛顿州温哥华市（贫困学生）提供帮助，其他城市也注意到这一点》（2018 年 7 月 13 日报道）为例，来管窥该报建设性新闻的报道手法、结构及风格。首先，文章标题中蕴含如何资助贫困学生的解决方案，"开校园集市"，随后导语进一步解释实施步骤，"随着学生贫困率在华盛顿州温哥华市飙升，学校主管人员将一半以上的校区转变为低收入和无家可归家庭的一站式商店"。正文以具体事例开头，勾勒出人物、场景、细节，"每天早上上课前，Shanna Baird 都迎接那个头发里满是灰尘的学生进入她在 Hazel Dell 小学的拥挤而整洁的办公室"。随后介绍男孩背景，"父亲最近被监禁，这个男孩经常不洗澡，因为他的母亲努力平衡她的水电费并与药物依赖做斗争"。然后以小见大，点明贫困生的状况与困境"Hazel 小学大约三分之二的学生生活在贫困中，Baird（老师）试图将其分类，以使这些孩子能专注于学习，但这面临挑战"。接着指出目前解决贫困学生问题的方案，建立家庭社区服务中心，"像贝尔德（Baird）这样的协调员将社会服务融入了该地区一半以上的学校，将学生和他们的家庭与他们负担不起的基本商品和服务联系起来：背包里装满了周末的食物，租赁代金券以避免被驱逐，牙疼时免费做牙科手术"，并介绍了其成效，"出勤率和毕业率都在上升，尤其是低收入和无家可归的青年。虽然在这里生活贫困的学生在国家水平考试中仍远远落后于同龄人，但他们在地区级考试中的进步表明差距很快就会缩小"，并对该种做法保持了审慎的态度，"这种方法研究人员认为有希望，但尚未得到证实，可以作为西雅图和国王郡学校的潜在模式，那里的教育工作者已经涉足类似计划，但仍在努力应对学生无家可归和贫困率的上升"。接下来介绍了纽约市、得克萨斯州等地的经验与该模式对于其他城市的参考意义。随后从详细阐述西雅图市家庭社区服务中心的由来，穿插具体事例讲述该模式的推广为贫困学生带来的改变。总之，该篇报道的写作手法与《华尔街日报》体颇为相似，以个人视角切入，再从这个小细节展开来，逐渐推及全局，首尾呼应，颇有种"窥叶知秋"的意味。其他两个项目"交通实验室"与"无家可归者"的新闻报道风格，与之相类似，无论是标题、导语还是正文，均以解决方案作为其核心；从其行文风格来看，都是从具体人物或细节展开，逐渐铺陈。例如"交通实验室"的头条《我们能从自行车计数器数据中学到什么》开头是"西雅图市议会上个月批准将私人自行车共享计划的规模扩大一倍，并在明年年底之前推动扩建该市的市中心自行车道网络"；"无家可归者"的头条《波特兰想为所有无家可归的家庭提供住所。这个计划事与愿违，但它为西雅图提供了教训》开头的镜头感很强，仿佛电影场景，很有代入感，"那是一个多雨的冬夜。黛博拉·卡福瑞（Deborah Kafoury）接到叫醒电话。她正在给一家教堂的无家可归者收容所送晚餐，在雨中，孩子们在天篷下，在路灯下做作业，等待收容所开门"。接着这两篇文章分别阐释了遇到的困难及挑战，如计数器问题、波特兰住房成本上涨，随后将解决方案蕴于报道之中，完善相关数据、配套设施的提供与其吸纳能力同步。至于项目"时代监督"除了包含上述三个项目的部分以及个别报道具备建设性新闻的要素外，剩余大多数报道以传统调查性报道形式为主，不属于本文探讨重点，故不做阐释。

4. 新闻报道来源与制作技巧

《西雅图时报》的解决之道新闻项目秉持客观与平衡的报道原则，注重具体事例、数据、科学研究成果，并以此为依据论证解决方案的可行性。新闻来源方面，引用权威性的报告、专业人士的观点，以确保可信度，并将事件的相关方，例如方案提出者、实施者、受影响者、公民、政府、专家学者、竞争者等观点吸纳进去。例如"教育实验室"主页头条新闻《应（学生）需求高涨，校园集市为华盛顿州温哥华市（贫困学生）提供帮助，其他城市也注意到这一点》就将方案实施方"温哥华市公立学校"（VPC，Vancouver Public Schools）、家庭社区资源中心（FCRC，Family-Community Resource Centers）、Hazel Dell 小学、协调员等作为消息来源，同时引用家庭社区资源中心的受惠方该校学生家长及学生回应佐证，并以严谨的数据，如将公共教育督察办公室（office of superintendent of public instruction）制作的图表作为理据，该图表展示了华盛顿州温哥华市与该州其他公立学校相比，前者的慢性辍学率（尤其是低收入群体及无家可归家庭孩子）比后者低。同时，以第三方（chalkbeat，一个非营利性新闻组织，致力于改善所有儿童的就学环境，尤其是那些在历史上一直得不到高质量教育的儿童）报道《社区学校和环绕式服务是否会促进学习成绩提高？这就是我们所知道的》为依据，审慎得出"家庭社区资源中心"模式"有希望，但尚未得到证实"的结论。此外，该栏目选取有代表性的读者观点刊登在"客座文章"（guest essays）栏目，以受众视角解析当下教育困境。例如在西雅图学校教数学 17 年的教师 Ted Nutting 从自身从业多年的教学经历出发对如何提高数学成绩，缩小差距提出个性化的解决方案。其他两个项目"交通实验室""无家可归者"从新闻来源来看，大体上与"教育实验室"相类似。

从新闻制作来看，"教育实验室"项目设计板块分明，设有"平等""资助""客座文章""高等教育""惩戒""教育实验室有趣的问题"6个板块，每个板块点开即是各专题按日期从前到后排列的新闻头条，配有图片与大字标题，在新闻配图下方标识"教育实验室"。具体每篇文章页面风格与该栏目主页相统一，页面顶端正中间标注该栏目标识"教育实验室"，其下方是印有大字号标题的新闻大图，标题颜色与图片色构成反差，较为醒目。导语下方标有作者姓名、日期、作者简要介绍以及社交网络及相关转发按钮，以供读者分享，文末标有作者的邮箱、电话及 Twitter账号，方便读者联系。整篇文章图文并茂，新闻摄影图片及其文字说明、数据图表为阐释文中内容而服务。以头条新闻《应（学生）需求高涨，校园集市为华盛顿州温哥华市（贫困学生）提供帮助，其他城市也注意到这一点》为例，该文共配有 11 张图片，其中有 8 张大图，3 张小图；2张大幅图表，每张图片或表格皆有一段说明性文字，贴切地映衬主题。例如在一张家庭社区服务中心发放物品的图片下配有该中心发放物品及提供服务的清单，"在上一学年，温哥华的家庭社区资源中心提供：89 个家庭获得公用事业援助，490 个住房推荐，65 份就业推荐，21600 个周末食品袋，弹出式食品储藏室里存放 10 万磅食物，2033 份旧货店优惠券（总计 40660 美元），579 家杂货店购物卡（总计 14475 美元），76 个健康推荐，在 16 所学校进行 655 次现场牙科检查"。如果说图文结合使得文章更生动，那么延伸阅读使得文章更深刻。例如该篇文章对"Hazel Dell 小学""Hazel 小学大约三分之二的学生""家庭－社区资源中心""有希望，但尚未得到证实""学生无家可归和贫困率的上升""3 月的一次教育会议上""存入银行的做法""每年花费 1550 万美元""2020 年""所有学校""所有 Fruit Valley 小学的学生""该地区基金会""出勤率和阅读成绩都有所提高""五年战略计划""第二中心开业""数十所学校""家庭和教育税""两辆面包车的第一辆"共 18 处以蓝色字体突出，并设置超链接，引导读者延伸阅读。如点击"家庭－社区资源中心"便进入该中心（FCRC）主页，并可在"最新的 FCRC 新闻"中找到该文章标题链接。而点击"Hazel 小学大约三分之二的学生"是公共教育督察办公室（OSPI，Office of Superintendent of Public Instruction）"华盛顿州报告卡"，显示 Hazel 小学的"学生情况统计"及该校基本信息，如学生的"性别""种族""无故缺席率""无家可归的学生信息""特殊教育""免费优惠上学数""教师信息""注册数"以及各年级成绩图表。为进一步调动读者主动探索的积极性，该栏目制作了"教育实验室有趣的问题"这一板块，读者在此可对华盛顿州教育提出疑问，编辑综合读者意见后，制作相关专题答疑解惑。以"你认为全面资助教育意味着什么"这一期为例，开头便回应读者疑问，表明该期专题来由，"读者 Sharon Vashon 问道：国家最高法院全面资助教育的麦克莱（McCleary）决议意味着什么？更具体地说，（资助）底线是什么，这对员工和整个项目有什么影响？事实证明，她并不是唯一想知道答案的人。我们向读者征询问题，Sharon Vashon 的问题最获得关注，因此本期节目我们谈谈该问题。但该问题的答案很复杂，这毫不奇怪，其中涉及很多政治因素。这是因为议员们同意他们并不是与一串神奇的数字做斗争。这说来话长，首先我们必须了解这个国家对于学校资助的历史"。接下来是一张大幅图片，图片上印有"什么是麦克莱案"的大字号标题，随后简述了麦克莱案的由来并配新闻图片。而在文字介绍部分，同样采用超链接并以黄色色块突出显示。下文以同样大幅图片加大字号标题样式显示，"税是什么？为什么需要征税"，随后以较为浅显的例子，"学区建筑供暖费用上涨"来阐释州政府征税与学校资金之间的纠葛矛盾，末了给出一道 ABC 选择题，A 是"让师生挨冻"，B 是"使用税收基金支付取暖费"，C 是"向州政府提出诉讼"，将选择权"推"给读者。之后在选项下方，标注"原告麦克莱选了 C"，到此一切水到渠成，顺理成章。接着该专题提出了第三个问题，"为什么着重关注基础教育"，文中提到"国家的首要责任是为居住在其境内的所有儿童提供充分的教育"，并附有 2009 年法律补充的基本条款；第四个问题是"州政府如何决定给每个学校划拨多少钱"，随后解释了"SHB 2776 法案"这种新的资金分配方案。第五个问题则问到了本文重点，"在华盛顿州全面资助教育意味着什么"，接着以大幅的图表阐释教育投入数额等基本情况，首先是"经通胀调整后，每位学生的支出"在 2007～2008、2011～2012、2014～2015 这三个年度的数额对比；其次列明了自 2015 年8 月以来立法机构迄今取得的进展图，例如"材料、用品及其他经营费用""往返学校的交通""全日制幼儿园"这三项标注"资金充足"，"减少 K－3 年级每个班级的学生人数"此项标注"取得一些进展"，"（根据）市场利率对员工补偿"该项标注"毫无进展"；最后，对于每年财政拨款具体多少钱，给出了四个答案，分别是 35 亿、76 亿、100 亿、超过100 亿，并在数字旁配有橙色柱形图，随着数额由小变大，柱形图上进度条也由短变长，很为形象直观。每个数额下方都有相应解释。最终，该文提出最后一个问题（第六个问题），"所以接下来该怎么办"，总结截至2016 年来取得的成绩，提出下一步举措：提高教师薪酬与重订征税标准。文末抛出两个问题，"如果最后期限没有达到（目标）怎么办？或者如果州最高法院决定更早地强制采取行动？"引发读者思考。

项目"交通实验室"的主页风格设计与"教育实验室"大体类似，

准解困新闻项目"无家可归者"与"时代监督"类似，主页皆采用大号标题、导语与图片的形式。虽然各栏目主页设计有所不同，但是打开其各自的新闻页面，设计大体相同，故不再赘述。

（三）传播策略与用户反馈

《西雅图时报》非常注意打造其栏目的影响力，在扩大信息传播面上颇下功夫。有学者总结共有三种传播方式，分别是纸网融合的并行式发布模式、与地方最具权威的电视台 king TV 战略合作式发布模式以及利用社交媒体拓展的诱导式发布模式。[①] 与此同时，该报栏目注重与受众的互动，无论是新闻报道页面还是栏目主页皆设计相应的板块收取用户信息，听取读者意见。

1.传播策略与平台

《西雅图时报》的解决之道新闻项目的传播策略可概括为"巩固大本营，广开源流"，主体项目（栏目）建设是"大本营"的根基，社交媒体与其他组织机构传播是枝叶，根深方能叶茂，两者互为依托。以该报运作最为成熟的解决之道新闻项目"教育实验室"为例，栏目主页各要素齐全，在其主页面的最底端从左到右分别是"联系""公司介绍""广告""订阅者服务""今天头版""Facebook""Twitter"，方便读者深入了解、阅读相关信息；而打开每篇新闻报道，在导语左下角皆设有相应的分享按钮，在页面左下方浮现弹窗显示"'喜欢'（like）Facebook 上的《西雅图时报》"，点击便可外链到社交媒体平台，以扩散栏目影响力。例如在 Facebook 主页上该报设有"《西雅图时报》教育"账号，推送"教育实验室"的资讯。

同时，该报还与各社会组织、NGO、非营利性机构合作，例如许多新闻报道文本中均内嵌有超链接，点击便可进入该机构的主页；反之，该机

---

① 王巍：《〈西雅图时报〉基于解困新闻学的创新实践》，《传媒》2016 年第 8 期。

构主页内也设置相应版块，如在"最新报道"里设置《西雅图时报》相关栏目的新闻链接。例如"教育实验室"报道中的"家庭－社区资源中心""无家可归者"项目中的"国家退伍军人无家可归者中心"。

2. 线下活动与用户反馈

除了线上的信息传播外，《西雅图时报》积极开展各类社会活动，扩大其栏目影响力，例如"点燃教育实验室"（Ignite Education Lab）主题演讲活动，该活动由《西雅图时报》与西雅图市政厅联合举办，旨在为观众提供一系列以教育为主题鼓舞人心（励志）的故事，丰富民众的精神生活。2016～2019 年已成功举办四届，得到社会各界的积极响应。活动形式是教师、家长、校长以及学生们以或即时演讲、或幽默、或鼓舞人心——甚至是令人惊讶的方式展现故事，讲述其教书或学习的所感所想。该演讲活动简洁明快，每位演讲者只有 5 分钟和 20 张幻灯片（每 15 秒自动推进）来说明他们的情况。以 2018 年 2 月 12 日在西雅图大学的 Campion 舞厅举办的"点燃教育实验室"主题演讲为例，该次活动的参与者既有教育监察办公室主任这种教育管理者，特殊教育老师、在读学生、毕业生，还包括各类社会人士，如作家、编辑，社区参与主任等。演讲题目有《通往社会正义的短途巴士》《不要凭封面断定一本书，也不要在第一天判断学生》《学生感情很重要》《之前那个刻薄女孩的遗憾》《展示领导力》《男生在哪里》《没有剧本的教室：使用即兴表演教授语言》《我们使用的词语》《闻闻配料》《知识确实是力量》。这些演讲主题或是学生心声的表达，或是对日常教学的改善建议，或是对当下教育问题的思考，通过该活动的举办，各方得以碰撞出思想的火花。与此同时，为了配合线下的活动及扩大该活动的影响力，《西雅图时报》"教育实验室"栏目不仅会在活动举办前进行"预热"，而且在活动完成后进行"宣传"。例如报道于 2017 年 2 月 6 日的《点燃教育实验室：11 位出色的演讲者，11 位关于教育的精彩故事》为 2 月 8 日的活动提前做了"广告宣传"，标题下方附上购票的超链接，方便读者购买，文中则精简介绍了各与会者的个人背景与演讲题目。活动举办后，该报则进行跟踪报道，题目为《在点燃教育实验室，11 位发言者讲述了有关学习的鼓舞人心的故事》（2 月 9 日），该文披露了该活动人员筛选细节，"活动包括 11 个五分钟的讲座，主题包括教师职业倦怠，恢复性司法以及学生成功的意义。演讲者从约 60 名申请人中选出。教育实验室团队选择了 10 人，并要求读者在 11 日投票"，以及与会者演讲的亮点。除了本报"宣传"外，一些知名人士的亲身参与及"造势"也扩大了该活动的影响力。如社会活动家、皮尔斯学院杰出校友奥马里（Omari Amili）在其个人主页上，将"观看：《西雅图时报》的点燃教育实验室"的主题链接放在突出位置予以显示，并介绍道"《西雅图时报》选择 Omari Amili 先生为他们的'点燃教育实验室'活动的 11 位演讲者之一。你可以在下面看到他的演讲：《改造社会失败者，通往成功之路》，请点击下面的链接，阅读《西雅图时报》关于这次活动的更多信息"。如此一来，"点燃教育实验室"活动获得了全方位的传播。

对于《西雅图时报》的解决之道新闻项目及其活动，社会各界给出了积极的响应。首先，它促进了社区参与，促进了社区组织者、教育工作者和家长的对话。例如，《西雅图时报》"教育实验室"报道"洛根广场社区协会师友计划"，促进了家长对学校的参与，并于 2014 年 2 月举办了一场"读者见面会"，收到了热烈反响。对此活动，名为 Santiago Armenta 的读者且是一位中学家长，表示"我们要和其他父母…谈谈这次会议，让更多的人参与进来"；解决之道新闻网的首席运营官基思·汉蒙兹（Keith Hammonds）也对此大为赞赏，"新闻业非常有力地转译了变革的话语——把这个问题从'低收入移民父母被学校拒之门外'的字面意义上说出来，一直都是这样的，而且我们被标记出来了，这是他们在芝加哥所做的事情。它一直在为……工作好几年了。这是我们学到的东西，也是我们如何在西雅图运用这些想法的方法"。根据《西雅图时报》委托，对 780 名读者的调查显示，读者对"教育实验室"和解决之道新闻的反应总体上是积极的。大约一半的受访者表示，他们注意到教育实验室的报道与该报的典型报道不同。超过半数的受访者还表示，尽管对不同主题的感受各不相同，他们对某些教育问题的看法因教育实验室的故事而发生了变化。例如，在沃拉社区学院（Walla Community College）如何提高入学率和降低辍学率的故事报道之后，78%的受访者表示，他们现在认为具备有效的方法解决社区大学学生辍学的问题。与此同时，74%的受访者表示，这个故事改变了他们对这个话题的看法，91%的受访者表示，他们对《西雅图时报》专注于可能奏效的解决方案表示赞赏。[①] 其次，对于该报的建设性新闻报道，读者也给予了热情的反馈。例如《应（学生）需求高涨，校园集市为华盛顿州温哥华市（贫困学生）提供帮助，其他城市也注意到这一点》，该篇新闻页面收到44条评论。有读者留言评论道，"每篇文章似乎都在关注父母的不良行为，这是正确的。我想知道是哪一部分需求是由不正常的父母驱动的，又是哪一部分是由低技能、低收入的无证人员驱动的。这篇文章似乎都有证据"，对此另一读者评论道"说得太好了！我建议停止奖励病态、愚蠢和鲁莽的行为，（报道）我们只会得到更多的悲伤，而不是任何发自内心的感激"。同时该篇报道也激发了读者对贫困学生家庭的思考，如有读者评论，"你怎么打破这个循环？似乎需要更多负责任的父母，也许上课能让他们有资格领取食品券……如此世世代代，多年的救济却收效甚微。他们并没有既得利益。从父母开始，同时帮助孩子"；还有读者发出了由衷的赞美，"这是一个社区可以帮助孩子成功的很好的例子。最令人伤心的是，糟糕的养育方式，根本就没有父母的养育，首先造成了这些问题。我们有一些人把生命带到了世界上，他们要么不想为这个孩子承担任何责任，要么因为各种各样的原因而不能承担责任。他们给社会其他人带来了巨大的负担，社区试图帮助和抚养他们的孩子。我们有许多孩子，他们的成长是如此的不正常，没有道德的指南针，没有对错的意识，也没有对自己的任何感觉。真让人心碎。正如下面 VF 所指出的，温哥

---

① Joseph Lichterman. 2014. "Solutions in Seattle: A Partnership has Helped The Seattle Times Rethink Its Education Coverage." Accessed November. http://www.niemanlab.org/2014/11/solutions - in - seattle - a - partnership - has - helped - the - seattle - times - rethink - its - education - coverage/.

华的这些教师、管理员和社区成员是英雄，上帝保佑他们所做的一切。我感谢《西雅图时报》记者尼尔·莫顿的这篇报道。照亮一些真正美妙的事情，而大多数人都不知道"。与此同时，该报道还激发了读者批判性思考，例如有读者评论道，"非常好的故事，谢谢你的精彩报道。读到一些关于学校的正面消息是很好的，因为这些学校很难给出好消息（因为某种原因，他们喜欢把注意力集中在消极方面）。我有一个问题：'贫穷'的定义是改变了，还是纯粹是贫穷人口的增加？我的意思是，贫穷的门槛现在是否更高了。"对此，另一读者回应，"门槛可能已经改变了，但这只是为了应对生活成本的变化。即使门槛提高了，它也只是考虑到了大量'有工作的穷人'，他们过去挣得钱太多，没有资格领取福利，但不足以维持收支平衡"。

从 Twitter 对此项目回应来看，该项目激起了受众参与热情，网友纷纷就该项目发表评论，有对该项目的肯定，也有网友提出一些新议题。例如有 Twitter 用户对于"教育实验室"评论道，"对于如何帮助学生解决执行功能技能方面的问题，'教育实验室有趣的问题'有答案"，随后附相应链接；还有用户评论赞赏道，"教育实验室无与伦比，了解更多请看盖茨基金会，《西雅图时报》与解决之道新闻对话"；还有用户在其推文中为"教育实验室"做起了"宣传"，"让我们相见于'教育实验室的学生之声'专栏"。对于"交通实验室"与"无家可归者"Twitter 用户也反映良好，正面为主，有网友评论"交通实验室"提出了好问题，夸赞该项目是对交通问题的切实回应，名为"肯莫尔市"的官方媒体评论"交通实验室"将行人安全及在十字路口权利问题提上了议事日程。对于"无家可归者"网友评论该项目引发了大众对该议题的关注，Twitter 上读者纷纷转发、点赞及评论该项目，并建言建策，如评论道，"无家可归问题需要地区间的协调与介入"。

（四）运营状况

《西雅图时报》解决之道新闻项目的运营方式一句话概括就是"数字订阅""在线广告"与"基金赞助"相结合，整合各方资源，进行全媒体传播。

1. 人员构成

《西雅图时报》的解决之道新闻项目"教育实验室""交通实验室"以及准解决之道新闻项目"无家可归者""时代监督"的具体负责人员各不相同。除"时代监督"的编辑部成员配置由各个领域（商业、政治、文化等）的编辑与记者构成外，其他三个项目大概由 4～5 名成员构成，各成员分工明确，一般来说有 1～2 名具备相关专业背景的编辑及 2～3 名记者、参与编辑（engagement editor）、新闻摄影师构成。例如项目"教育实验室"的成员为 5 人，主编为乔伊·利斯木维斯（Joy Resmovits），曾是《洛杉矶时报》报道教育领域的专业记者；2 名记者凯瑟琳·隆（Katherine Long）、尼尔·莫顿（Neal Morton）专门报道教育新闻，前者自 1990 年以来一直在该报担任记者，过去三年一直专注于高等教育；后者是报道 K－12 教育的记者，在拉斯维加斯评论期刊上报道了全美第五大学区；达利亚·巴扎兹（Dahlia Bazzaz）是参与编辑，充当编辑团队和读者之间联络人的角色，日常工作任务是找出与读者产生共鸣的故事，并从编辑部、用户推送和平台的视角把这些故事有技巧地传达给目标受众；达利亚·巴扎兹是《西雅图时报》的 K－12 记者，报道了西雅图和普吉特海湾地区的公立学校。她以前是教育实验室的参与编辑。在抵达西雅图之前，报道《华尔街日报》的商业教育和职场文化。迈克·西格尔（Mike Siegel）是新闻摄影师，主要报道当地新闻、专题报道和波音公司。他的摄影被用于一个名为"美沙酮和疼痛的政治"的系列中，该系列在 2012 年因调查报道而获得普利策奖。

"交通实验室"与"无家可归者"的成员均为 4 人且构成相似，均由 1 名编辑，1 名参与编辑，2 名具备相关领域工作经验的记者组成。"交通实验室"的编辑为理查德·瓦格纳（Richard Wagoner），自 2003 年以来一直在《西雅图时报》工作，负责卫生、科学、政治和州政府等方面的报道。在他担任"大都会"栏目编辑时，《西雅图时报》获得 2015 年普利策突发新闻报道奖。米歇尔·巴鲁曼（Michelle Baruchman）是该项目的参与编辑，在加入《西雅图时报》之前，她为《亚特兰大宪法报》报道了佐治亚州的立法机构，并在《华盛顿邮报》和《纽约时报》研究了观众参与策略。剩下两名记者一名叫迈克·林德布罗姆（Mike Lindblom），30 年来一直为华盛顿州的报纸撰稿，自 2002 年起在《西雅图时报》专攻交通报道。他专注于桥梁、隧道、公共汽车、火车甚至单轨等大型项目背后的工程和战略。他有时探讨交通安全危机，包括分心驾驶。另一名记者为大卫·古特曼（David Gutman），是该报的交通记者。此前，他曾在西弗吉尼亚州查尔斯顿的《查尔斯顿公报》担任记者，在那里他报道了州政治、煤炭工业和阿片类流行病。项目"无家可归"的编辑为乔纳森·马丁（Jonathan Martin），为《西雅图时报》工作 15 年里，他报道了社会问题、政治和刑事司法（等领域），近期担任了专栏作家和编辑委员会的委员。斯科特·格林斯通（Scott Greenstone）是制片人和参与编辑，来该报前，她是美国国家公共电台周末报道的新闻助理；剩下两名成员薇安娜·达维拉（Vianna Davila）与弗纳尔·科尔曼（Vernal Coleman）均为该项目的专业记者，前者在《圣安东尼奥快报》工作 13 年后，于 2017 年加入《西雅图时报》，报道刑事司法、交通、增长和市政府；后者在新泽西州的《星报》（star ledger）报道突发新闻、刑事司法和城市政治，工作了两年之后，于 2016 年加入了《西雅图时报》。

如果说充足的人才储备为该报推行解决之道新闻项目奠定人员基础，那么与解决之道新闻网（SJN）的合作则促进项目正式"落地"。《西雅图时报》与 SJN 的伙伴关系由该报前执行编辑大卫·博德曼（David Boardman）发起。自 2013 年 10 月开始合作以来，SJN 便深入参与到该报"教育实验室"的筹建与报道工作中来。SJN 与大约 60 名《西雅图时报》的员工共同举办了一个一般性的研讨会，向他们介绍解决之道新闻的报道手法。随后 SJN 对该报的教育专线记者进行了更为具体的培训，而这些记者将直接参与筹建项目"教育实验室"。除了培训外，SJN 还为《西雅图时报》提供具体的人员支持与指导，在"教育实验室"创办之初，为了带领该项目走上"轨道"，2013 年秋天 SJN 指派教育记者派格·泰尔

（Peg Tyre）参与到"教育实验室"创办工作中去。在最初的六个月，派格·泰尔每隔几周给《西雅图时报》的记者和编辑们打电话，协助他们制定报道策略和改进叙事技巧。而随着《西雅图时报》的记者对解决方案报道逐渐得心应手之后，SJN 也渐渐地不再为该报实际的新闻报道提供建议。这是因为 SJN 更专注于社区参与，以衡量"教育实验室"的影响，并在解决之道新闻课程中教育其他记者（特别是教育记者）。随后，SJN 将《西雅图时报》"学员"（记者）的视频、录音、故事等信息制作成"方案新闻"在线工具包，以供其他报纸学习。同时 SJN 计划 2015 年 9 月举行一场活动，将美国各地的 25 名教育记者聚集在一起，学习借鉴《西雅图时报》的报道经验，帮助他们制定解决之道新闻报道策略。①

综上所述，《西雅图时报》解决之道新闻项目的编辑部成员均具备一定的专业背景及工作经历，且均受过良好的教育，毕业于加州大学伯克利分校、佐治亚大学、华盛顿大学等高等学府，具备高等教育的学历。因此，良好的教育程度、过硬的专业素质及丰富的从业经验，再加上合理的分工及与 SJN 的深入合作，这些对于该报打造强有力的编辑团队大有裨益。

2. 运营模式与资金来源

"数字订阅"、"在线广告"与"基金赞助"是该报解决之道新闻项目的三大营收来源。与《纽约时报》的"付费墙"类似，《西雅图时报》实行限量免费的有偿订阅模式。点击进各项目主页，皆会弹出邮箱注册会员，接收本栏目资讯的告知弹窗。而在阅读完限定"额度"的新闻资讯后，需要付费方能阅读，共有三种付费"套餐"可选，分别是"不限次数的电子版阅读入口权""数字化阅读＋周日配送（纸质报纸）""数字化阅读＋七天配送（纸质报纸）"，为了鼓励用户购买，该报采用"试用

---

① Joseph Lichterman. 2014. "Solutions in Seattle: A partnership has helped The Seattle Times rethink its education coverage." Accessed November. http://www.niemanlab.org/2014/11/solutions – in – seattle – a – partnership – has – helped – the – seattle – times – rethink – its – education – coverage/.

期优惠"政策，在试用期内订阅费用依次分别是 1 美元 4 周、1 美元 5 周、每周 3 美元，为期 5 周。过了试用期后，前两种套餐费用均为每周 4.99 美元，第三种套餐为每周 8.70 美元。这三种"套餐"皆被授予不受限制地访问该报 PC 端、移动端及 iOS 应用程序的权利。除了用户的"订阅"外，在线广告也是该报建设性新闻项目的重要来源。无论是各项目主页还是各个专题、新闻阅读界面均设有 1~2 网幅广告（Banner），用户点击即可了解详情。除了传统静态的网幅广告外，在具体的新闻页面上设有"富媒体广告"，以视频或交互的方式播放广告资讯，信息量大，受众甚至不需要点击该页面及链接，视频内容便可自动播放。例如在《应（学生）需求高涨，校园集市为华盛顿州温哥华市（贫困学生）提供帮助，其他城市也注意到这一点》的页面中段，安置了一个关于"东京旅行社"的富媒体广告，该广告由诸多画面组合而成，不需用户点击便可自动播放。除了商业广告外，该报还有一些公益广告，例如在"教育实验室"项目主页中段设有一小窗口，上面写有抚育孩童的各种实用性的建议，以供读者参考。

此外，基金赞助也是该项目运作的一大来源。基金会的资助对于《西雅图时报》来说并不新鲜，在过去四年中，该报便已接受数项基金的资助，用于支付公共服务新闻的开支。早在 1994 年，皮尤基金会（Pew Foundation）就资助了一项名为"前廊论坛"（Front Porch Forum）的创新项目，鼓励公民参与重要的公民问题。项目"教育实验室"获得了 53 万美元的基金会资助，其中 45 万美元来自盖茨基金会（Gates foundation），其中大部分钱被用来雇用两名新记者，还聘请了一名社区参与编辑，并为该项目指派了一名编辑和一名摄影师。8 万美元来自支持新闻卓越和媒体创新的奈特基金会（Knight foundation）。项目"交通实验室"则由一众社区赞助商资助，它们分别是阿拉斯加航空公司（Alaska Airlines）、世纪链（CenturyLink）、卡珀儿发展公司（Kemper Development Co）、PEMCO 互助保险公司（PEMCO Mutual Insurance Company）、赛贝公司（Sabey Corp）、西雅图儿童医院和米歇尔葡萄酒庄园（Ste. Michelle Wine Estates）。项目"无家可归者"与"交通实验室"相似，也受到众多基金会的鼎力相助，它们分别是波音职工信贷联盟（Boeing Employees Credit Union）、比尔和梅林达·盖茨基金会（Bill & Melinda Gates Foundation）、坎皮恩基金会（Campion Foundation）、保罗·G. 艾伦家庭基金会（Paul G. Allen Family Foundation）、莱克斯基金会（Raikes Foundation）、舒尔茨家庭基金会（Schultz Family Foundation）、西雅图基金会（Seattle Foundation）、西雅图水手队（Seattle Mariners）和星巴克（Starbucks）。

对于领取各赞助商的"补贴"，是否会影响《西雅图时报》报道的独立性问题，该报"教育实验室"回应道，"基金会在决定我们选择讲述哪些新闻或如何报道这些新闻方面没有任何作用。在出版之前，它也不审查这些新闻"。但是鉴于盖茨基金会在教育领域的诸多行动，例如花费超过2亿美元在全国推广共同核心标准等诸如此类的事件，使得有人质疑"教育实验室"的报道是否受到基金会的影响。一位受访者表示："盖茨基金会直接或间接承销每日报纸新闻，损害了《西雅图时报》作为新闻来源的可信度，这或许是致命的"。对此，前执行编辑，现任坦普尔传媒学院院长（Temple's School of Media and Communication）大卫·博德曼（David Boardman）进行了解释，"盖茨基金会是西雅图的一个重要机构，作为西雅图的报纸，这对我们来说有点棘手，而我们对该基金会（之所以）进行积极的报道，是因为盖茨基金会对许多教育政策问题有着与众不同的观点"。此外，对于如何解决这一"冲突"，博德曼认为，通过客观报道盖茨基金会，"可以把这两条路径合二为一，这既能为盖茨提供一个潜在的利益领域，也能为盖茨提供一个机会，而其所倡导的一些具体政策问题将与之脱节（从而保持独立立场），因此，对我们这份报纸来说，这将是一种更合乎（职业）道德的做法"。①

---

① Joseph Lichterman. 2014. "Solutions in Seattle：A Partnership has Helped The Seattle Times Rethink Its Education Coverage. " Accessed November. http：//www. niemanlab. org/2014/ 11/solutions－in－seattle－a－partnership－has－helped－the－seattle－times－rethink－its－ education－coverage/.

（五）问题与思考

《西雅图时报》作为解决之道新闻项目的重要"实验基地"，对"教育""交通""无家可归"等重大社会问题进行了积极的探索，取得了良好的社会反响。但是仍有一些问题值得思考。首先，从报道议题来看，集中于"教育""交通""无家可归"这三个议题。这一方面有利于引起民众的重点关注，从而促进相关问题的解决；但另一方面，无形中"忽略"了其他可能更为急迫解决的社会议题。其次，从报道趋向来看，与商业利益群体的界限是否明晰及报道的独立性，仍有待考证。例如对于"盖茨基金会"教育方面的报道，就引起受众的质疑。再次，从新闻的制作技巧来看，该专栏大多数报道以文字报道为主，交互式报道有所采用，基本做到图文并茂，但视频较少，不够形象直观。最后，线下活动延伸拓展的不够充分，除项目"教育实验室"通过与市政厅合作举办"点燃教育实验室"外，其他建设性新闻项目均无相关线下活动。而线上活动传播也有所缺位。"教育实验室""交通实验室""无家可归者"只在 Twitter 上有官方账号，三者均无 Facebook 官方账号；而 Facebook 无论从用户数还是影响力而言在社交媒体领域都举足轻重，没有直接的官方账号，不仅不利于相关项目资讯的同步报道，更不利于读者粉丝群的创建与维护。

因此，在保持既有优势的前提下，丰富报道议题，报道过程中保持与商业利益集团的距离，在严谨客观基础上丰富讯息表达方式，增添新闻趣味性，以及拓展线下活动的范围，维护好线上传播渠道，尤须"镇守"好各主流社交媒体平台阵地，是今后《西雅图时报》解决之道新闻项目发展之道。

十三 │ 《波士顿环球报》：
专注于教育问题

　　《波士顿环球报》的解决之道新闻栏目代表"学习曲线"专注于公立学校的教育问题，探寻可能的解决方案，这与《西雅图时报》的"同款"方案项目"教育实验室"的关注点相似，但不同之处在于《西雅图时报》除教育外，还关注交通、无家可归等社会问题，如同一家小型便利店一般，品类丰富；而《波士顿环球报》解决之道新闻栏目关注点"专一"，更像是一家专卖店，仅聚焦"教育"这个公共产品，意图通过媒体的"聚光灯"发现并解决问题。

（一）发展历程与现状

　　创刊于 1872 年的《波士顿环球报》（The Boston Global）作为马萨诸塞州波士顿最古老且最大的日报，位居美国 25 大报纸之列，截至 2016 年总共赢得了 26 项普利策奖，以批评报道著称，例如该报 2001～2003 年对罗马天主教会性虐待丑闻报道引发国际媒体的关注，2015 年以此为蓝本改编成电影"聚焦"。

　　《波士顿环球报》的解决之道新闻栏目为"学习曲线"，2015 年 3 月该报与解决之道新闻网（SJN）合作创办的栏目，目前由内莉·梅（Nellie Mae）教育基金会资助。《波士顿环球报》为解决马萨诸塞州公立学校每天都会出现的各种社会、情感和文化问题，进行为期一年的调查，研究各种可行的方案。该项目旨在以教育工作者、学生和其他相关方的视角来探寻可能的解决方案，同时对其进行分析研究，并希望这个项目能够吸引读者和学校相关人员的注意，从而产生更富建设性的公众言论而不是产生分歧。最终，做出更明智的公共政策决策和建立更富创新的校园体系，从而确保所有学生都能享受高质量的教育。[①]

（二）新闻产制

《波士顿环球报》的解决之道新闻栏目名为"学习曲线"（learning curve）。"学习曲线"最早由德国心理学家赫尔曼·艾宾浩斯（Hermann Ebbinghaus）于 1885 年提出，在英文中的最早使用始于埃德加·詹姆斯·斯威夫特（Edgar James Swift）的《学习心理学和生理学研究》（Studies in the Psychology and Physiology of Learning）。该词描绘了经验与效率之间的关系，若用坐标图来表示，横轴（X 轴）为学习时间或经验（练习次数或产量），纵轴（Y 轴）为学习效果（单位产品所耗时间），这样绘制出的一条曲线，就是学习曲线，指的是越是经常地执行一项任务，每次所需的时间就越少。目前"学习曲线"作为一种衡量生产效率、预测成本的方法被广泛使用。由此，从命名可以看出该报对此栏目的期许，"找出学生困扰的原因，通过一次次报道与方案探寻，优化学习效果"，正如其标语所展示的那样"深入地审视每天在公立学校里出现的一系列问题"，探寻最佳解决方案。

1. 报道理念

《波士顿环球报》的编辑们将解决之道新闻（建设性新闻）视为一种

---

① Boston Globe. 2015. "Q&A on Globe series, Learning Curve." Accessed September 11. https：//www. bostonglobe. com/news/special – reports/2015/09/11/globe – series – learning – curve/lyBEnldvzatLIeMgKmeEdO/story. html.

重要的工具或手段，通过"建设性的视角"及"方案"的融入较"看门狗"新闻（监督调查报告）更有利于履行公共服务的承诺，并促使公权力及机构担负起相应职责与使命。正如在"关于学习曲线栏目的问题与解答"一文中，该报对"《波士顿环球报》不是已经有过类似的报道了吗？（言外之意：为何还要另设栏目）"回应道，"的确，《波士顿环球报》几十年来一直在做类似的报道。但是，在 SJN 的帮助下，本报努力探寻能以新鲜的方式重新框定问题并应对挑战"。因此，该报的报道理念某种程度上可以看作"看门狗"（watchdog）与"方案新闻"的结合体，即以批判性视角保持清醒的头脑，致力于调查并阐释社会问题的可信回应。镜头对准人们探寻解决方案的事例，不仅聚焦于可能奏效的方案，而且基于确凿的证据——为什么它似乎奏效或者为什么它可能会出现问题。如果这一点上处置得当，这些报道将为社区更好地处理重要问题提供宝贵洞见。《波士顿环球报》认为解决之道新闻不是倡导或提出特定的模型、组织或想法，该报声称不会在新闻页面上推荐一种或是另一种教育解决方案。报纸应该做的是批判性地研究潜在的解决方案，这些方案可以提供真知灼见，改变人们看待本地区教育挑战的方式。

2. 主要议题及构成

"学习曲线"的议题主要围绕"公立教育"存在问题展开，相关文章共有 12 篇，其中 8 篇新闻位于主页面左方是该栏目的核心内容，每条新闻标题左边配有图片，4 篇延伸阅读文章位于页面中部下方，12 篇文章均贴有"学习曲线"标签。在该区域的下方有篇文章标有"交互式地图"标签，是篇视觉新闻，描绘"波士顿公立学校的国际结构"；而在其下方还有两个板块，分别是"关于该系列报道的问题与答案"及"与学习曲线的主创团队见面"，分别介绍了该项目意图及策划报道人员。栏目主页面中部是 6 篇"关于教育领域的最新资讯"；页面右部是对于该项目的详细介绍。具体内容见附表 13 - 1。

栏目"学习曲线"的议题立足于马萨诸塞州的公立教育难点、热点问题，如基础配备、资金问题与教育资助、教育平等、日常教学及文化差异（教育歧视）等议题。正如《波士顿环球报》在"关于学习曲线栏目的问题与解答"一文中所回应的那样，"我们将开展为期一年的调查，以寻找有前途的做法，解决马萨诸塞州公立学校每天都在上演的各种社会、情感和文化问题，除此之外，这些问题可能会影响课堂成绩"。

3. 报道结构与风格

"学习曲线"栏目文章延续了该报一贯的调查报道传统，以深度的调查、严谨的科学研究为支撑进行分析报道。以"学习曲线"头条新闻《在经济全球化过程中，马萨诸塞州外语教学却存在明显滞后》为例，分析该报方案新闻的报道结构及风格。首先，文章标题抛出问题，点明主旨——马萨诸塞州外语教学滞后于经济全球化，在标题的下方配有一张"一名学生在帕克城麦克道林小学的语言浸入式课程中用西班牙语写作"的照片映衬主题。

其次，在正文中，以具象化的细节描述开头，"犹他州帕克城在崎岖的山丘上散布着大量融雪，学生们将用法语学习化学元素周期表和其他科学课程。在城市的另一边，一年级学生学习如何用西班牙语讲述时间"，随后引出"双语教学"目前存在的问题与困境，即起步晚，"外语教学通常从高中开始"；数量少且教学内容落伍，"只有大约三十所马萨诸塞州的学校在波士顿、剑桥和伍斯特等城市地区以及米尔顿和霍利斯顿等少数社区提供双语课程。许多课程可以追溯到20世纪70年代或80年代"；与州法律规定的冲突，"2002年的一项州法律强调用英语教授所有科目，这使得教育工作者对于更多的双语课程是否能够实际启动感到困惑"。同时，以研究报告力陈双语教学的益处，即更强的信息认知及问题解决能力，"双语学生可以更快地回忆信息并解决问题，从而可能重塑他们认知发展的过程"，并可解决马萨诸塞州的另一个大问题：填补母语为英语的学生和移民学生之间顽固的成绩鸿沟，后者往往标准化考试成绩垫底，高中毕业率低。随后讲述了犹他州双语教学推广的现状与所获的资金支持，以此为参照，对比马萨诸塞州双语教学进展的"不温不火"。概而言之，该篇文章的报道采用了研究报告加案例分析的方式，以小见大，与一般的方案新闻不同的是该文没有明确的"解决方案"，而是将问题与挑战蕴于报道之中，留给读者去想象和探索。例如文中提及双语教学挑战是教授外语的老师只能在课堂上讲述该语言，这使得对该语言不够熟悉的学生无法谈论他们生活中发生的事情，造成双方交流的障碍。随后提到双语教师缺乏的事实及犹他州的应对——从法国、西班牙和其他国家招聘了许多三年工作签证的教师，"事实证明，该计划非常成功，以至于该州正试图与联邦政府合作，让这些教师能够待得更久"。通过以上事实的罗列，将方案蕴含于问题与经验之中：营造外语氛围，与此同时，扩充双语教师队伍，寻求政府支持，提供制度保障。

与之相类似，该版面刊登的最新的一则教育报道《从监狱到大学：（大学）联盟让囚犯处于一个积极的"管道"中》也采用同样研究报告＋案例的手法。该篇报道与"双语教学"那篇报道不同在于标题即点明对于社会再教育问题的解决方案——通过大学联盟的方式，让囚犯接受大学教育，为重返社会创造条件；开头同样是具象化的人物细节，"监狱以他从未预料到的方式改变了 Jose Bou 的生活。在为贩毒活动服刑 12 年期间，Bou 通过针对被监禁学生的特别计划获得了波士顿大学的学士学位。自七年前获释以来，Bou 已成为一名社区大学教授，并成为其他陷入惩教系统的人的导师"。之后以点带面提到囚犯大学教育的进展，"像 Bou 这样的囚犯在马萨诸塞州很少见；高级教育学位课程长期以来只适用于少数惩教机构中的少数囚犯。现在，即将改变：一个由十几所马萨诸塞州大学组成的新联盟计划帮助全州更多囚犯有机会获得大学学位"。文中援引兰德公司 2013 年及 2014 年的两项研究报告数据，论述对囚犯教授大学课程的益处，"参加高等教育课程的囚犯返回监狱的可能性比没有参加的囚犯低43%。巴德监狱计划为纽约州的数百名囚犯带来大学课程，报告的结果更加引人注目：被监禁的学生的再犯率为 4%，而一般囚犯的再犯率为60%"，"每投入 1 美元的监狱教育，使得再次逮捕率下降，政府节省了 4 ～

5 美元与监禁相关的费用"。除了数据的支撑外，Jose Bou 作为典范的榜样力量同样具有说服力，举例论证大学教育对于囚犯惩教的重要性，正如他本人所言，"学位使他无法考虑重新犯罪"。同时，对于开展监狱大学教育的细节问题，如审判或服刑期短的囚徒若在监狱没读完学位怎么办，该文提出了解决方案与指导性意见，"如果学生在获得学位之前没有完成学业，继续学习将成为他们的出狱计划的一部分。在逗留期间，他们将获得许多与校园学生相同的资源，包括职业服务和指导"。总而言之，"学习曲线"栏目通过具体事例与数据的双管齐下，或将解决方案寓于问题之中，或明确提出解决方案。

4. 新闻来源与制作技巧

《波士顿环球报》"学习曲线"栏目风格给人以准确、客观、平衡的形象。在新闻来源方面，除事件利益攸关方如事件影响者、方案实施方等"唱主场"外，注重将第三方如政府、公众、专家观点吸纳进报道过程中，与此同时，援引权威性的报告及其最新数据，以提升准确性、可信度与说服力。以"外语教学滞后"那篇文章为例，该文除了"帕克城学校"这个事件相关方外，还援引了"共和党参议员霍华德斯蒂芬森"这个政府官员以及"犹他州教育办公室双语浸入式专家格雷格罗伯茨"等人的观点。而各种研究报告更是以超链接的形式被以蓝色字体嵌入文字报道中。例如在"在全国范围内，印第安纳州和特拉华州等州已经加大了提供双重沉浸的力度，而路易斯安那州在国家标准化测试中排名靠后"该处，对于"靠后"（near the bottom）做了蓝色标识，点击进入便可看到，"2015 年路易斯安那州四年级和八年级全国教育进展评估（NAEP）：阅读和数学"文档报告，里面有各州的排名数据、2013～2015 年全国及路易斯安那州的变化数据、低收入家庭及非裔美国人在全国及路易斯安那州的表现对比数据；同样，"犹他州对每个学生支出排名最后"该处，"最后"也做了蓝色标识，点击可超链接到《盐湖论坛报》的一则报道"我们排在第 51 位：犹他州在每个学生的花费上再次垫底"；对于将"语言被视为障碍……为学生制造混乱"这种误解，也超链接了"美国国家医学图书馆、国立卫生研究院"的研究论文《幼儿的双语经验和执行功能》（Bilingual Experience and Executive Functioning in Young Children），基于此，得出结论：双语儿童往往比单语儿童有更快的工作记忆，因为他们经常需要回忆不同语言的信息。

同样，在"囚犯再教育"那篇文章中也采用同样的手法，除了 Jose Bou 这个当事人外，哈佛大学社会学和公共政策教授 Devah Pager、教育司法研究所联合主任卡罗尔卡弗蒂、监狱大学教育的支持者的观点悉数在列。文中诸处也有超链接，可点击到"波士顿大学监狱教育计划"的介绍页面，可超链接到相关研究的学术论文《复苏：2020 年的就业和教育需求预测》，以及相应的研究报告《评估惩教教育的成效：一项为被监禁成人提供教育项目的元分析》《惩教教育的成效如何？我们将何去何从？综合评价的结果》。"学习曲线"专栏的页面设计简洁明了，主页分为左中右三个区域，共 12 篇专栏文章，6 篇最新资讯。具体每篇新闻的界面也是颇为简洁朴素，大字标题、文字报道加上 2 ~ 5 张新闻配图，贯穿整个页面。此外，除了文字新闻外，图片式报道与交互式地图也颇为"吸睛"。在《波士顿环球报》第一篇报道《大图景：寻求文化连接》中，除了导语是一大段文字外，其他部分均采用图片加一小行文字说明的方式进行报道，故事的梗概是波士顿英文教师埃克斯特罗姆（Eckstrom）试图了解他的海地学生去他们的祖国旅行，以 21 张图像的形式串联起来，展示了海地学生日常生活及周遭的生活、文化环境。这些"场景"分别有神学院学生毕业照、学生参加考试、教室课桌、Eckstrom 上网、海地渔民修网、海地遛马娃、共同分享椰子、电脑课、Eckstrom 上班准备、渔民捞起渔网、亲友观看毕业典礼、教授英语课、妇女穿过 L'Asile 郊区干涸的河床、Eckstrom 骑车去上课、Eckstrom 为学生朗读、男孩抛狗、Eckstrom 购买书籍、Eckstrom 课堂准备、船舶停留海面中央、Eckstrom 倾听学生心声、家人对谈。在"寻求文化连接"这篇图片报道之后，该报对于"文化隔阂"问题进行了深入报道，具体体现在《椰子树下的教训》，该文对教师埃克斯特罗姆的海地之行的亲身经历与所思所想进行详细描绘，可看作对上篇报道的延续。而在名为《波士顿公立学校的国际结构》的互动地图里标明了前六名原籍国学生在波士顿公立学校（BPS）的人数分布图，并且以大小圆表示人数的多寡，一目了然。

（三）传播模式

《波士顿环球报》一向注重对新媒体技术的应用，积极推进讯息的多渠道传播，构建纸质版、网页版和移动版以及社交媒体等多元传播平台，拓展覆盖范围，谋求转型发展。

1. 传播策略与平台

《波士顿环球报》的解困新闻栏目"学习曲线"的传播策略，一言以蔽之即"立足本地，多元传播"。该报作为一家地方报纸，立足于美国东北部新英格兰地区，以本地资讯为主。"学习曲线"专栏也同样如此，以马萨诸塞州公立教育问题为核心，不论是基础教育、高等教育，乃至社会再教育，例如关于"监狱创办大学课程授予学位"那篇文章描述的是波士顿大学的监狱再教育计划。如果说吸引本土受众的注意力使得该栏目"站稳了脚跟"，那么多元传播则是扩大栏目影响力的关键所在。在"学习曲线"栏目主页底端专门辟有"社交"渠道，包含 Facebook、Twitter、谷歌＋这三个主流社交媒体，点击便可进入《波士顿环球报》在该平台的官方账号界面。而在每篇新闻中，主标题下方从左到右分别是"邮件""Facebook""Twitter""谷歌＋""照片分享"（Instagram），方便读者分享到相应的社交媒体平台。

此外，该报还与政府组织、非营利团体等机构合作，扩展新闻的分发渠道。例如在诸多新闻报道文本中均内嵌有超链接，可直接链接到该机构的主页，与之相对应，通过某些机构主页查询也可找到《波士顿环球报》的有关报道。例如在《Facebook 的创建者及其妻子受到多尔切斯特学校的启发》该篇文章中，重点提到了"美国教育、卫生和公共服务部（Department of Education and Health and Human Services）发布了提高学生福祉的新指南，提议建立更多以学校为基础的医疗诊所，或与非营利社区医院建立合作关系"，在"新指南"处设置了超链接，点击便可进入美国教育部的官方平台，主页便显示着"健康的学生，充满希望的未来"，文中具体列明了改善在校生健康方面，州和地方政府行动步骤和做法。在解决之道新闻网（SJN）中搜索《波士顿环球报》也可找到相关报道，如2018 年 7 月 7 日该报的最新报道《为肯尼亚难民提供教育的希望之光》便赫然在列。同时在 Twitter 等社交媒体平台，SJN 与相关机构、个人也对《波士顿环球报》的"学习曲线"进行推文介绍与新闻推送。例如，首先，K－12 教育领域的作家、演说家、战略沟通顾问克里斯·霍兰（Chris Horan）于 2015 年 9 月 13 日发推文表示非常欣喜看到《波士顿环球报》推出最佳教育实践栏目"学习曲线"系列，为该栏目造势。随后，马萨诸塞州的非营利组织"儿童学校"于 2015 年 9 月 14 日发推文介绍"学习曲线"栏目的团队；而在 2015 年 9 月 18 日 SJN 对该报的"学习曲线"栏目做了如下介绍，"关于《波士顿环球报》新系列的问答：该报采用解决之道新闻的写作手法对公共教育问题进行报道，敬请关注'学习曲线'"，三者均附有"学习曲线"栏目的官方链接，方便读者点击以深入了解。

2. 用户反馈

对于《波士顿环球报》的解决之道新闻项目"学习曲线"社会各界给予了较为积极的回应。例如对《Facebook 的创建者及其妻子受到多尔切斯特学校的启发》该篇文章受到非营利组织"真正为了教育"（True Teaching）、记者 Maria Sacchetti、自媒体人 Jeremy C. Fox、波士顿大学医学院助理教授 S. Broder 等人的推文转发，并对社区教育与医疗相结合这种"学校诊所"模式表示赞赏。"学习曲线"的报道记者詹姆斯·瓦兹尼斯（James Vaznis）的 Twitter 主页上转推的相关资讯也获得了较高的转发量与评论量。但是，由于该报严格"付费墙"制度的"屏蔽"效应（每个 IP 只有 2 篇免费文章可看），使得该报的阅读量不大，阻碍了"学习曲线"栏目的扩散，无形中削减了栏目影响力。正如自由职业教育作家亚历山大·鲁索（Alexander Russo）所言，"解决之道新闻并不是媒体报道学校的灵丹妙药，在非营利资助者的推动下扩大新闻团队并不能保证一切顺利。《波士顿环球报》的'付费墙'特别严格，所以像我这样的人很难喜欢这个网站"。

（四）运营状况

《波士顿环球报》作为一家老牌纸质媒体，在波士顿发行量最大，但是近年来由于该报的广告业务及发行量的急剧下滑，导致报社业务萎缩，其市值大幅缩水，据统计，截至 2017 年该报印刷版日发行量仅 47 万份且该报位于波士顿市南部的多切斯特印刷厂于 2017 年 6 月底关闭并由于经营状况不佳，已经转换了几任老板①。目前来看，该报主要依靠数字订阅与基金赞助维持日常运营。

1. 人员构成

据《波士顿环球报》的官网介绍，"学习曲线"栏目的主创团队有 5 人，团队成员各有专长，分工明确，具体成员如下：资深记者詹姆斯·瓦兹尼斯（James Vaznis），自 2002 年加入《波士顿环球报》以来，专事报道 K－12 教育，之前报道犯罪、高等教育、郊区问题和新罕布什尔州（New Hampshire）②。多媒体记者司高特·拉皮尔（Scott LaPierre），专长

---

① 中国新闻出版广电网，2017，《〈波士顿环球报〉印刷厂将关闭》，http://data.chinaxwcb.com/epaper2017/epaper/d6528/D07/201706/78754.html，最后访问日期：2017 年 6 月 19 日。

② 新罕布什尔州在美国东北部的新英格兰地区。南与马萨诸塞州接壤，西与佛蒙特州接壤，东与缅因州和大西洋接壤，北与加拿大魁北克省接壤。新罕布什尔是美国面积第 5 小、人口第 10 少的州，https://de.wikipedia.org/wiki/New_ Hampshire。

于视频制作，自 2004 年加入该报以来，他的作品已经获得了 8 项新英格兰艾美奖和诸多国家奖项。图形艺术家帕特里克·加尔文（Patrick Garvin）于 2010 年加入《波士顿环球报》，此前，他在佛罗里达州杰克逊维尔市的佛罗里达时代工会以及南卡罗来纳州默特尔海滩（Myrtle Beach）的《太阳报》（Sun News）工作。资深摄影师基思·贝德福德（Keith Bedford）2015 年 5 月加入该报，在过去 16 年里，他一直是路透社、《纽约时报》和《华尔街日报》的自由撰稿人。在此之前，他是新泽西州《特伦顿时报》的专职摄影师。资深教育编辑罗伊·格林（Roy Greene），在该报工作截至 2015 年已有 8 个年头，他还是该报的外国副主编，曾在北卡罗来纳州罗利的《新闻观察报》以及《柬埔寨日报》（The Cambodia Daily）工作。另外，据自由职业教育作家亚历山大·鲁索（Alexander Russo）介绍，除以上 5 名成员外，还有 2 名记者，分别是杰里米·C. 福克斯（Jeremy C. Fox）与劳拉·克兰茨（Laura Krantz）。前者自 2015 年 4 月起报道该栏目教育新闻，同时还擅长于政治、城市经济方面报道，在《华盛顿时报》《多伦多星报》《西雅图时报》《开放民主》《南非时报》《监察》《芝加哥十字军》等报工作；后者负责《波士顿环球报》高等教育板块新闻，在《佛蒙特挖掘者》（佛蒙特州的报纸，专事调查性报道，致力于追求真相）以及在弗雷明汉的《都市西部日报》（Metro West Daily News）工作过。

综上所述，"学习曲线"栏目的团队成员专业素养较高，均具备一定年限的工作经历，团队构成合理，编辑、文字记者、多媒体记者、摄影记者一应俱全，再加上教育领域丰富的从业经验及解决方案网络 SJN 的合作，有利于该报解决之道新闻项目的顺利开展。

2. 运营模式与资金来源

数字订阅与基金赞助是支撑"学习曲线"栏目的两大支柱。《波士顿环球报》实行非常严格的"付费墙"政策，该政策自 2011 年起开始实施，以最忠实的普通网络读者为目标（与之相对应，以广告为支撑的免

者获得全局式的了解，同时，由于栏目后续报道更新缓慢，加之寥寥无几的报道数量，这些均不利于建立并维护稳定的读者群。其次，从该栏目的议题选择来看，集中于基础配备、资金、教育资助、教育平等、日常教学及文化差异（教育歧视）等议题。从议题的多元性角度来看，未免显得有些单调，且集中于某些议题的报道，无形中意味着"忽略"了其他可能更为急迫解决的教育议题。第三，从报道数量及制作技巧来看，该专栏只有 18 篇报道，从数量来看，有些稀少，且绝大多数是文字报道，图片报道、交互式报道有所采用，但视频仍较少，不够形象直观。第四，线下活动延伸拓展基本没有，线上传播的覆盖面及影响力也不大。"学习曲线"在各大社交媒体平台如谷歌＋、Facebook、Twitter、Instagram 等均无官方账号，在如今"无新闻不社交"的数字时代，意味着失去与用户直接交流、互动的机会，不仅不利于粉丝维护，更不利于扩大栏目的影响力。第五，在运营方面"死守"严格的"付费墙"，促使用户进行订阅，虽带来一定数量数字订阅收入，但从长期来看，造成"散户"的流失，不利于扩大栏目的覆盖面，而依靠基金赞助也没能补足资金的缺口，说明该栏目的运营策略需要进行相应的调整。因此，要盘活"学习曲线"这盘棋，不仅需要多元的议题报道，还需加强社交媒体的传播与用户维护，实行多元运营策略。

附表 13-1　《波士顿环球报》"学习曲线"所有分集议题

所属专题	文章标题	主要议题
学习曲线	在经济全球化过程中,马萨诸塞州外语教学却存在明显滞后	(外语)教学质量
	芬威高中"测试厨房"烹饪区菜单变化	教育配备设施及供给
	在华盛顿,父母的参与发生了根本性的转变	家庭与学校教育
	起步较晚的学生会有更强自我意识	基础教育
	Facebook 的创建者及其妻子受到多尔切斯特学校的启发	教育资助
	丹佛的统一化的学校招生可能会给波士顿提供经验教训	招生制度
	马萨诸塞州的学校关注幸福	学生心理健康
	煮熟,冷冻,卡车运输:纽约工厂生产波士顿学校午餐	教育配备设施及供给
	"早期大学"为高中取得成就提供机会	升学
	乐观,英语高中的考试成绩在上升	日常教学
	椰子树下的教训	文化差异(教育歧视)
	大图景:寻找文化联系	文化差异(教育歧视)
最新教育新闻	从监狱到大学:(大学)联盟让囚犯处于一个积极的"管道"中	社会再教育
	VIP 休息室与骑自行车的乔纳森·沃特斯	资金筹集
	萨默维尔大学获得拨款,为高危学生改造学校	教育资助
	选举出来的学校委员会? 太老派了	教育体制
	从社区大学转学现在容易多了	社区教育
	女童子军将探索科学前沿	教学探索

十四 | 美国其他媒体的建设性新闻 实践：ATTN：、Yes！、IVOH

除《赫芬顿邮报》《纽约时报》《西雅图时报》等美国主流媒体报道以解决方案为导向的新闻外，一些非主流媒体如"ATTN："与"Yes！"也尝试引入解决之道新闻（Solutions Journalism）理念且各具特色，"希望之影像与声音"（IVOH）的新闻实践则体现在恢复性叙事（Restorative Narrative）新闻方面。

（一）解决之道新闻实践

1. ATTN：

"ATTN："是美国的移动端新闻网站，由美国社会企业家马修·西格尔（Matthew Segal）和杰瑞特·莫雷诺（Jarrett Moreno）于 2014 年创立，该公司为营利性企业，致力于将复杂问题转化为简短有说服力的内容，改变千禧一代群体对于政治的严肃态度，从社交媒体受众的视角来分析世界。2017 年 ATTN：荣获两个奖项，分别为最佳用户生成内容的 Knotch Supernormal 奖与全球最佳品牌内容的 Golden Gnome 奖①。ATTN：得到社

---

① ATTN：. 2017. "ATTN：Receives Two Knotch Supernormal Awards at AdWeek." Accessed September 28. https：//www.attn.com/blog/18880/attn－receives－two－knotch－supernormal－awards－adweek.

会认可这并非偶然，主要在于其新闻报道独具特色。ATTN：围绕年青一代青睐的社交媒体，利用其社交属性，以短视频为新闻内容承载方式，提供主流新闻媒体忽略的内容议题，为年轻用户带来震撼人心的故事。同时，随着视频制作门槛逐渐降低，短视频已经成为新闻业发展的趋势，而短视频也更加符合新生代的媒介使用偏好，而 ATTN：将受众定位于千禧一代，因此受众对于短视频的青睐也就不言而喻。

究竟什么样的建设性新闻适合用短视频来表达？ATTN：如何将二者融为一体？我们对官方网站推出致力于解决问题的系列短视频节目进行了梳理（见表 14－1），从中寻找适合用短视频形式表达的解决之道及新闻特点。短视频"短、平、快"的特点决定了其呈现内容时在时间与空间上存在局限性，而如何在有限的时空中抓住用户的注意力来实现正面传播效应？下文以该媒体在这类原创短视频新闻的内容生产与传播策略方面的做法来分析其解决之道新闻特色。

表 14－1　ATTN：建设性新闻栏目内容概览

栏目名称	内容议题	内容形式	传播平台
美国对战（America Versus）	政治、社会、文化	原创	Facebook
如果是你会怎么做（What If）	环保、教育	原创	Facebook
你的食物来源（Your Food's Roots）	健康、食品	原创	Facebook
相约于此（Here's the Deal）	政治	原创	IGTV，Instagram，Facebook，Twitter，YouTube
无法分割的 ATTN：（Undivided ATTN：）	健康、政治、性别、气候	原创	Facebook Watch
在美国寻找家园（Finding Home in America）	住房	原创	Facebook

资料来源：2019 年 6 月 ATTN：官方网站信息。

（1）内容生产特色：创新报道形式

ATTN：以年轻人为目标群体，因此在报道政治、经济、环境、教育、社会等议题新闻时不仅方案意识凸显，更具创新思维，报道形式新颖，以下以 ATTN：的特色节目为案例来分析该媒体的解决之道新闻报道特点。

①《在美国寻找家园》：真人视频＋采访＋动画

《在美国寻找家园》是 ATTN：与美国房地产数据库公司 Zillow 于 2019 年 2 月共同推出的涉及美国民众当前面临住房问题的原创系列纪录片，由前白宫战略顾问 Carri Twigg 主持，每一集围绕一个住房相关问题并探索相应的解决方案，赋予观众通过住房改变生活的能力。该节目采用以小见大的报道方式，通过现实生活中人们为实现其美国梦的视角来审视每一个问题[①]。例如在该节目第一集中，透过科罗拉多州被拒绝提供住房的一对同性伴侣的视角探讨美国的 LGBTQ 住房歧视问题。在该节目中，有明确的问题路径，以真人视频、采访与动画等融合形式来分析问题的来龙去脉并尝试探索解决方案，如在讲述遭受歧视的经历时将其生活场景视频穿插其中，同时主持人 Twigg 采访律师，从而权威解读旨在保护人们免受住房歧视的"公平住房法"，从法律层面来剖析 LGBTQ 住房歧视的根源所在，以动画形式来辅助说明该法律存在缺陷及当前问题归属于人权问题，最后阐释拟议"平等法"等新联邦立法的必要性，以实现保护性取向及性别认同。该节目以创新报道形式吸引用户注意力，在 Facebook 上播放完整版，Instagram 发布简版，以内容与年轻群体建立"强连接"。

②《美国对战》：对比手法

《美国对战》是 ATTN：于 2016 年推出的原创视频形式，该系列短视频采用对比手法，将美国的政策与世界各国政策进行比较，为人们呈现世界各地对于常见问题的解决方案，进而探索美国可以向其他国家学习的公共政策，正如 ATTN：联合创始人兼主编马修·西格尔所言："我们希望通过这种形式提高对其他国家有效公共政策的认知，也希望推动国内政策

---

① ATTN：. 2019. "ATTN：and Zillow Launch New Series 'Finding Home in America'." Accessed February 13. https：//www. attn. com/blog/23334/attn－and－zillow－launch－new－series－finding－home－america.

变革①"。该节目涉及政治、社会、文化、教育等广泛议题。如 2018 年点击量最高的短视频《回收利用》（见图 14－1），该视频聚焦于环境保护议题，将挪威与美国回收利用垃圾的做法进行对比。以塑料瓶为例，在存瓶项目（Bottle deposit program）中，公民使用塑料瓶需要收费，同时返还上次用完的塑料瓶，结果显示 96% 的塑料瓶得到回收，而与之相比美国塑料瓶的回收率则仅为 31%，为何差别如此之大？原因在于一些州瓶子回收费用过低而且回收网点不普及。由此可见，该类视频通过对比方式突出当前美国存在的问题，并在视频结束时弹出简单问卷，用户可以对政策进行投票，以此来征集民意，增强民众与政府之间的互动，从而推动问题的有效解决。截至 2019 年 7 月 2 日，该系列节目共发布 67 条视频，在社交媒体上的播放量超过 8 亿次，因此 ATTN：与派拉蒙电视网合作，将《美国对战》引入电视平台②。

图 14－1　美国与挪威垃圾回收政策对比

---

① ATTN：. 2016. "ATTN：Launches New Video Format 'America Versus'." Accessed February 18. https：//www. attn. com/blog/15498/attn－launches－new－video－format－america－versu.

② ATTN：. 2018. "ATTN：and Paramount Television to Bring Popular Web Series 'America Versus' to Television." Accessed January 25. https：//www. attn. com/blog/19368/attn－and－paramount－television－bring－popular－web－series－america－versus－television/.

③施瓦辛格短视频系列：娱乐化属性凸显

短视频的娱乐化属性凸显，这类视频所要阐释的问题和方案都基于预先设定好的脚本，以名人阐释、真人秀等娱乐化表达方式向年轻一代阐释政治、环保、气候变化、育儿等严肃性新闻议题，增强新闻的趣味性和影响力，同时也在新闻事实与娱乐之间重新找到平衡点。以美国加州前共和党州长、好莱坞明星阿诺德·施瓦辛格参与制作系列时政议题类短视频为例，在 2019 年 6 月发布的短视频《阿诺德·施瓦辛格对政客直言不讳》（Arnold Schwarzenegger has a Blunt Message for Politicians）中，该报道聚焦于政党为本党利益而不公正地改划选区（Gerrymandering）从而削弱民众选择权的问题，全文以施瓦辛格叙述为主线，以风趣幽默的语言及夸张的表述方式来传递信息，同时还插入其所参演电影的片段，并配有快节奏背景音乐，以凸显问题的紧迫性，但同时也提出解决方案，以加利福尼亚州为成功案例，2010 年加州取消了州立法机构的选区划分，在短视频结尾部分认为不公正地改划选区的现象会消失并配有其在《终结者》中的片段，该短片播出不到一周点击量达 2678 万次①。

（2）传播策略：传播平台多元化和传播"科技感"强

ATTN：是一个内容提供商，只提供内容而没有自己的平台，但是在内容传播上却没有单独依赖于某个传播平台，遵循"媒体融合"方针，兼顾传统媒体与新媒体平台的传播规律，因此在传播策略上也呈现其特色。

其一，ATTN：的传播呈现社交化趋势。由于其主要依托于 Facebook、Instagram、Twitter、Snapchat 等社交媒体平台来传播建设性新闻，因此传播策略更具社交化属性，尤其是在 Facebook Watch 视频平台上，将内容、社区与对话融为一体，增强了 ATTN：建设性新闻原创内容的话题性。此外，ATTN：量身定制内容，根据社交媒体用户的阅读习惯及需求来制作内容，专门为 Facebook 与 Instagram 提供方形格式视频内容，同时以动态图形、颜色及声音来辅助增强传播效果。通常技术人员在内容制作最后阶

---

① 源自 ATTN：在 Facebook 上的统计数据。

段对每个视频进行处理，以优化用户的视觉体验。2017 年 1 月，ATTN：在 Instagram 上制作了大致相同数量的方形格式视频与宽视频，然而数据结果显示方形视频的观看次数几乎是宽视频的两倍①。

其二，ATTN：逐渐转向传统主流媒体平台。为了防止受到社交平台在算法方面不确定性的影响，该媒体开始尝试与电视节目合作。例如，ATTN：首次与美国广播公司（ABC）新闻节目"夜线"及 Freeform 共同制作《为了我们的生活：帕克兰》（For Our Lives Parkland）系列节目，而 ATTN：则充当"解释者"角色，帮助参与活动的学生提供所面临问题的背景，这四个基于事实的短视频涉及诸如美国枪支法律、半自动武器以及年轻成员参与美国决策的重要性等主题。此外，ATTN：的短视频内容有时会被电视节目引用，正是基于这种需求，ATTN：也尝试直接制作电视节目，以在更多的平台上传播。目前，ATTN：主要深耕 Facebook Watch 上的内容，如推出名为《健康黑客》（Health Hacks）的剧集系列②，由演员杰西卡·阿尔巴（Jessica Alba）主演，重点关注从饮食到饮酒习惯等健康生活议题。

其三，利用大数据技术来监测各平台内容的传播效果。具体而言，ATTN：通过大数据技术来关注视频内容的播放量、评论数、点赞数及转发数等内容反馈指标，从而实时了解用户对新闻内容是否持积极态度，以及是否积极参与到内容互动以及激发其行动机制。对于效果不佳的内容及时从各平台撤回数据，从而将正面传播效果最大化。

2. Yes!

"Yes!"是美国一个以解决之道新闻（Solutions Journalism）为主的非营利独立新闻媒体，成立于 1996 年。与 ATTN：不同，Yes! 主要发行纸

---

① ATTN：. 2017. "ATTN：Insights Report：The Square Format. " Accessed April 18. https：//www. attn. com/blog/16530/attn – insights – report – square – format.

② ATTN：. 2017. "ATTN：Launching New Series on Facebook. " Accessed August 9. https：//www. attn. com/blog/18670/attn – launching – new – series – facebook.

质版杂志和电子版，根据资料收集的便捷性，我们围绕 Yes! 电子版内容来梳理并分析其建设性新闻实践的特色。

表 14 - 2　Yes!"最受欢迎"板块排名前十文章

文章题目	报道议题	内容形式	新闻体裁	排名
在自家花园应对气候变化(Fight Climate Change in Your Own Garden)	气候变化	文字 + 图片 + 视频	叙事	1
进步人士正在推动经济民主。民主党需要倾听 (Progressives are Pushing Economic Democracy. Democrats Need to Listen)	经济	文字 + 图片	评论	2
听:3 段关于心理健康的对话(Listen: 3 Conversations about Mental Health)	心理	音频 + 文字 + 图片	叙事	3
亲爱的白人女性,要奋斗而不依赖于外表 (Dear White Women, Try on Our Struggle Instead of Our Looks)	女性	文字 + 图片	评论	4
一个关注表演者医疗保健的独特艺术节 (The Unique Arts Festival Where Performers Play for Their Health Care)	健康	文字 + 图片	叙事	5
无用之树成材(A Good - For - Nothing Tree Makes Good)	生态	文字 + 图片	书籍摘要	6
我不能把父母给我的一切都给我的孩子 (I Can't Give My Children Everything My Parents Gave Me)	教育	文字 + 图片	评论	7
这是唯一能拯救帝王蝶的植物(This is the Only Plant That Can Save Monarch Butterflies)	生态	文字 + 图片	叙事	8
花点时间感谢你的食物(Take a Moment to Thank Your Food)	心理	文字 + 图片	评论	9
自来水于 19 世纪 40 年代进入美国。这个小镇等得不耐烦了(Indoor Plumbing Arrived in the U. S. in the 1840s. This Town Got Tired of Waiting)	发展建设	文字 + 图片	叙事	10

资料来源：Yes! 网站内容，排名基于文章热度指数（截至 2018 年 11 月）。

（1）内容特色：针对社区社会问题方案的积极报道

关于报道理念，作为"解决之道新闻"出版物，Yes! 通过报道社区针对社会问题的积极应对方式，鼓励人们构建一个更加公正、可持续和富有同情心的世界。在上述报道理念指导下，通过梳理新闻实践发现（见表14-2）：从议题构成来看，主要关注人与社会的发展，报道内容主要围绕促进世界可持续发展的个人事迹、观点及措施，关注社会公正、环境可持续发展、另类经济以及和平等议题，倡导以社区方案的视角来解决社会问题。基于上述不同议题，Yes! 推出"和平与正义""地球""新经济""人民力量""幸福"等内容栏目。从内容形式来看，主要以文字、音视频、图片等形式来汇集"正能量"新闻报道，尤其是图文内容为主导形式。

就具体内容而言，以热度指数位列第一和第二的新闻报道为案例进行分析，《在自家花园应对气候变化》聚焦于气候变化议题，非营利性组织"绿色美国"（Green America）正式将战时应对粮食危机的"胜利花园"（Victory Garden）概念作为应对气候变化的一种解决方案，因此记者在报道时阐释了"胜利花园"概念缘起，之后又进一步解读新式解决方案的具体步骤，即从"园林实践"转向"可再生农业"，以视频形式来呈现具体步骤，并且阐述了未来的具体计划，呼吁人们关注并参与该解决方案。第二篇报道《进步人士正在推动经济民主。民主党需要倾听》则更侧重于评论解释，聚焦于经济议题，突出强调经济民主问题，认为美国的经济匮乏问题根源在于权力的不平等，同时也提出根植于民主性团结经济解决方案并阐释了团结经济制度存在的合理性及原因。

由此可见，Yes! 的解决之道新闻报道内容包括三个方面：一是推出释义式新闻，分析社会问题产生的根源并探索机遇的系统性特征和结构性变化，揭示环境、经济及社会正义的相互关系；二是有针对性地提出解决方案，聚焦于人们关于世界发展的观点和措施；三是评论，围绕目前占主导地位的经济、政治和社会结构展开评论，同时也以新颖的思维方式来探索构建平等、环境友好型世界的可能性。因此，该杂志侧重于调查式报道，深入挖掘问题背后的原因，让读者了解问题的本质，也鼓励读者参与到议题讨论中，来共同探索问题的解决方案。

（2）传播方式：平台之间的强互动性＋线上线下

Yes！不但注重内容议题及叙事方式，而且在传播方式上也有其特色。关于传播平台选择，与其他大部分媒体一样，都采用端网结合的平台，依托于网络平台，同时也将内容发布到 Facebook、Twitter、Instagram 等社交媒体上，此外还与 Alternet 等媒体有合作，这些媒体被授权转载 Yes！的内容。在传播模式上则呈现强互动特性，主要体现于两方面，一是平台之间的强互动性，Yes！为网络平台与社交媒体平台建立双向通道，在官方网站上既设置"分享键"也设置"关注键"，受众可以将激动人心的新闻内容通过社交平台分享给其他好友及组织机构，也可以直接关注 Yes！的社交账号，与媒体的其他关注者建立联系，这为两个平台流量的互通提供可能，同时，Yes！官网也开通评论板块，增强新闻的话题性以及正面报道的传播效应。二是线上与线下的强互动性，Yes！还开展线下活动，如每年的教育拓展项目（Education Outreach Program）[①]，为初中、高中及大学的数千学生开设公平正义及可持续性的课程，每个月上一次课，Yes！会提供材料并组织参与者讨论问题，以帮助教师与学生一起研究新闻中具有挑战性的问题。Yes！还开展"全国学生写作比赛"，邀请新闻学专业的学生探讨他们对于新闻报道的思路，也为创造一个更公正和可持续发展的世界提供机会。这些相关活动的报道也会在 Yes！官方网站发布并通过其他平台转发和传播，从而加强公众对这些活动所探讨问题的关注。

（3）传播效果：对受众认知与行为产生积极影响

关于传播效果及反馈，Yes！在 2017 年在全球就拥有 500 逾万读者，其中纸质版的读者为 15 万；截至 2019 年 7 月，Yes！在 Facebook 上的关注量达 209 661 人。综上所述，Yes！有广泛的受众基础。调查与实践表

---

① Yes！. 2018. "Yes！2017 Annual Report." Retrieved November. https：//www. yesmagazine. org/pdf/YES_ 2017_ Annual_ Report. pdf.

明，Yes！对受众的态度与行为产生积极影响，2017 年 Yes！读者调查显示，85％的受访者认为 Yes！改变了人们的思考方式，尤其是在经济、本土议题、气候与环境等议题，78％的受访者表示 Yes！对他们参与本地经济、改善不平等现状、关心环境、建立社区及推动社会与政治变革等行为产生影响。其中一些读者的观点也体现了 Yes！解决之道新闻的影响力，如美国读者戴安娜（Diane）与哈利·麦卡利斯特（Harry McAlister）认为"在这个愤世嫉俗和绝望的时代里，Yes！提供了一剂良方，它给予我们希望，并提供了世界会变得更加美好的理由。"加拿大读者道格拉斯·圣·克里斯蒂娜（Douglass St. Christian）也表示："Yes！重新建构对许多问题的认知，还提供给我一些工具，让我能够直接改变周围的世界，并为志同道合者建立联系"。由此可见，Yes！在线上线下的反馈都较为正面，一方面证实了正面新闻更具受众黏性，另一方面也体现了建设性新闻对受众正面情绪的影响较大。[1]

（4）运营模式："零广告"运营

美国大部分媒体以商业模式来运营，而且越来越多的媒体采用内容付费模式，如付费阅读，Yes！为了保证相对的新闻客观性，不受广告商影响，采用"零广告"的运营模式，用户可以免费阅读其在线内容，Yes！收益的三分之一来自纸质版杂志的订阅销售，其余则主要依赖于读者的免税捐赠和基金会拨款，每个页面都设有捐赠渠道，这些捐款除维持媒体的日常运营外，部分用于资助图书馆、教师、基层组织、宗教团体及政策制定者的免费订阅。

（二）恢复性叙事新闻实践：希望之影像与声音（IVOH）

根据麦金泰尔的观点，"恢复性叙事"（Restorative Narrative）也被归为建设性新闻的形式之一，这个概念是由美国的希望之影像与声音

---

① 上述相关数据与资料均来自《Yes！2017 年度报告》及 Yes！在 Facebook 上的信息。

（Images & Voices of Hope，IVOH）媒体机构创造、定义并推广。"恢复性叙事"是一种"捕捉人们努力恢复或重建生活事实的新闻形式，与传统新闻相比，它更强调力量、可能性、愈合及成长"[①]，这个概念一经推出，引起业界与学界关注，有学者认为，"恢复性叙事"是指"具有社区凝聚作用、赋予希望及有恢复能力的新闻报道"[②]。还有学者认为"恢复性叙事"概念源于新闻的社会责任理论，即新闻媒体的作用是为公众提供公正且准确的信息，民众若没有知情权，民主也不能繁荣。更有学者认为恢复性叙事与建设性新闻相勾连，前者是后者的一种新闻形式，即"以建设性方式来报道社区冲突"[③]。但无论怎样，IVOH 对于"恢复性叙事"的界定与推广在新闻业界与学界都开创先河并提供指导意义。鉴于此，我们从"恢复性叙事"的缘起发展及实践活动来分析 IVOH 的建设性新闻特色。

IVOH 是于 1999 年成立的一个美国非营利媒体机构，有较强媒体职业意识及社会责任感，致力于改变媒体的运作方式。成立之初，IVOH 在纽约召集媒体人来共同讨论"塑造公共形象和讲述公共故事对社会的影响是什么？"，一直以来专注于个人使命与社会影响。直到 2013 年，才开始专注"恢复性叙事"。在 2012 年美国桑迪胡克小学（Sandy Hook Elementary School）枪击案发生后一年，IVOH 推出恢复性叙事这种故事叙述方法，引用大量积极心理学文献，鼓励以正能量为基础的公共叙事方式。此后，IVOH 一直发挥"联结者"的作用，以各种形式来推行"恢复性叙事"理念，以实现构建美好社会的宗旨。

[①] IVOH. 2018. "Restorative Narrative." Retrieved November 27. https：//ivoh. org/what – we – do/restorative – narrative/.

[②] Poynter. 2013. "White on Sun-Times Layoffs." Accessed May 31. http：//www. poynter. org/latest – news/top – stories/215016/john – white – onsun – times – layoffs – it – was – as – if – they – pushed – a – button – anddeleted – a – whole – culture/.

[③] McIntyre, Karen and Cathrine Gyldensted. 2017. "Constructive Journalism：Applying Positive Psychology Techniques to News Production." *The Journal of Media Innovations* 4：20 – 34.

"我们相信媒体可以激励我们去想象和创造一个更美好的世界。我们正在寻求将公众对话从恐惧和绝望转向希望的可能性。IVOH 与美国各地的记者、摄影师、游戏玩家和电影制作人合作，推广和制作能够建立受众同理心与同情心的故事，将不同的人联系起来。现在，我们正在拓展工作范围，与社区、大学、新闻编辑室、数字和公共媒体共同协作。我们通过拓宽媒体制造者和观众观察世界的镜头，提供了另一种创造性叙事方法。我们正进行相关研究，这些研究表明，关注进步和积极因素可以释放个人和社区的良好能力，支持复苏，并建立广泛的恢复能力。"——IVOH 宗旨[①]

上述宗旨内容表明，IVOH 是一个新闻研究与培训机构，围绕"恢复性叙事"创造媒体，传播新闻报道理念，而非仅仅报道当今世界发生的悲剧或所面临的挑战，该媒体分享问题的解决方案，聚焦于为灾后重建做出贡献的"英雄"，分享充满希望、振奋人心的新闻故事，旨在唤醒人性及重建人与社会的联系。同时，结合 IVOH 的实践资料发现，该媒体围绕恢复性叙事的推广主要体现在实践与理论两个层面：一方面，开展各种形式的实践活动来向全球媒体传播"恢复性叙事"理念，如举行年度峰会、设立奖学金项目以及发布相关报道；另一方面，开展新闻与媒体相关的理论研究，探究传播"正能量"媒体和报道的积极影响。

1. 实践层面

（1）奖学金项目

自 2015 年以来，IVOH 每年都会发起恢复性叙事奖学金项目，为记者、现场讲故事者、游戏玩家及纪录片制片人提供平台、指导和资金，以更深入地了解和报道恢复性叙事新闻，同时还发起众筹活动来支持该项

---

① IVOH. 2018. "Mission & History." Retrieved November 27. https：//ivoh. org/who－we－are/mission－history/.

目。每年会评选五名优秀记者参与项目并为其提供支持，这些记者用半年时间来深入研究恢复性叙事报道方式，开发课程和培训，并追踪恢复性叙事新闻的传播效果[1]，旨在探索如何以不同视角来报道民众和社区从困境中恢复的过程。尤其 IVOH 为媒体参与者提供培训，帮助他们制作有意义和有力量的新闻，不仅是报道当前世界面临的问题和挑战，更重要的是提出应对这些困难的方案和方法，从而帮助这些媒体走出新闻报道的困境。

（2）参与报道恢复性叙事新闻

IVOH 不但孵化恢复性叙事媒体和项目，而且也报道恢复性叙事新闻，为其他媒体及对恢复性叙事感兴趣的人提供借鉴意义。在报道恢复性叙事新闻时，IVOH 主要关注美国与墨西哥边境的最严峻社会问题，包括政治、LGBT、环境保护、枪支暴力、精神健康及移民问题。恢复性叙事报道可以由各公共广播、杂志、新闻、视频以及纪录片中播放和转载，这些新闻报道以更接近人性的方式来讲述故事，为灾后重建和恢复带来希望。我们以 2017 年的恢复性叙事研究员安娜·克莱尔（Anna Claire）[2] 的报道《移民改变沙山》为例来看恢复性叙事新闻的一些报道策略并发现：其一，采用欲扬先抑的手法，报道地区选在美国亚拉巴马州阿巴拉契亚山的偏远地区——沙山，这个地方曾面临各种问题，如移民问题、工作外包问题及毒品战争，因此该地区可能会有历史遗留问题，这为之后的报道埋下伏笔。其二，采用以小见大的方式，以普通人视角切入来阐述社会大问题并提供解决方案，该报道的中心人物为曾居住在沙山地区的亚拉巴马州人戴维·恩普多（David Uptain），记者以恩普多为主线，围绕其生平经历讲述他对周围人及沙山地区的影响和改变，他是沙山地区一所高中的校长，报道讲述了他在任职期间对于种族问题、移民问题以及灾难的处理方

① Lene Bech Sillesen. 2014. "Building a New Storytelling Movement", *Columbia Journalism Review*. Accessed December 4. https://archives.cjr.org/behind_the_news/a_couple_of_months_after.php.

② 安娜·克莱尔是阿拉巴马媒体集团的调查记者，她的作品发布于该集团旗下网站与报纸。

式，以及为提升沙山的恢复能力所做出的贡献。其三，以特写方式来视觉化呈现新闻事件，在报道中虽然没有视频，但是记者的描述却有很强的镜头感，以分镜头切换的方式对恩普多一生的经历从不同时空层面立体化报道，从而折射整个沙山地区人民的恢复能力与过程。然而，恢复性叙事这种新闻报道方式的时效性并不强，而且时间跨度相对较大。

（3）组织研讨会

IVOH 还经常组织研讨会来探讨恢复性叙事新闻制作时所遇到的问题，如在 2016 年的一次研讨会中，IVOH 召集记者、媒体制作人、社会公众倡导者及创伤研究者共同讨论四个核心问题，即"在悲剧/困难发生后社区需要从媒体得到什么？""恢复性叙事如何帮助培养韧性？""恢复性叙事框架与恐惧或基于受害者的讲故事方式有何不同？""我们如何测量恢复性叙事的影响力？"，这些问题在研讨会上都一一得到回应，参与者认为恢复性叙事方式为创伤幸存者之间以及他们与更广泛公众的交流提供了平台，从而增强了读者的社区意识并激发其同理心，而且报道更突出人在遭受创伤后的判断能力和改变能力，然而在如何衡量恢复性叙事影响力方面，参与者一致认为对于影响力的探讨必须聚焦于特定目标，这样才有讨论的价值与意义。由此来看，IVOH 更多侧重于为对恢复性叙事感兴趣的媒体工作者或其他人提供一个交流的平台，来探讨恢复性叙事的框架并推广这种新闻报道形式。

2. 理论及方法研究层面

通过上述研讨会、奖项金项目等实践活动发现，IVOH 不仅是媒体，更近乎为一个研究机构，这一推测也有迹可循。确实如此，IVOH 的官方网站上专门设有"研究"栏目（见图 14-2），发布一些研究类型的文章。根据资料梳理发现，IVOH 目前的研究方向为恢复性叙事影响、媒体与积极情绪关系、媒体信任及媒体与压力这四个方面，主要从心理学的视角来探讨媒体与受众之间的关系，而对于恢复性叙事影响的研究，则从概念界定、产生影响及媒体工作者等不同的视角来探讨和制定恢复性叙事新闻的报道框架。这些研究报道为新闻业界与学界提供了理论性指导，这表明 IVOH 不仅从实践层面为建设性新闻提供指导，更是在学理层面论证建设性新闻的可行性。

图 14 - 2　IVOH 官方网站上的"研究"栏目

（三）结语

通过上述实践案例梳理可见，解决之道新闻与恢复性叙事这两种新闻形式之间既有交叉又有不同。交叉之处在于二者均是着眼于现在面临的问题并面向未来，在报道中均采用积极心理学策略，以人的发展作为出发点来报道新闻，尤其恢复性叙事新闻在叙述受难幸存者如何从逆境中恢复和发展时，就是采用以方案为导向的策略，更关注困境中的希望而非渲染困境，强调新闻传播产生的积极效果，这些因素决定了二者相伴存在的状态。然而，这两种新闻形式也存在不同之处：其一，恢复性叙事更关注遭受逆境或灾难的人或地区，而相比之下，解决之道新闻关注点则更广，不局限于人，而更关注事情本身；其二，相较于解决之道新闻，恢复性叙事的时空跨度更大，是一个持续探究的过程，内容更加立体和丰富，而非仅仅讲述一个方案，更关注人的恢复能力的培养和发展过程；其三，在报道形式上，恢复性叙事使用特写居多，描述更为翔实，篇幅较长，而解决之道新闻则以通讯居多，更侧重于传递信息。

　　整体而言，无论是解决之道新闻还是恢复性叙事，在大的类别上均可归之于建设性新闻，其实践的发展趋势都集中于三个层面：一是在媒体融合的大趋势下来推进建设性新闻的实践，无论是 ATTN：的从社交媒体等新媒体转向电视等传统媒体拓展其视觉化平台，还是 Yes! 杂志等传统媒体逐渐拓展其新媒体平台，都是顺应媒体融合的趋势来制作和传播建设性新闻；二是从业务实践转向学理性探讨，从学术层面来探索建设性新闻的可能性与可行性，从而为深入实践提供更为理性的指导。如"希望之影像与声音"就是如此，专门开设"研究"板块，鼓励学者致力于恢复性叙事及媒体与情绪等研究方向，从积极心理学等跨学科层面来拓宽新闻学理论，采用实证方法来研究积极情绪对于信息传播的影响，同时也从反面来探讨负面新闻让人敬而远之的主要原因，细化新闻学理论的研究，传统新闻学理论的边界也得到拓展。此外，一些媒体还开设培训班和论坛等交流平台，将学界探讨的结果与方案应用于业界，以深化建设性新闻的实践发展；三是科学理性与情绪感性相结合，随着大数据技术与人工智能技术的发展，各媒体在制作与传播建设性新闻时呈现科学化的态势，通过新技术来测量新闻对于受众情绪、受众需求以及受众反馈的影响，同时也借助于 VR、AR 等智能化技术来增加建设性新闻的沉浸感，从而深化受众对于所传播信息的感知体验和正向情绪。

附　表

媒体与相关机构名称中外文对照表

外文全称	缩略语	中文全称
Africa Business	—	英国《非洲商业》
Alaska Airlines	—	阿拉斯加航空公司
Al-HayatAl-Jadida	—	阿拉伯《生活日报》
American Broadcasting Company	ABC	美国广播公司
Asahi Shimbun	—	日本《朝日新闻》
Asociación de Noticias Positivas	—	积极新闻协会
ATTN：	—	美国网站"关注"（取 attention 的意思）
BBC Global News Limited	GNL	BBC 全球新闻有限公司
BBC World Service	—	BBC 世界广播公司
BBC Worldwide	—	BBC 全球有限公司
Boeing Employees Credit Union	—	波音职工信贷联盟
British Broadcasting Corporation	BBC	英国广播公司
Buzzfeed	—	美国网站"巴斯菲德"（音译）
Campion Foundation	—	坎皮恩基金会
CenturyLink	—	世纪链
Columbia Journalism Review	CJR	美国《哥伦比亚新闻评论》
Daily Monitor	—	乌干达《每日箴言报》
Danmarks Radio	DR	丹麦广播电视台
TV 2 Denmark	TV2	丹麦第二电视台

外文全称	缩略语	中文全称
de Correspondent	—	荷兰《记者》新闻论坛
Delo	—	斯洛文尼亚《劳动报》
Edelman Public Relations Worldwide	EPRW	爱德曼国际公关公司
Excelsior	—	墨西哥《至上报》
Financial Times	FT	英国《金融时报》
Foreign and Commonwealth Office	FCO	英国外交和联邦事务部
Gates foundation	—	盖茨基金会
Global Citizen	—	全球公民
Good Media Group	—	好媒体集团
Green America	—	绿色美国
Images & Voices of Hope	IVOH	希望之影像与声音
HuffPost	—	美国《赫芬顿邮报》
INKLINE	—	美国网站"墨线"
Institute for Global Prosperity	IGP	全球繁荣研究所
Jeune Afrique	—	贝宁《非洲新闻社》
Kendeda Fund	—	肯德达基金
Knight foundation	—	奈特基金会
Le Figaro	—	法国《费加罗报》
Le Monde	—	法国《世界报》
LesÉchos	—	法国《回声报》
London School Of Economics	LSE	伦敦经济学院
L'Orient-Le Jour	—	黎巴嫩《东方日报》
Los Angeles Times	LA Times	《洛杉矶时报》
MoveOn	—	美国非营利组织"前进网"
National Public Radio	NPR	美国国家公共广播电台
Nellie Mae Education Foundation	—	内莉·梅教育基金会
New Economy	—	新经济
Nieman Journalism Lab	—	美国尼曼新闻实验室
Non-Governmental Organization	NGO	非政府组织
Noticias Positivas(西班牙语)	—	阿根廷《积极新闻》
Paramount Network	—	派拉蒙电视网
Paul G. Allen Family Foundation	—	保罗·G.艾伦家庭基金会
PAX(拉丁语)	—	和平组织
Perspective Daily	PD	德国《每日观点》

外文全称	缩略语	中文全称
Pew Foundation	—	皮尤基金会
Positive News	—	英国《积极新闻》
Public Service Apparel Supply Co.	PSA Supply Co.	公共服务服装供应公司
Raikes Foundation	—	莱克斯基金会
Reporters d' Espoirs	—	法国"希望记者协会"
Sabey Corp	—	赛贝公司
Sandy Hook Elementary School	—	美国桑迪胡克小学
Schultz Family Foundation	—	舒尔茨家庭基金会
Seattle Foundation	—	西雅图基金会
Seattle Mariners	—	西雅图水手队
Skoll Foundation	—	斯科尔基金会
Social Imprint	—	社会印象/记忆
Solution Journalism Network	SJN	解决之道新闻网
Solutions U	—	解决方案学院
South Africa：the Good News	—	南非"好新闻"
SparkNews	—	法国"火花新闻"
Spiegel Online	—	德国明镜在线
star ledger	—	《星报》
Starbucks	—	星巴克
Ste. Michelle Wine Estates	—	西雅图儿童医院和米歇尔葡萄酒庄园
Sveriges Television	SVT	瑞典电视台
The Boston Global	—	《波士顿环球报》
The Cambodia Daily	—	《柬埔寨日报》
The Christian Science Monitor	—	美国《基督教科学箴言报》
the Constructive Journalism Project	—	建设新闻项目
The Economist	—	《经济学人》
The Guardian	—	《卫报》
The Guardian Weekly	—	《卫报周刊》
The Irish Times	—	《爱尔兰时报》
The New York Times	NYT	《纽约时报》
The Observer	—	《观察家报》
The Seattle Times	—	《西雅图时报》
The Straits Times	—	新加坡《海峡时报》

外文全称	缩略语	中文全称
The Wall Street Journal	WSJ	《华尔街日报》
The Washington Post	—	《华盛顿邮报》
Times of India	—	印度《印度时报》
University College London	UCL	伦敦大学学院
University of Southampton	—	英国南安普顿大学
University of Southern California Annenberg School for Communication and Journalism	—	美国南加州大学安纳堡传播与新闻学院
University of Texas	—	德克萨斯大学
Upworthy	—	美国"尚值网"
USA Today	—	《今日美国》
Vlaamse Radio-en Televisieomroeporganisatie	VRT	比利时公共电视台
Wharton School of the University of Pennsylvania	—	宾夕法尼亚大学沃顿商学院
Windesheim University of Applied Sciences	—	荷兰温德斯海姆应用科技大学
Yes!	—	美国杂志《是的!》
Yleisradio Oy	Yle	芬兰广播电视台

栏目名称中外文对照表

外文全称	中文全称	归属媒体
America Versus	美国对战	ATTN:
Another Person's Shoes	设身处地	Upworthy
Beauty & Beyond	美丽与超越	Upworthy
Beauty Responsibly	责任之美	Upworthy
Being Well	幸福	Upworthy
Breaking news	突发新闻制作	DR
Breakthroughs	突破	Upworthy
Business Daily	商业日报	BBC
Chase That Passion	激情澎湃	INKLINE
Crossing Divides	跨越鸿沟	BBC
Culture	文化	Upworthy
Education Lab	教育实验室	The Seattle Times

外文全称	中文全称	归属媒体
Education Outreach Program	教育拓展项目	Yes!
Finding Home in America	在美国寻找家园	ATTN：
FIXES	解决	The New York Times
For Our Lives Parkland	为了我们的生活：帕克兰	ATTN：
Front Porch Forum	前廊论坛	The Seattle Times
Global Minds	全球思想	BBC
Go-Getters	佼佼者	INKLINE
Good News	好新闻	INKLINE
Here's the Deal	相约于此	ATTN：
Homeless	无家可归者	The Seattle Times
Humanity for the Win	值得称赞的人们	Upworthy
Impact Journalism Day	影响力新闻日	SparkNews
Impact Project Zero	影响力：项目零和	HuffPost
Impact This New World	影响力：这个新世界	HuffPost
Innovating news	创新新闻研发	DR
La France des solutions	法国解决方案	Reporters d'Espoirs
Langt fra Borgen	远离国会	DR
learning curve	学习曲线	The Boston Global
Making news	新闻观点整理	DR
My Perfect Country	我的完美国家	BBC
Opinionator	观点	The New York Times
Oproep	热线	de Correspondent
Ouest France des solutions	法国西部解决方案	Reporters d'Espoirs
Over To You	交给你了	BBC
People Fixing the World	改变世界的人	BBC
Positive Innovation Club	积极创新俱乐部	SparkNews
Real Life	现实生活	Upworthy
Reclaim	回收再利用项目	HuffPost
Saturday Live	周六现场	BBC
Sharing news	平台分享新闻	DR
Solutions and innovations	对策与创新	Guardian
Solutions&Co	解决方案 & 企业	SparkNews
Take action	行动	The Christian Science Monitor
The Compass	罗盘	BBC

外文全称	中文全称	归属媒体
The Conversation	对话	Upworthy
The Forum	论坛	BBC
The Other Africa	另一个非洲	VRT
The Spark	火花	INKLINE
The upside	正面	Guardian
The Upside weekly report	正面每周报告	Guardian
Times Watchdog	时代监督	The Seattle Times
Traffic Lab	交通实验室	The Seattle Times
Trending	趋势	BBC
Undivided ATTN：	无法分割的 ATTN：	ATTN：
Video Innovation Lab	视频创新实验室	BBC
Videos	视频	Upworthy
What If	如果是你会怎么做	ATTN：
What's Working	好办法	HuffPost
What's working：Purpose Profit	好办法：目标＋利益	HuffPost
What's Working Challenge	好办法大挑战	HuffPost
Women in action	女性在行动	SparkNews
Women in Business for Good	商界女性	SparkNews
Women of Worth	女性魅力	Upworthy
World Hacks	世界妙招	BBC
World Service	世界服务	BBC
Your Food's Roots	你的食物来源	ATTN：
19 Inspiration	19 振奋	TV2
19 Nyhederne	19 新闻	TV2

专有名词中外文对照表

外文全称	缩略语	中文全称
2018 Edelman Trust BarometerGlobal Report	—	2018 年度爱德曼信任度调查全球报告
Action Journalism	—	行动新闻
Augmented Reality	AR	增强现实
Constructive Journalism	—	建设性新闻

外文全称	缩略语	中文全称
Crowdsourcing	—	众包
Gerrymandering	—	不公正地改划选区
Impact Journalism	—	影响力新闻
Non-Governmental Organization	NGO	非政府组织
Public Journalism	—	公共新闻
Solutions Journalism	SoJo	解决之道新闻
Solutions-based Journalism	—	基于解决方案的新闻
Solutions-Focused Journalism	—	方案聚焦新闻
Filter bubble	—	过滤泡沫
User Generated Content	UGC	用户生产内容
Positive Journalism	—	积极新闻
Peace Journalism	—	和平新闻

后 记

我们在 2014 年开始做建设性新闻研究项目，追踪累积了全球众多相关案例，也在国内进行了建设性新闻实践的试点。本书是"建设性新闻"系列丛书的第一部，后续还会有不同地域、不同媒体的案例分析，同时也会有对建设性新闻的理论探讨以及对于中国建设性新闻实践的追踪和思考。

中国社会科学院大学（研究生院）新闻与传播系博士生高慧敏、郭倩参与了本书的资料收集和编撰，感谢她们的辛勤付出。

感谢社会科学文献出版社社长谢寿光和皮书出版分社社长邓泳红，是他们慧眼识珠，决定出版这套丛书。

感谢本书的责任编辑陈雪女士细致专业认真的工作，在北京最美的金秋拒绝了美景的召唤全力伏案编辑，使得本书得以在非常短的时间内面世。

还有诸多为本书的编撰和出版有所付出的各方人士，一并致谢。

编著者

2019 年 9 月 30 日

图书在版编目（CIP）数据

建设性新闻实践：欧美案例／唐绪军，殷乐编著
. -- 北京：社会科学文献出版社，2019.11
（"建设性新闻"研究丛书）
ISBN 978 - 7 - 5201 - 5768 - 1

Ⅰ.①建… Ⅱ.①唐… ②殷… Ⅲ.①新闻报道 - 研究 - 欧洲 ②新闻报道 - 研究 - 美国 Ⅳ.①G219.5 ②G219.712

中国版本图书馆 CIP 数据核字（2019）第 234877 号

· "建设性新闻"研究丛书 ·

建设性新闻实践：欧美案例

编　　著／唐绪军　殷　乐

出 版 人／谢寿光
责任编辑／陈　雪
文稿编辑／郭　峰

出　　版／社会科学文献出版社·皮书出版分社 （010）59367127
　　　　　　地址：北京市北三环中路甲 29 号院华龙大厦　邮编：100029
　　　　　　网址：www.ssap.com.cn
发　　行／市场营销中心（010）59367081　　59367083
印　　装／三河市尚艺印装有限公司

规　　格／开　本：787mm × 1092mm　1/16
　　　　　　印　张：20.5　字　数：300 千字
版　　次／2019 年 11 月第 1 版　2019 年 11 月第 1 次印刷
书　　号／ISBN 978 - 7 - 5201 - 5768 - 1
定　　价／98.00 元

本书如有印装质量问题，请与读者服务中心（010 - 59367028）联系